www.ggio2.com

남자의 마음을 이해한 수트 특허 제 10-0982248 호

지오투 'SF수트'

수트(suit)라는 단어는 어딘지 모르게 딱딱하고 격식 있으며, 약간의 불편함을 떠오르게 한다. 하지만 가장 자유롭게, 가장 편하게, 그리고 가장 멋지게 연출하고 싶은 욕심이 생기는 것 또한 수트다.

여기 비즈니스맨의 품격과 스타일은 살리면서도 보다 자유로운 활동을 제안하는 수트가 있다.

지오투의 SF수트가 그것.

수트를 입었을 때 많은 남성들이 가장 불편함을 느끼는 부분은 바로 어깨부분. 지오투의 SF(Shoulder Free)수트는 어깨와 팔이 연결되는 부위에 특수하게 디자인된 안감을 적용해 어깨의 움직임을 자유롭게 한다. 특히 어깨 뒷부분을 일반적인 수트와는 다르게 신축성있는 메쉬 소재를 적용해서 활동성과 함께 통기성을 강화했으며, 안감은 팔의 움직임에 따라 '접혔다', '펴졌다'하는 주름 안감으로 보다 자유롭고 편안한 활동을 제공한다.

이 책을 '위대한 세대(Great Generation)'*에 속했던
윌리엄 허스트와 조지 노박에게 바친다.
그들이야말로 진정으로 남자답게 살았던 남자들이다.

* 위대한 세대 : 1910~1920년대 사이에 태어난 미국인들로,
어린 시절엔 대공황을 겪고 청년 시절엔 세계2차대전을 겪으며
전후(戰後) 미국의 부흥을 일군 세대.

THE ART OF MANLINESS ⓒ 2009 by BRETT McKAY
Published by HOW Books, an imprint of F+W Media, Inc., 4700 East Galbraith
Road, Cincinnati, Ohio 45236 (800)289-0963. First Edition

이 책의 한국어판 저작권은 PubHub 에이전시를 통한 저작권자와의 독점 계약으로
도서출판 보보스에 있습니다. 저작권법에 의해 한국 내에서 보호를 받는 저작물이므로
무단 전재와 무단 복제를 금합니다.

남자답게 사는 법

브렛 맥케이, 케이트 맥케이 지음 | 김민수 옮김

초판 1쇄 인쇄 | 2010년 11월 19일
초판 1쇄 발행 | 2010년 11월 23일

발행처 | 도서출판 작은씨앗
공급처 | 도서출판 보보스
발행인 | 김경용

등록번호 | 제 300-2004-187호 등록일자 | 2003년 6월 24일

서울시 서초구 서초동 1355-17 서초대우디오빌 1008호
전화 02 333 3773   팩스 02 735 3779
이메일 | ky5275@hanmail.net

광고에이전시 | 제이브로 미디어(070 4078 5204)

ISBN 978-89-6423-117-3 13840

잘못된 책은 구입하신 서점에서 바꾸어 드립니다.

남자답게 사는 법

The Art of Manliness:
Classic Skills and Manners for the Modern Man

브렛 맥케이, 케이트 맥케이 지음 | 김민수 옮김

입만 놀리는 사람들은 개의치 말라.
강한 사람이 실패할 때마다 잘못을 지적하고
이렇게 했더라면 더 잘했을 텐데, 라며
말로만 똑똑한 자들은 조금도 신경 쓰지 말라.

칭찬은 현장에 있는 사람들이 받아야 한다.
피와 땀과 먼지로 얼굴이 더러워진 사람,
어려움 속에서도 불굴의 의지로 도전하는 사람,
실수와 실패를 거듭하면서도 포기하지 않는 사람,
칭찬을 받아야 할 사람들은 이런 사람들이다.

실수와 실패 없이는 아무것도 이룰 수 없다.
혼신의 힘을 다해 노력하는 사람,
가치 있는 일을 위해 최선을 다하는 사람,
그리하여 결국에는 위대한 성취를 이루어내는 사람,
설사 실패하더라도 승리도 패배도 모르는
겁 많고 차가운 사람은 되지 않았던 사람,
칭찬은 바로 이런 사람들의 몫이다.

— 시어도어 루스벨트(미국 26대 대통령. 1858~1919)

서문

"루스벨트는 소년들의 우상이 될 것이다.
그의 남자다움으로 크게 이름을 날려
영원한 전설로 남으리라."

"아드님의 값진 죽음을 깊이 애도합니다.
전쟁이 시작됐을 때부터 아드님을 곁에서 지켜봤습니다.
저는 아드님의 열렬한 애국심과 강인한 극기력, 남자다움을
항상 가슴 뿌듯하게 바라보며 칭찬해주었습니다."

"워싱턴의 위대함 중 첫 손 꼽히는 것은 단호함과 남자다움이었다.
적들조차 이런 점에 대해서는 워싱턴에게 존경과 신뢰를 보냈다."

위의 인용문들은 19세기의 글에서 발췌했다. 여기서 '남자다움'이라는 단어는 오늘날의 독자들이 알고 있는 것과는 다른 의미로 사용되고 있다. '남자다움'이란 말이 엄청난 칭찬의 뜻으로 쓰이고 있는 것이다. 19세기만 해도 '남자다움'은 명석함이나 용기, 유머감각과 마찬가지로 훌륭하고 분명한 성격적 특징의 하나로 인정받았다. 소년들은 남자다워지기 위해 열심히 노력했고, 어른이 된 남자들은 '남자답다'라는 평가를 그 어떤 칭찬보다도 영예롭게 여겼다.

다음은 과거에 남자다운 삶에 정통했던 남자들이 생활 속에서 실천했던 항목들이다. 당시의 남자다운 남자들은 전부는 아니더라도 이 가운데 대부분의 항목을 실천하며 살았다.

- 친구와 가족을 보살피고 배신하지 않는다.
- 힘들고 번거롭더라도 옳은 일을 한다.
- 사냥이나 낚시처럼 남자다운 활동에 능숙하다.
- 여성을 대할 때 존경과 예의를 갖춘다.
- 지역사회를 위해 봉사하고 사회에서 얻은 이익을 환원한다.
- 다른 사람을 위해 희생한다.
- 불평 없이 열심히 일한다
- 대담한 용기와 더불어 따스한 동정심을 갖춘다.
- 자신 있고 당당하게 걷되 거만한 얼간이는 되지 않는다.
- 위트 있고 재치 넘치지만 빈정대지는 않는다.
- 책임을 회피하지 않고 받아들인다.

혹시 당신의 할아버지가 떠오르지 않는가? 우리의 할아버지 세대는 이런 영예로운 남성상을 실천하며 살았다. 하지만 지난 50년 간 세상은 이처럼 많은 장점을 지닌 남자다운 덕목과 기술을 남자에게서 앗아갔다. 아버지들은 더 이상 아들에게 남자답게 사는 법을 가르치지 않는다. 오늘날 우리 문화는 남자는 이래야 하고 여자는 저래야 한다는 덕목을 거론하길 조심스러워한다. 그런 분위기 속에서 권장되어야 할 남자다운 덕목마저도 그 의미가 퇴색되고 있다.

오늘날 남자다움의 긍정적 측면을 칭찬하면 눈총을 받기 십상이다.

그것으로도 모자라 사회는 남자다움이 지닌 전형적이고 부정적인 측면만을 부각시킨다. 그 결과는 참담하다. 텔레비전 시트콤과 광고 속에 나오는 우유부단하기 짝이 없는 아빠들과 걸핏하면 폭탄을 터트리며 세상을 난장판으로 만드는 영화 속의 단세포적인 액션배우들, 식스팩을 갈망하는 남성잡지의 얼간이들이 마치 남자다움을 대표하는 이미지가 되어 버렸다.

우리가 이 책을 쓴 목적은 우리의 할아버지 대에서 명맥이 끊긴 남자다움이라는 유산을 새로운 세대의 남자들이 물려받기를 바라는 마음에서다. 많은 사람들은 21세기에 걸맞게 남자다움을 다시 정의할 필요가 있다고 말한다. 매우 그럴듯하게 들리지만 알고 보면 남자다움에서 진짜 남성성은 제거하고 그 자리를 좀 더 감각적이고 여성적인 것들로 채워 넣자는 얘기나 다름없다. 그래서 남자다움을 다시 정의하자는 주장에 필자들은 반대한다.

지금 필요한 일은 남자답게 사는 법을 다시 정의하는 게 아니라 남자답게 사는 법을 다시 발견하는 것이다.

남자가 반드시 지녀야 할 긍정적인 덕목과 필수적인 능력에 대해 상세히 알려주는 책은 세상 어디에서도 찾아보지 못했다. 이 책이 그 역할을 해주길 기대한다. 적어도 그동안 잃어버렸던 남자답게 사는 법을 다시 찾아나서는 계기가 됐으면 한다. 이 책은 남자가 평생을 사는 동안 맡게 되는 역할에 따라 몇 개의 장으로 나누어져 있다. 각 장에서 오늘날의 젊은 남자들이 제대로 배워본 적 없는 남자다운 자질과 기술들을 만날 수 있을 것이다. 첫 장부터 순서대로 읽어나가도 좋고, 개인적으로 관심이 있거나 자신의 삶과 더 밀접한 관련이 있는 장부터 먼저 읽어도 상관없다.

이 책이 남자다운 삶을 다시 찾아나서는 여행의 종착역이 되지 않기를 바란다. 이 책은 여행의 끝이 아니라 시작이 되어야 한다. 우리보다 앞서 산 많은 남자들은 남자다운 삶이 무엇인지에 대한 지혜로운 교훈을 남겨놓았다. 눈을 크게 뜨고 둘러보면 당신 주변에도 진정한 남자가 갖추어야 할 중요한 기술과 자질을 지닌 남자가 반드시 있을 것이다. 시대를 불문하고 훌륭한 남자들을 찾아 모범으로 삼아보자. 그러면 머지않아 당신도 남자답게 사는 법의 대가가 되어 있을 것이다.

독자에게 :
현세대가 잃어버린 것은 왕년의 남자들이 지녔던 남자다운 기술뿐만이 아니다. 19세기의 거리와 살롱에서 주고받던 다채로운 언어도 지금은 대부분 사라졌다. 필자들은 이 책 곳곳에서 당시의 말투와 표현을 그대로 사용했다. 이런 표현들은 본문에 이탤릭체로 구분해 놓았다. 책을 읽다가 혹시 '할아버지의 할아버지의 할아버지'가 쓰셨을 법한 표현과 마주치면 19세기 때의 표현이라고 생각하면 된다. 책 말미의 부록에 19세기 때 사용한 속어와 그 뜻을 정리해 두었다.

또 대부분의 욕설은 그때만 반짝 인기를 누리다가 세월이 흐르면 사라지게 마련이지만, 시어도어 루스벨트의 욕설은 세월의 무게를 거뜬히 이겨내고 지금도 사용되고 있으므로 이 책에서 그대로 사용하기로 했다. 미국 역사상 가장 남자다운 대통령이었던 시어도어 루스벨트는 새로운 표현을 만들어내는 데 대가였지만, 남의 가슴에 못을 박거나 상대를 깔아뭉개는 표현도 서슴지 않았다. 이러한 표현들도 본문에서 이탤릭체로 표기했다. 당신만의 욕설 레퍼토리에 새로운 메뉴를 추가하고 싶다면 책 말미의 부록을 참고하라. 루스벨트가 만든 엄청난 욕설들이 정리되어 있다. 욕설 페이지는 가위로 오릴 수 있도록 점선을 그어놓았으므로 잘라서 지갑에 넣고 다니다가 다음번에 직장 동료가 사무실 냉장고에 있는 당신의 도시락을 훔쳐 먹는 현장을 잡았을 때 즉석에서 꺼내 써먹으면 된다.

차례

01 신사 The Gentleman

신사답게 입어라 18 정장 제대로 입기 18 포켓 스퀘어 연출법 22
넥타이를 매는 세 가지 방법 25 모자가 돌아왔다 28 디테일에 신경 써라 38
신사답게 가꿔라 44 남자는 반드시 이발소에서 머리를 깎아야한다 44
할아버지의 면도법을 배워라 48 신사답게 행동하라 55 백점짜리 파티 손님
되는 법 56 신사를 위한 식탁 예절 59 대화 예절 — 해야 할 것과 하지 말아야
할 것 61 남의 집에 머물 때 지켜야 할 예절 68 감사편지 쓰는 법 71
신사를 위한 팁 가이드 75 현대의 과학기술과 21세기형 에티켓 81

02 친구 The Friend

우정의 역사 92 피를 나눈 형제처럼: 끈끈한 우정 쌓기 96 악수하는 법을 배워라:
남자를 위한 비밀 친목단체 가입하기 101 곤경에 처한 친구를 도와라 105
남자들의 포옹 108 스트립 댄서와 술잔치는 이제 그만!: 품위 있는 총각파티를
위하여 110 들러리 연설: 결혼식 하객을 민망하게 만들지 마라 115

03 영웅 The Hero

신사답게 싸워라 124 문짝을 박살내라 133 소방관식 환자 이송법 134
물에 빠진 사람 구하기 135 뱀에 물렸을 때의 응급처치 138 도로 위의 영웅이
되어라 140 메이데이! 메이데이! 비상상황에서 비행기 착륙시키기 145

04 연인 The Lover

기사도 정신 154   여자들과 친구처럼 지내지 말고 데이트를 시작하라 157
여자는 바른 생활 사나이를 싫어한다? 159   꽃을 건넬 때는 빅토리아 시대의
신사답게 164   헤어질 때도 신사답게 169   그녀가 내 사람인지 어떻게 알 수 있을까? 172
질질 끌지 말고 당장 결혼하라 174   그녀의 부모님께 허락받기 178
외도 없는 결혼생활을 위해 181

05 아버지 The Father

임신한 아내 보살피기 188   위급한 상황에서 출산하기 192   기저귀 갈기 195
우는 아기 달래기 198   직장과 가정 사이에서 균형 유지하기: 힘내라, 슈퍼아빠 202
오뚝이처럼 다시 일어나는 아이로 키우려면 204   자전거 타는 법 가르치기 209
아이를 즐겁게 해줘라 211   아이와 '성(性)'에 관한 대화를 나눠라 218
아들에게 통과의례를 선사하라 221

06 야외 활동가 The Outdoorsman

캠핑, 최대한 가볍게 떠나라 229   텐트 설치하기 233   남자와 불 236
성냥 없이 불을 피우는 다섯 가지 방법 239   국경의 개척자들처럼 날씨를 예측하라 247
나침반 없이 길을 찾아라 250   남자가 알아야 할 네 가지 매듭 254

07 리더 The Leader

리더의 다섯 가지 덕목 261 카리스마를 발산하라 266 남자답게 악수하는 법 270
청중을 휘어잡는 강력한 연설의 비밀 272 남자답게 비판하고 비판을 받아들여라 280

08 도덕적인 남자 The Virtuous Man

도덕적으로 완벽한 삶을 추구한 벤저민 프랭클린 291 프랭클린의 "도덕적인 삶"을 당신의 삶에 적용하기 294 절제 295 침묵 297 질서 299 결심 302 검소 304
근면 307 정직 310 정의 313 중용 316 청결 319 평온 321 순결 325
겸손 328

맺는 글 333
부록 1: 남자가 읽어야 할 100권의 책 335
부록 2: 오려서 지갑 속에! 340

CHAPTER ONE

01
신사

THE GENTLEMAN

자신에게 전혀 도움이 되지 않는 사람이라도 존중할 수 있는가?
이것이 신사가 되기 위한 마지막 관문이다.
— 윌리엄 라이언 펠프스(미국 작가. 1865~1943)

지난 수세기동안 가정교육을 잘 받은 남자들은 남자가 알아야 할 모든 기술을 배우며 자랐다. 그 기술에는 군인이 되기 위해 필요한 기술부터 저녁 식탁에서 지켜야할 올바른 예절까지 포함되었다. 그들은 진정한 의미의 신사였다. 옷차림은 단정했고 행동은 예의 발랐다. 하지만 안타깝게도 현대의 많은 남성들은 이런 신사를 보고 '계집애 같은 사내' 라고 생각한다. 반면 마음대로 트림을 하고 면도도 하지 않고 예의하고는 담쌓은 것처럼 행동하는 남자를 '정말 남자답다'고 생각한다. 그러나 우리 선조들은 강인한 남자와 품격 있는 신사가 다르지 않다는 것을 잘 알고 있었다. 조지 워싱턴과 시어도어 루스벨트, 로버트 리를 보라. 그들은 남자다운 투지와 예의 바른 신사의 태도를 모두 갖춘 남자들이었다. 평소에는 옷에 더러운 게 묻지 않았는지, 행동은 예의에 어긋나지 않는지 꼼꼼하게 자신을 살폈다. 그렇게 조심스러웠던 그들이 전쟁터에 나가면 마치 물 만난 고기처럼 월등한 전투력 상대를 제압했다. 그렇다고 일부 부유층이나 권력을 쥔 사람들만 신사가 되고 싶어 했던 것은 아니다. 제2차 세계대전 기간 동안 병사들에게 가장 많은 인기를 끌었던 책은 다름 아닌 에밀리 포스트(Emily Post)의 『예의 *Etiquette*』였다.

애석하게도 오늘날 남자다운 다정함과 품격을 배우는 일에 시간을 투자하는 남자들은 거의 찾아볼 수 없다. 때로는 신사의 씨가 말라버린 게 아닌가 하는 생각마저 든다. 누구나 갖추고 있던 품위와 공손한 예의는 사라져버리고 그 빈자리를 뻔뻔한 무례함이 대신 채우고 있다. 오늘날 남자들은 주름이 꾸깃꾸깃한 옷을 아무렇지도 않게 입고 돌아다니는 것은 물론 너무 헐렁하거나 너무 꽉 끼는 옷차림으로 거리를 활보한다. 자신의 행동이 다른 사람에게 피해를 줄 수도 있다는 생각은 눈곱만큼도 하지 않는다.

    이래서는 안 되지 않는가. 신사가 된다는 것은 단지 해야 할 행동과 하지 말아야 행동을 지키느냐 마느냐의 문제가 아니다. 진정한 신사란 자신과 남을 진심으로 존중할 줄 아는 사람이다. 이 장에서 제시하는 간단한 조언들을 따라한다면 어떤 건달이라도 훌륭한 신사가 될 수 있다. 신사에게 필요한 것들을 몸에 익혀 두면 인생의 모든 방면에서 성공으로 가는 문에 들어설 것이다. 직장 동료들은 당신을 존경하게 될 것이고, 친구들은 당신 주위로 몰려들 것이다. 그리고 여자들은 당신을 사랑하게 될 것이다.

신사답게 입어라

감각 있는 남자와 외모에만 신경을 쓰는 남자의 차이점은 무엇일까? 외모에만 신경을 쓰는 남자는 자기가 입는 옷으로 자신을 평가한다. 반면 감각 있는 남자는 옷으로 자신을 평가하지는 않지만 옷을 제대로 입는 게 중요하다는 것은 알고 있다.

― 체스터필드 경(영국 정치가)

겉모습으로 사람을 판단하는 것은 바람직하지 않다. 그러나 첫 만남에서는 겉모습 말고는 상대를 판단할 다른 근거가 없다. 사람들은 처음 만난 상대방의 겉모습만 보고 몇 초 안에 첫 인상을 결정해버린다. 지금 입고 있는 옷은 상대방에게 당신을 어떤 사람이라고 말하고 있는가? 훌륭한 규율이 몸에 밴 남자? 작은 것에도 세심하게 신경 쓰는 사려 깊은 남자? 아니면 그저 인생을 대충 살아가는 남자?

겉모습은 중요하다. 신사답게 갖춰 입으면 자신감도 커지고 다른 이의 존경도 받게 된다. 직장에 면접을 보러가는 길이건, 시내에서 숙녀와 데이트를 하러가는 길이건, 옷차림에 최선의 노력을 기울일 때 성공 확률을 높일 수 있다. 구두까지 반짝반짝 빛난다면 금상첨화다.

정장 제대로 입기

모든 남자들과 마찬가지로 나 역시 완벽해지기 위해 노력한다. 그리고 모든 평범한 남자들과 마찬가지로 나 역시 완벽이란 결코 존재하지 않는다는 결론에 도달한다. 단 하나, 완벽할 수 있는 게 있다면 그것은 정장이다.

― 에드워드 티브넌(미국 작가)

몸에 잘 맞는 정장보다 더 남자다운 옷은 없다. 정장이 그토록 남자다워 보이는 이유는 군복에서 유래된 옷이기 때문이다. 적어도 남자라면 직장에 면접을 보러 갈 때나 결혼식에 참석할 때, 혹은 시내에서 특별한 저녁약속이 있을 때 입을 깔끔한 정장 한 벌씩은 반드시 옷장 안에 갖춰놓아야 한다. 그러나 정장 고르기는 티셔츠나 청바지를 고르는 것과는 다르다. 멋은 물론 착용감도 좋은 정장을 고르길 원한다면 반드시 따져봐야 할 것들이 몇 가지 있다. 다음은 정장을 구입하기 위해 남성복 매장에 갈 때 명심해야 할 사항이다. 이 조언대로 따라하면 오래 입을 수 있으면서 당당한 멋을 지닌 정장을 손에 들고 매장을 나설 수 있을 것이다.

재킷 : 꼭 맞는 놈을 찾아서

어깨에 맞춰라. 옷이 잘 맞는지 아닌지 판단할 때 가장 중요한 것은 재킷의 어깨 부위다. 만약 잘 맞지 않을 때는 수선을 맡길 수도 있지만 어깨 쪽은 재킷의 다른 부분보다 수선이 훨씬 까다롭고 비용도 더 많이 든다. 어깨가 너무 꽉 끼어서 주름이 잡히길 원하지 않는다면 어깨와 등 위쪽 부분과 어깨선이 평행한 상태를 유지해야 한다.

팔이 편안한지 확인하라. 팔을 아래로 늘어뜨렸을 때 진동둘레가 겨드랑이를 죄는 느낌이 들어서는 안 된다. 팔을 편안하게 아래로 내려뜨릴 수 없다면 분명 문제가 있는 것이다. 잘못하면 〈크리스마스 스토리〉라는 코미디 영화에 나왔던 물먹은 진드기 모양의 랜디처럼 보일 수 있다. 진동둘레도 수선은 가능하지만 어깨와 마찬가지로 수선이 까다롭고 수선비도 꽤 많이 든다.

품은 넉넉한지 확인하라. 정장은 가슴 쪽 품이 넉넉하고 편안하게 움직일 수 있어야 한다. 물론 너무 넉넉하면 아빠 양복을 빌려 입은 열두 살짜리처럼 보일 수도 있다. 위에서 내려다봤을 때 옷깃이 가슴에 평평하게 닿지 않으면 옷이 작다고 봐야 한다. 등도 확인하라. 트임이 있는 재킷이라면 뒤트임이 엉덩이를 평평하게 덮어야 한다. 즉 엉덩이가 재킷의 뒤트임을 뚫고 튀어나와서는 안 된다. 만약 엉덩이가 튀어나온다면 수선을 해야한다. 그래야 가슴 쪽의 품이 넉넉해진다.

재킷의 길이를 확인하라. 재킷의 길이를 잴 때는 균형을 맞추는 게 생명이다. 균형을 맞추지 않아 재킷이 너무 길거나 짧아지면 우스꽝스러워진다. 50년 전쯤 우리의 할아버지들이 정장을 맞춰 입던 시절에는, 재단사가 할아버지에게 팔을 아래로 늘어뜨리게 하고 손을 동그랗게 말아 쥐게 한 다음 재킷의 길이를 쟀다. 재단사는 할아버지의 말아 쥔 손바닥의 곡선 부분에 재킷의 길이를 맞췄다. 내 경험상 재킷의 길이는 엉덩이를 완전히 덮을 만큼 되는 게 가장 좋다. 그보다 더 길면 곤란하다.

소매의 길이를 확인해라. 재킷의 소매는 팔을 아래로 내려뜨렸을 때 와이셔츠 소매단의 4분의 1 정도가 드러나는 길이가 가장 적당하다. 재킷 소매가 당신의 손바닥까지 내려가서는 곤란하다. '공부벌레'처럼 보이고 싶다면 몰라도.

바지 : 접힘은 어느 정도가 적당할까?

바지는 엉덩이가 아니라 허리에 걸쳐라. 지난 20년간 남자들의 '허리'는 점점 낮은 곳으로 향하다가 마침내 엉덩이까지 내려왔다. 청바지를 입을 때는 상관없을지 모르지만 정장 바지를 너무 '낮은' 곳에 걸치는 것은 꼴불견이다. 남자는 배꼽 근처에 바지를 걸치는 게 정상이다. 더 아래로 내려가면 안 된다.

재단사가 "바지 접힘(break)"이라고 말할 때는 구두 앞쪽 위에서 바지가 접히는 지점을 뜻한다. 이보다 높은 곳에서 접히면 개그맨처럼 보일 수 있고, 반대로 구두 앞쪽보다 더 밑에서 접히면 구두(DEW BEATERS)를 다 집어삼킬 수 있다. 바지의 '접힘'은 접히는 위치에 따라 완전 접힘(full break), 중간 접힘(medium break), 접힘 없음(no break)으로 나뉜다.

완전 접힘(full break) : 바지 밑단이 구두의 뒤꿈치를 전부 덮는다. 바지가 길게 내려오므로 걸을 때 양말이 드러나지 않도록 가릴 수 있다.

중간 접힘(medium break) : 바지 밑단이 구두 뒤꿈치의 중간 부분까지 내려온다. 완전 접힘보다는 길이가 짧기 때문에 걸을 때 양말을 전부 다 가려주지는 못한다. 하지만 바닥에 끌리지 않기 때문에 걷다가 자기 바짓단을 밟고 넘어질 염려는 없다.

접힘 없음(no break) : 바지 밑단이 구두 뒤꿈치의 거의 윗부분에 살짝 걸린다. '노 브레이크'를 위해 치수를 잴 때는 바지가 지나치게 짧아

겨서 양말이 전부 드러나지 않도록 주의해야 한다.

포켓 스퀘어* 연출법

영국 수상 윈스턴 처칠, 영화배우 게리 그랜트, 그리고 007소설의 주인공 제임스 본드. 이 세 사람의 공통점은 무엇일까? 하나, 모두 독한 술을 즐겼다. 둘, 포켓 스퀘어를 꽂고 다녔다. 모자와 마찬가지로 한 시대를 풍미했던 포켓 스퀘어의 인기는 오늘날 옛 영화가 무색하게 바닥으로 곤두박질쳤다. 남자들은 너무나 오랫동안 정장 재킷의 가슴 주머니에는 눈길도 주지 않았다.

그러던 포켓 스퀘어가 최근 새로운 전성기를 맞고 있다. 할리우드와 힙합계의 거물들 사이에서 포켓 스퀘어가 인기 있는 패션 아이템으로 떠올랐기 때문이다. 사담 후세인도 포켓 스퀘어를 꽂고 법정에 출두했다면 말 다한 것이다. 남자로서 포켓 스퀘어도 갖추지 않고 전쟁 범죄에 대해 변호를 할 수는 없지 않은가.

포켓 스퀘어가 다시 인기를 끄는 데는 충분히 그럴만한 이유가 있다. 쉽고 저렴한 방법으로 똑같은 정장에 다른 느낌을 줄 수 있기 때문이다. 포켓 스퀘어는 멋은 물론 세련미를 더해준다. 주머니 밖으로 살짝 삐져나온 작은 천 조각 하나가 모든 남자를 훨씬 말쑥한 이미지로 변신시키는 것이다.

*Pocket Square : 재킷 주머니에 꽂는 장식용 손수건. 우리나라에서는 포켓치프나 행커치프로 많이 알려져 있다 ― 옮긴이

포켓 스퀘어에 관한 조언

정장을 밋밋하게 내버려두지 마라. 포켓 스퀘어를 꽂지 않은 정장은 위엄과 자신감이 2퍼센트 부족해 보인다. 따라서 정장이나 블레이저를 입을 때는 항상 포켓 스퀘어를 꽂으라는 게 포켓 스퀘어에 관한 첫 번째 조언이다. 훨씬 근사해 보인다.

색깔을 맞춰라. 포켓 스퀘어는 무늬가 있는 것과 단색인 것이 있다. 넥타이 색깔에 포켓 스퀘어 색깔을 맞추는 것이 기본 원칙이다. 예를 들어 붉은색 계열의 넥타이에는 붉은 계열의 단색 포켓 스퀘어나 붉은색을 포함한 무늬가 있는 포켓 스퀘어가 잘 어울린다. 하지만 완벽하게 똑같은 색깔은 피하는 게 좋다. 지나치게 색을 맞추려고 애쓴다는 인상을 줄 수 있다. 따라서 넥타이와 포켓 스퀘어를 세트로 묶어 파는 제품은 구입하지 않는 것이 좋다. 흰색 포켓 스퀘어는 모든 색깔의 넥타이에 무난하게 어울린다. 흰색 포켓 스퀘어 하나쯤은 모든 남자들이 필수적으로 갖고 있다.

포켓 스퀘어 접는 법

포켓 스퀘어를 접는 데는 간단한 방법부터 다소 복잡한 방법까지 몇 가지 방법이 있다. 어떤 방법을 선택하느냐는 개인의 취향에 달려 있다. 다음은 모든 남자들이 알고 있어야 할 세 가지 기본적인 포켓 스퀘어 접는 법이다.

직선 접기(Straight fold)

직선 접기는 정장에 고전적인 멋을 더해 준다. 직선 접기는 재킷 주머니 밖으로 작은 직사각형이 살짝 보이는 모양이다. 다음은 직선 접기의 한 방법이다.

1. 포켓 스퀘어를 평평하게 펼친다.
2. 왼쪽을 오른쪽 방향으로 덮어 반으로 접는다.
3. 아랫부분은 윗부분을 향해 접는다. 그러나 끝까지 접지 않는다.
4. 위아래 길이의 3분의 1 지점까지만 접는다. 그래야 재킷 주머니와 크기가 맞는다.

한쪽 끝 접기(One corner fold)

한쪽 끝 접기는 재킷 주머니 밖으로 작은 산봉우리가 튀어나온 모양이다. 나는 세 가지 접기 중에서 한쪽 끝 접기를 가장 좋아한다. 접는 방법은 다음과 같다.

1. 포켓 스퀘어의 한쪽 꼭짓점을 위를 향하게 하고 반대쪽 꼭짓점을 밑으로 향하게 하여 야구장의 다이아몬드 모양으로 펼쳐놓는다.
2. 그 상태에서 포켓 스퀘어의 아래쪽 꼭짓점을 위쪽 끝으로 가져가 접는다. 삼각형 모양이 된다.
3. 삼각형의 왼쪽 끝은 오른쪽을 향해 접고, 오른쪽 끝은 왼쪽을 향해 접어 길쭉한 사각형의 밑면을 만든다. 사각형 윗부분은 마치 울타리 조각처럼 끝이 뾰족하게 튀어나온 모양이 된다.
4. 울타리 모양의 아랫면을 위를 향해 접는다. 물론 끝까지 접으면 안 된다.
5. 재킷 주머니에 꽂는다. 뾰족한 끝이 주머니 밖으로 많이 나오거

나 조금 나오는 것은 개인의 취향에 따라 조절한다.

부풀림 접기(Puff fold)

부풀림 접기는 가장 간단하다. 사실상 '접는' 과정이 없기 때문이다. 재킷 주머니 밖으로 천 조각이 살짝 부풀어 오른 모양이다. 다음은 만드는 방법이다.

1. 포켓 스퀘어를 평평하게 펼친다.
2. 엄지와 검지로 포켓 스퀘어의 가운데 부분을 집어 올린다. 이때 포켓 스퀘어가 자연스럽게 주름 잡히더라도 신경 쓰지 말고 그대로 진행한다.
3. 한 손으로 포켓 스퀘어를 쥔 채, 다른 손으로 아래 늘어진 포켓 스퀘어 자락을 한곳으로 부드럽게 모아준다.
4. 포켓 스퀘어의 아래쪽을 우아하게 모아준다.
5. 재킷 주머니에 꽂는다. 원하는 만큼 부풀린 모양이 될 때까지 포켓 스퀘어를 정리해준다.

넥타이를 매는 세 가지 방법

슬픈 사실이지만, 넥타이를 맬 줄 모르는 어른들이 있다. 오후에 중요한 면접이라도 있으면 그들은 미리 매 놓은 넥타이를 파는 옷가게로 달려갈 것이다. 넥타이를 맬 줄 아는 사람이라 해도 대부분은 한 가지 매는 법 밖에 모르기 십상이다. 하지만 와이셔츠 깃과 넥타이 재질에 따라 넥타이를 매는 방법은 다양하다. 깃과 재질에 맞게 넥타이를 매야 멋을 제대로 살릴 수 있다. 다음은 모든 남자가 알고 있어야 할 세

가지 고전적인 넥타이 매듭법이다.

윈저노트(Windsor knot)

윈저노트는 넓은 삼각형 모양의 매듭으로 격식 있는 분위기를 연출할 때 제격이다. 윈저노트는 깃이 넓은 와이셔츠에 잘 어울린다.

1. 넥타이를 목에 두른다. 넥타이의 넓은 끝이 좁은 끝보다 30센티미터 정도 아래 오도록 늘어뜨린다. 넥타이의 넓은 부분을 좁은 끝 위로 가로지른다.
2. 넥타이의 넓은 끝을 와이셔츠 깃과 넥타이 사이의 구멍 속으로 집어넣고 앞으로 잡아당긴다.
3. 넓은 끝을 좁은 끝의 뒤쪽에 놓고 오른쪽으로 돌린다.
4. 넓은 끝을 다시 구멍 뒤로 통과시켜 잡아당긴다. 여기까지 했을 때 매듭이 있는 곳에 삼각형이 만들어져 있어야 한다.
5. 넓은 끝을 오른쪽에서 왼쪽으로 잡아당겨 삼각형을 감싼다.
6. 넓은 끝을 세 번째로 구멍을 통과시켜 위로 올린다.
7. 넓은 끝을 정면의 매듭을 통과시켜 당긴다.
8. 두 손으로 매듭을 조이고 가운데에 오도록 조정한다.

하프 윈저노트(Half windsor knot)

윈저노트의 동생뻘이다. 대칭을 이루는 삼각형 모양이 되는 것은 윈저노트와 똑같지만, 매듭의 크기가 더 작은 것이 차이점이다. 하프 윈저노트는 재질이 가볍고 폭이 넓은 넥타이에 적당하다. 일반적인 와이셔츠 깃에 가장 잘 어울린다.

1. 넥타이를 목에 두른다. 넓은 끝이 좁은 끝보다 30센티미터 정도 아래 오도록 늘어뜨린다. 넓은 부분을 좁은 끝 위로 가로지른다.
2. 넓은 끝으로 좁은 끝을 감싸 돌려서 뒤로 보낸다.
3. 넓은 끝을 위로 들고서 와이셔츠 깃과 넥타이 사이의 구멍에 집어넣은 다음 잡아당긴다.
4. 넓은 끝을 앞쪽으로 가져와 오른쪽에서 왼쪽 방향으로 좁은 끝 위에 놓는다.
5. 넓은 끝을 다시 한 번 구멍을 통과시킨 다음 뒤로 가져온다.
6. 넓은 끝을 정면의 매듭을 통과시킨 다음 아래로 잡아당긴다.
7. 두 손으로 매듭을 조이고 가운데에 오도록 조정한다.

포 인 핸드 노트(Four-in-hand knot)

'남학생(schoolboy)' 매듭이라고도 부른다. 포 인 핸드 노트는 매기 쉽기 때문에 아마도 가장 많은 사람들이 사용하는 매듭일 것이다. 포 인 핸드 노트는 무거운 소재의 넥타이나 좁은 와이셔츠 깃에 가장 잘 어울린다.

1. 넥타이를 목에 두른다. 넓은 끝이 좁은 끝보다 30센티미터 정도 아래 오도록 늘어뜨린다. 넓은 부분을 좁은 끝 위로 가로지른다.
2. 넓은 끝을 좁은 끝 밑에서 뒤로 돌린다.
3. 다시 넓은 끝을 좁은 끝 앞으로 가로지르며 좁은 끝을 둘러싼다.
4. 넓은 끝을 위로 당겨 구멍의 뒤쪽으로 통과시킨다.
5. 검지로 매듭의 가운데를 누른 상태에서 넓은 끝을 매듭의 앞을 통과해 아래로 내린다.
6. 좁은 끝을 누른 상태에서 매듭을 위로 미끄러지듯이 넣어 셔츠

깃(GILLS)을 향해 천천히 조인다. 그런 다음 매듭이 가운데 오도록 조정한다.

모자가 돌아왔다

신사의 정장을 완성하는 마지막 단계를 살펴볼 차례다. 모자다.
  1950년대까지만 해도 모자를 쓰지 않고 돌아다니는 남자는 찾아보기 힘들었다. 그러나 1960년대로 접어들면서 모자를 착용하는 남자들이 눈에 띄게 줄어들었다. 그 이유를 정확히 아는 사람은 없다. 어떤 사람들은 존 F. 케네디가 대통령 취임식 때 모자를 쓰지 않으면서 모자가 '촌스러움'의 대명사로 낙인찍혔기 때문이라고 주장한다. 하지만 그런 주장은 괴담에 불과하다. 케네디는 취임식 날 분명히 모자를 썼다. 한편에선 자동차 크기가 작아지면서 모자를 쓰고 운전하기가 불편해졌기 때문이라고 주장하는 사람들도 있다. 하지만 모자가 사라진 가장 그럴듯한 이유는, 스타일이 변하고 캐주얼한 옷차림이 꾸준한 유행으로 자리매김했기 때문이 아닐까?
  그런데 모자가 최근 완벽하게 부활했다. 모자는 기능성과 멋스러움을 모두 만족시킨다. 모자는 부스스한 머리를 감춰주고, 듬성듬성 머리카락이 빠진 곳을 가려주며, 머리를 따뜻하게 보온해주기도 한다. 또 뙤약볕 아래서는 눈 주위에 그늘을 만들어준다. 모자는 품격과 세련미를 더해주고 개성을 살려주며 밋밋한 옷차림에 흥미롭고 독특한 포인트까지 준다. 무엇보다도 모자는 자신감을 높여주는 확실한 패션 소품이다. 근사한 모자는 금세 당신의 트레이드마크가 되고, 패션모델처럼 거리를 활보할 수 있는 자신감을 선사한다.

다양한 모자의 세계

물론 오늘날에도 남자들은 여전히 모자를 쓰고 다닌다. 하지만 대부분은 야구모자나 비니, 트럭 운전사들이 쓰는 모자다. 이 모자들이 모자 자체로서 문제가 있다는 말은 아니다. 다만 세상에는 이 외에도 다양한 모자가 있다는 것을 알아주었으면 한다. 그리고 당신의 '뚜껑' 목록에 다음에 소개하는 모자들도 집어넣어주면 좋겠다.

플랫 캡(flat cap)

플랫 캡은 둥근 모양이고 챙이 좁으며 뒤가 높다. 오래전부터 영국의 남성 노동자 계층이 즐겨 썼던 모자이고 캐주얼한 옷차림에 멋을 더해 주고, 매일 봐서 식상한 청바지와 티셔츠 차림에 색다른 느낌을 더해준다. 언뜻 보면 신문팔이 소년들이 많이 썼던 뉴스보이 캡과 모양이 비슷하긴 하지만 뉴스보이 캡은 플랫 캡보다 더 둥글고 부푼 모양이다. 뉴스보이 캡은 남녀 공용이다. 남자라면 플랫 캡을 착용하라

페도라(fedora)

한때 남자들은 외출을 할 때면 마치 사회적 관습처럼 페도라를 썼다. 그들은 일터에 가든 야구장에 가든 밖에 나갈 때도 항상 페도라를 썼다. 이렇게 한때는 동네 청년부터 할아버지들까지 누구나 썼던 페도라가 지금은 패션모델들만 쓰는 모자로 인식되고 있다. 부드러운 감촉의 페도라는 주로 펠트(felt)라는 천으로 만들고, 모자 꼭대기에서 아래쪽을 향해 세로로 주름이 잡히면서 양쪽에서 조여준다. 페도라는 남자다운 인상을 강조해주고 슬쩍 신비한 분위기까지 풍겨준다. 1920

년대와 30년대 미국의 금주법 시절 갱 단원들을 비롯하여 1940년대 프랑크 시내트라를 비롯한 거의 모든 영화배우가 페도를 즐겨 썼다. 페도라를 쓰는 순간 당신은 진정으로 품위 있고 남자다운 유산과 만나는 느낌이 들 것이다.

포크파이(pork pie)

돼지고기 파이 모양과 닮았다고 해서 포크파이라는 이름이 붙었다. 전체적인 모양은 페도라와 비슷하지만 모자 꼭대기가 조이는 페도라와 달리 포크파이는 꼭대기가 평평하다. 포크파이의 챙도 페도라보다 더 짧고 위를 향해 접혀 있다. 포크파이는 재즈와 블루스, 스카(ska : 비트가 강한 서인도제도의 팝 음악 — 옮긴이)와 인연이 깊다. 원자폭탄을 만든 로버트 오펜하이머도 포크파이를 즐겨 착용했다.

홈부르크(homburg)

홈부르크 역시 페도라와 비슷한 모양의 중절모다. 그러나 홈부르크의 챙은 페도라와 달리 머리를 조이지 않으며, 챙 전체가 위를 향해 접혀 있다. 홈부르크는 머리에 두른 띠가 특징이다. 이 띠에 깃털을 꽂을 수 있다. 영국 신사들이 많이 썼던 기다란 톱 해트(top hat)보다 더 격식 있고 페도라보다 더 멋스러운 홈부르크는 20세기에 정치인들과 외교관들이 애용한 모자다. 『대부』의 말론 브란도가 홈부르크 팬이었기 때문인지, 아니면 스눕 독(Snoop Dogg)이나 투팍(Tupac) 같은 힙합 뮤지션들이 쓰고 나와 부활시켰기 때문인지는 몰라도 오늘날 홈부르크에서는 갱스터 분위기가 물씬 배어 나온다.

보울러 혹은 더비(bowler/derby)

보울러는 펠트로 만들었으며, 딱딱하고 챙이 아주 짧은 모자다. 더비라고도 불리는 보울러는 영국을 상징하는 모자로 알려져 있지만, 19세기에는 미국 도시 문화의 한 자리를 차지하기도 했다. 실제로 19세기 중반 뉴욕의 뒷골목을 어슬렁거리던 여러 갱단 중에 플러그 어글리스라는 조직은 절대로 보울러를 벗는 적이 없었다. 보울러는 이들의 트레이드마크였던 동시에 라이벌 갱단과의 잦은 싸움에서 머리를 보호해주는 역할을 했다.

트릴비(trilby)

보울러가 영국을 대표하는 모자라면, 트릴비는 미국을 대표하는 중절모다. 모자 꼭대기가 움푹 파이고 챙이 좁은 트릴비는 홈부르크나 페도라와 모양은 비슷하지만 나름의 스타일을 가지고 있다. 예전에는 재즈 문화와 관련이 깊고 정장에 어울리는 모자였으나 오늘날 체크무늬 트릴비나 트위드 천으로 만든 트릴비는 예전보다 캐주얼한 복장과 어울리는 경우가 많아졌다.

모자, 당당하게 써라

모자를 기울여 써요. 모자의 각도가 당신의 기분을 말해줍니다.
— 프랭크 시내트라(미국 가수 겸 배우. 1915~1998)

모자는 힘들이지 않고도 자연스럽게 묻어나는 멋스러움과 남자다운 당당함을 표현할 수 있는 소품이다. 프랭크 시나트라는 누구보다도 모자를 사랑했고 멋있게 쓸 줄 알았다. 어느 정도인가 하면 자신의 기분을 제대로 표현하기 위해 끊임없이 모자를 쓸 때 각도를 궁리할 정도였다. 기분에 따라 다양한 방법으로 모자를 써보자.

- 뒤로 돌려써라. 개방적이고 사교성이 풍부한 사람처럼 보인다.
- 눈썹 위쪽으로 살짝 기울여라. 신비하면서도 위협적으로 보인다.
- 2.5센티미터 정도 위로 젖혀 써라. 의욕적인 비즈니스맨처럼 보인다.

모자 에티켓

모자는 독특한 패션 소품이다. 언제 어디서든 모자를 쓰고 벗거나, 살짝 위로 추켜올렸다 내려놓는 것만으로도 상대방에게 존경의 마음을 전달할 수 있다. 다른 소품으로는 이 같은 효과를 낼 수 없다. 따라서 모자를 자신의 트레이드마크로 선택한 사람은 모자에 딸려오는 의무도 마땅히 질 줄 알아야 한다. 아쉽게도 모자 에티켓을 지키는 사람은 거의 없다. 모자 에티켓을 지킬 줄 알면 모자를 선택하는 감각뿐 아니라 매너도 남다른 사람이라는 인상을 줄 것이다. 다음과 같은 상황에서는 모자를 벗는 게 예의다.

- 장례식 때와 묘지에서
- 교회 안에서
- 야외 결혼식 때
- 집과 식당, 건물의 내부에서(건물의 계단과 로비는 제외)
- 숙녀와 함께 엘리베이터를 탈 때
- 국가가 흘러나올 때
- 식사할 때(간이식당에서 식사를 할 때는 제외)

- 대화할 때

다음과 같은 상황에서는 모자를 위로 살짝 치켜 올렸다가 내려놓아라.

- 친구를 맞이할 때(특히 숙녀를 맞이할 때는 모자를 머리 위로 완전히 들었다 놓는 것이 예의다.)
- 본의 아니게 여성을 세게 밀쳤거나 좁은 공간을 비집고 지나갈 때 미안하다는 표시로
- 작별인사를 할 때
- 감사를 표할 때("고마워요"와 "괜찮습니다"라는 뜻을 전하고 싶을 때)

얼굴의 약점을 보완하는 모자 연출법

사람은 균형 잡힌 것에 끌리는 경향이 있다. 따라서 얼굴도 좌우 균형이 잘 잡힌 얼굴일수록 더 매력적으로 다가온다. 하지만 성형수술을 한다면 모를까, 아쉽게도 얼굴의 균형을 맞추기 위해 할 수 있는 일은 그다지 많지 않다. 물론 얼굴의 불균형을 개선할 수 있는 방법이 전혀 없지는 않다. 주변에서 헤어스타일을 바꿨더니 얼굴이 작아 보인다며 좋아하는 여자들 이야기를 들어본 적이 있을 것이다. 하지만 이마저도 여자들에게나 해당되는 얘기다. 남자들은 제 아무리 머리 모양을 이렇게 저렇게 바꿔봐야 얼굴의 불균형을 해소하는 데는 한계가 있다. 따라서 머리 모양으로 여자들만큼 효과를 보기는 힘들다. 대신 남자들에겐 얼굴의 균형을 맞출 수 있는 다른 방법이 있다. 바로 모자다. 어떤 모자든 안 쓸 때보다는 썼을 때 남자를 더 말쑥하게 보이게 한다. 기왕이면 얼굴에 맞는 모자를 골라야 더 매력 넘치고 강렬한 인상을

줄 수 있는 것은 당연하다. 그동안 모자를 쓰고 싶은 마음은 굴뚝같았지만 어떤 모자를 골라야 할지 확신이 서지 않아 망설이기만 했다면 다음의 가이드라인이 얼굴에 맞는 모자를 고를 수 있는 데 도움이 되었으면 한다.

모자의 해부

본격적인 이야기에 앞서 모자와 관련하여 사용할 용어를 간단하게 살펴보자.

'테이퍼(taper)'란, 모자의 바닥과 비교했을 때 모자의 꼭대기(위쪽)로 올라갈수록 폭이 좁아지는 정도를 가리키는 말이다.

짧고 둥글넓적한 얼굴. 영화배우 잭 블랙(「내겐 너무 예쁜 당신」 「스쿨 오브 락」) 같은 얼굴형. 둥근 얼굴형은 얼굴이 짧아 보이는 경향이 있으므로 얼굴을 약간 길어 보이게 하는 모자가 좋다.

- 크라운 : 중간 정도 높이와 크기.
- 테이퍼 : 약간 있는 것.
- 머리띠 : 폭이 좁은 머리띠가 얼굴을 길어 보이게 한다. 색상은 모자와 반대 색상이 좋다.
- 챙 : 중간 정도 폭이 좋다. 챙 전체를 꺾어서 위를 향해 접어라. 아래쪽을 향해 꺾는 것은 금물. 얼굴이 더 짧아 보인다.
- 기울기 : 뒤쪽으로 기울여 써라. 얼굴 앞쪽으로 기울여 쓰면 얼굴이 더 짧아 보일 수 있다.
- 추천 모자 : 페도라, 갬블러(gambler), 파나마(panama)

길고 마른 얼굴. 영화배우 윌 아넷(「블레이즈 오브 글로리」「솔로몬 형제」) 같은 얼굴형. 얼굴을 짧아 보이게 하는 모자를 찾아라.

- 크라운 : 높지 않은 것이 좋다. 사각 모양이나 넓적하거나 너무 높은 것은 피하라.
- 테이퍼 : 중간 정도
- 머리띠 : 모자와 대비되는 색상으로 폭이 넓은 띠가 얼굴을 짧아 보이게 하고 얼굴의 세로선을 끊어준다.
- 챙 : 중간 정도 폭. 헐렁하지 않고 귀에서 귀까지 딱 맞는 것.
- 기울기 : 옆으로 기울여 써라. 약간 뒤쪽으로 기울이면 더 좋다.
- 추천 모자 : 페도라, 홈부르크, 더비

윗부분이 넓은 얼굴. 배우 겸 감독 존 파브로(「아이언 맨1, 2」연출)같은 얼굴형. 이런 얼굴은 상대적으로 윗부분이 넓고 턱 선으로 내려오면서 좁아지는 형이다. 얼굴의 윗부분과 아랫부분의 균형을 잡아주는 모자가 필요하다.

- 크라운 : 중간 높이에서 짧은 것까지. 그리고 꼭대기의 갈라짐(pinch)은 앞쪽을 향하는 것이 좋다. 둥글거나 너무 높은 것은 피할 것.
- 테이퍼 : 중간 정도
- 머리띠 : 중간 정도의 폭이나 아예 폭이 좁은 것이 좋다. 색상은 모자와 비슷한 색으로 고르는 게 좋다.
- 챙 : 중간 정도 폭, 그리고 뒷부분과 양 옆은 둥글게 말리고 앞 쪽은 평평한 것이 좋다.
- 기울기 : 옆으로 기울여 써라. 넓은 이마가 너무 많이 드러날 수

있으므로 뒤로 기울여 쓰지 않는 것이 좋다.
- 추천 모자 : 페도라, 홈부르크

정사각형 얼굴. 배우 올랜도 블룸(「반지의 제왕」 「캐리비안의 해적」등) 같은 얼굴형. 얼굴선을 부드럽게 보이게 하고, 네모난 상자 같은 느낌이 덜 나게나는 하는 모자를 골라라.
- 크라운 : 중간 높이에 크고 둥근 것.
- 테이퍼 : 좁아짐을 거의 느낄 수 없는 것.
- 챙 : 폭이 넓고 완전히 위로 꺾인 것.
- 기울기 : 옆으로 기울여 써라. 각진 얼굴선을 분산되는 느낌을 준다. 하지만 머리 뒤쪽으로 너무 밀어서 쓰지는 말 것.
- 추천 모자 : 홈부르크, 보울러.

코가 긴 얼굴. 본인은 긴 코가 아니라고 항변할 수도 있지만, 배우 애드리안 브로디(「피아니스트」 「킹콩」등) 같은 얼굴형. 모자 챙에서 뾰족한 코끝까지 이어지는 선을 분산시키는 모자를 골라라.
- 크라운 : 중간 높이. 꼭대기의 갈라짐이 앞쪽으로 너무 좁아지는 것은 피할 것.
- 테이퍼 : 좁아짐을 거의 느낄 수 없는 것.
- 머리띠 : 폭이 넓고 색상이 화려한 것.
- 챙 : 넓은 것. 뾰족하게 돌출된 코끝을 가리고도 남을 만큼 넓은 것이 좋다.
- 기울기 : 옆으로 기울여 써라.
- 추천 모자 : 페도라.

턱이 튀어나온 얼굴. 배우 아론 애크하트(「다크 나이트」「사랑의 레시피」등) 같은 얼굴형. 두드러진 턱의 균형을 잡아줄 모자를 골라라.

- 크라운 : 중간 혹은 낮은 것. 널찍하거나 너무 높은 것은 피해라. 옆이 움푹 들어간 것을 골라야 적당히 통통한 인상을 줄 수 있다.
- 테이퍼 : 약간 좁아지는 것.
- 챙 : 중간 정도 폭. 완전히 한 바퀴 빙 돌며 꺾인 것이 좋다. 그러나 뒤쪽 챙이 위로 너무 많이 들린 것은 피해라. 턱이 더 튀어나와 보일 수 있다.
- 기울기 : 수평을 유지하거나 한 쪽으로 살짝 삐딱하게 써라.
- 추천 모자 : 페도라

턱이 움푹 파인 얼굴. 배우 폴 다노(「미스 리틀 선샤인」「테이킹 우드스탁」등) 같은 얼굴형. 가급적 턱과 멀리 떨어져 있는 얼굴 윗부분으로 시선을 끌 수 있는 모자를 골라라.

- 크라운 : 낮은 것.
- 테이퍼 : 상당히 좁아지는 것.
- 머리띠 : 폭이 좁은 것.
- 챙 : 평평하거나 아주 약간 휜 것.
- 기울기 : 옆으로 많이 기울여서 써라.
- 추천 모자 : 포크파이, 트릴비

귀가 큰 얼굴. 배우 윌 스미스(「맨인블랙」「나쁜 녀석들」등)처럼 귀가 돌출된 얼굴형. 이렇게 커다랗고 돌출된 귀를 가진 사람에겐 귀를 가려줄 수 있는 모자가 필요하다.

- 크라운 : 널찍하고 비교적 높은 것.
- 테이퍼 : 가급적 좁아짐이 없거나 좁아지더라도 아주 약간 좁아지는 것.
- 챙 : 큰 귀를 가리거나 작게 보이도록 하려면 되도록 넓은 챙이 좋다. 챙의 꺾임은 거의 없거나 완전히 꺾인 것이 좋다. 단 챙을 둥글게 말지는 말라. 큰 귀가 더 강조되어 보인다.
- 기울기 : 뒤쪽을 눌러서 써라.
- 추천 모자 : 갬블러, 파나마, 챙이 넓은 페도라.

디테일에 신경 써라

몸에 잘 맞는 양복과 형형색색의 포켓 스퀘어에 제대로 맨 넥타이까지 완벽하게 갖추었더라도 세밀한 부분에 신경을 쓰지 않는다면 애써 가꾼 외모와 인상은 물거품이 되고 만다. 시내에서의 저녁 약속이나 직장 면접을 위해 집을 나서기 전 점검해야 할 사항이 세 가지 있다. 옷은 다렸는가? 구두는 닦았는가? 양말과 구두, 벨트는 정장과 잘 어울리는가? 이 세 가지 마무리 손길을 거치고 나면 말끔한(SQUARE-RIGGED) 신사로 태어날 것이다.

옷 다리기

다리미질 준비. 옷이 다 마르면 즉시 널어라. 그래야 옷의 구김을 줄일 수 있다. (이렇게 하면 나중에 다리미질을 할 때 일이 줄어든다)

물 채우기. 다리미 안에 물을 채운다. 옷의 구김을 펼 수 있는 충분한 수증기를 만들기 위해서다. 그런 다음 다리미를 적당한 온도로 맞춘다. 옷감마다 다림질 온도는 다르다. 다리미가 너무 뜨겁거나 수증기가 많으면 옷을 망가뜨릴 수 있다. 옷 안쪽에 달려 있는 태그를 보고 적정 온도를 확인한다. 일반적으로 100퍼센트 면 소재인 옷을 다릴 때는 다리미 온도를 높게 하고, 합성소재가 섞인 옷은 그보다 낮게 한다. 합성소재가 섞인 옷과 100퍼센트 면 소재인 옷을 둘 다 다려야할 때는 합성소재가 섞인 옷부터 다리는 게 순서다. 100퍼센트 면 소재인 옷부터 다리게 되면 다리미가 식을 때까지 기다려야 하기 때문이다.

다리미용 작업대 위에 놓고 다린다. 다리미용 작업대를 활용하면 더 쉽게 다릴 수 있다. 작업대가 없으면 탁자 위에 수건을 깔고 다린다.

옷에 물을 뿌린다. 다리미질을 잘 하기 위해서는 우선 옷에 물을 뿌린다. 셔츠나 바지가 완전히 마르기 전에 세탁기에서 꺼내라. 이미 옷이 완벽하게 말랐다면 스프레이를 이용하여 촉촉해질 정도로 물을 뿌려준다.

와이셔츠 다리기

일정한 순서도 없이 무턱대고 다려봐야 제대로 다려지지도 않는다. 다리미질은 한마디로 구김과의 전투다. 세상의 모든 격렬한 전투가 그렇듯 전투에서 승리하려면 작전을 세워야 한다. 다음은 와이셔츠 구김과의 전투에서 승리할 수 있는 작전이다.

1. 깃(collar) : 와이셔츠를 평평하게 놓고 깃을 편다. 깃 안쪽 모서리부터 다리기 시작해 가운데 쪽으로 이동해간다. 안쪽이 끝나면 뒤집어 깃 바깥쪽을 다린다.
2. 요크(yoke) : 요크란 어깨를 덮고 있는 부분을 가리킨다. 다리미판의 가장 넓은 곳에 펼쳐놓고 다린다.
3. 커프스(cuffs) : 와이셔츠의 소매 끝동을 말한다. 커프스의 단추를 풀고 완전히 펼친다. 안쪽 면을 먼저 다리고 바깥쪽 면을 다린다.
4. 소매(sleeve) : 소매의 솔기(봉제선)를 기준으로 삼아서 손바닥으로 평평하게 펴 가며 다린다. 뒤집어서 반대쪽을 다린다. 한 쪽 소매가 끝났으면 다른 쪽 소매를 다린다.
5. 등 : 다리미판의 넓은 곳에 놓고 다린다.
6. 앞면 : 주머니부터 다린 다음 각 부분을 다린다. 단추 주변을 다릴 때는 다리미의 뾰족한 끝을 이용하면 좋다.
7. 재손질 : 필요한 경우에는 깃과 커프스를 다시 한 번 다린다.

바지 다리기

바지를 다릴 때도 셔츠와 마찬가지다. 최상의 결과를 얻기 위해서는 다음과 같은 작전을 따라야 한다.

1. 바지의 안쪽 면이 밖으로 나오도록 뒤집어 놓고 허리띠 부분, 주머니, 플라이 에어리어(fly area : 바지 앞의 지퍼나 단추로 잠그는 부분), 봉제선, 바짓단 순으로 다린다.
2. 바지를 본래대로 바깥 면이 나오게 뒤집어 놓는다. 마치 다리미판에 바지를 입히듯 허리띠 부분을 다리미판의 갸름한 모서리에 집어넣어 당겨놓은 다음 바지의 윗부분을 다린다.

3. 바지를 다리미판에서 빼내고 바지 밑단 쪽을 잡아들어 두 바짓가랑이의 안쪽 봉제선과 바깥쪽 봉제선이 맞닿도록 나란히 맞춘다. 그런 다음 다리미판 위에 바지를 세로방향으로 놓는다.

4. 위아래로 나란히 겹쳐진 두 개의 바짓가랑이 중에서 위에 놓인 바짓가랑이를 허리띠 쪽으로 접어놓고 그 아래 놓인 바짓가랑이의 안쪽부터 다린다. 순서는 바지 밑단에서 가랑이 방향으로 올라오며 다린다. 반대로 뒤집어서 다른 쪽 바짓가랑이도 똑같은 방식으로 다린다.

5. 바지허리 부분을 잡고 양쪽 바짓가랑이를 일렬로 겹쳐 놓는다. 위에 놓인 바짓가랑이의 바깥쪽을 다린다. 바지를 뒤집어서 반대쪽 바짓가랑이를 다린다.

6. 즉시 옷걸이에 건다. 그러나 아무렇게나 내던지듯 걸지는 마라. 힘들게 세워놓은 수름이 망가지지 않게 하려면 옷설이에 설 때도 요령이 필요하다. 바지 밑단을 잡고 주름이 어디 있는지 찾는다. 양쪽 바짓가랑이를 주름에 맞춰 하나로 모은다. 바지 양쪽에 곧게 내리뻗은 일직선을 만든다. 한 손으로 옷걸이를 잡은 다음 바지 자락을 옷걸이 안으로 천천히 들이민다. 바지의 중간 정도까지 들이밀었을 때 잡고 있던 바지 밑단을 놓아 옷걸이에 걸친다.

반짝반짝 구두 닦기

얼굴이 비칠 만큼 깨끗하게 구두를 닦아 보자. 부드러운 천과 구두약 한 통, 좋은 구둣솔만 있으면 준비 끝.

1. 구두에 묻어 있는 먼지나 진흙, 소금기를 구둣솔로 털어 내거나 찬물로 씻어낸다.
2. 검지로 천의 일부를 감싼 다음 천 끝에 물을 조금 묻힌다.(흠뻑 적시면 안 된다.) 이때 물의 온도는 미지근한 게 좋다는 의견도 있고, 찬 물이 좋다는 사람도 있다. 물 보다 침을 뱉는 게 더 효과적이라는 사람도 있다. 각각 시도를 해보고 가장 효과가 좋은 것을 선택하면 된다. 이제 촉촉해진 천에 구두약을 조금만 묻힌다. 가능하면 구두 색깔과 구두약 색깔은 같은 게 좋다. 그리고 구두약을 천에 묻힐 때 움푹 파서 사용하지 않도록 주의한다. 움푹 파인 곳이 있으면 구두약이 빨리 말라버려서 멀쩡한 구두약 한 통을 못 쓰고 버리게 된다.
3. 작게 원을 그리며 천천히 구두를 닦는다. 닦을 때는 구두 앞코에서 끈을 매는 부분과 구두 굽, 발등 안쪽, 발등 바깥쪽 순서로 한 번에 한 부분씩 닦는다. 이것이 밑칠(base coat)이다.
4. 구둣솔로 구두 전체를 세게 털어낸다.
5. 천에 물기를 살짝 묻히고 다시 구두약을 바른다. 이번에는 광을 내기 위해 작은 원을 그리며 구두 전체를 닦는다. 이때 살짝 힘을 주며 닦는다. 그런 다음 마치 거울에 뿌옇게 김이 서릴 때처럼 뜨거운 입김을 구두에 하아, 하고 불어준다. 이렇게 하면 구두가 좀 더 촉촉해지고 구두에 바른 구두약의 외피가 부드러워져서 눈에 보이지 않는 구두 표면의 갈라진 틈으로 구두약이 쏙쏙 스며든다. 만족스러울 만큼 광택이 날 때까지 계속 닦는다.

> **남자를 위한 조언**
>
> ## 양말과 구두, 벨트의 색깔 맞추기
>
> **양말 : 구두가 아니라 바지 색깔에 맞춰라.** 의자에 앉게 되면 구두 위로 양말이 살짝 보인다. 이때 구두에서 양말을 거쳐 바지까지 한 가지 색으로 통일이 되면 보기 좋을 것이다. 바지와 색깔이 맞지 않는 양말은 이러한 통일을 방해한다. 따라서 검은색 바지에는 검은색 양말, 갈색 바지에는 갈색 양말을 신어라. 시트콤의 코믹 캐릭터인 스티브 우르켈이나 1983년의 마이클 잭슨처럼 보이고 싶은 의도가 아니라면 절대로 어두운 색 바지에 하얀 양말은 신지 마라.
>
> **구두 : 양복 색깔에 맞춰라.** 첫째, 갈색 양복에는 갈색 구두, 검은색 양복에는 검은색 구두를 신어라. 당연한 얘기다. 둘째, 조금 까다롭다. 회색 계통의 양복에는 검은색 구두를, 파란색 계통의 양복에는 갈색 구두를 신어라.
>
> **벨트 : 구두 색깔에 맞춰라.** 너무 쉽다. 달리 설명이 필요할까?

다급하게 구두에 광을 내야 하는 상황이라면 구두를 신은 채 얼른 바짓가랑이 뒤쪽에 갖다 대고 재빨리 문질러라. 우리의 할아버지들이 위급한 상황에서 써먹었던 방법이다.

신사답게 가꿔라

신사라면 머리 모양과 얼굴을 단정하게 가꿀 줄 알아야 한다. 그렇다고 패션과 외모에 지나친 관심을 쏟는 메트로섹슈얼 같은 남자가 되라는 얘기가 아니다. 방금 잠에서 깬 부스스한 머리 모양을 위해 몇 시간씩 미용실에 앉아 있거나 하다못해 눈썹까지 뽑는 요즘 남자들을 보면 한숨이 절로 나온다. 남자는 깔끔한 면도와 단정한 머리, 이 두 가지 기본만 제대로 갖추고 있으면 당당하게 세상과 맞서 싸울 수 있다.

남자는 반드시 이발소에서 머리를 깎아야한다

이발소로 향하던 남자들의 발길이 뚝 끊겼다. 이런 남자들은 무늬만 남자일 뿐이다. 남자는 반드시 이발소에서 머리를 깎아야 한다. 다음과 같은 이유 때문이다.

이발사는 남자의 머리를 어떻게 깎아야 하는지 알고 있다. 오늘날 보통 남자들과 다르지 않다면 당신도 아마 이발소보다는 미용실에 드나들고 있을 것이다. 솔직히 말하자면 나도 전에는 미용실에서 머리를 깎았다. 하지만 미용실 문을 나설 때면 내 머리는 항상 우스꽝스런 모양이 되어 있었다. 처음 일주일 동안은 그럭저럭 괜찮아 보일 때도 있었지만, 조금만 더 머리가 자라면 예외 없이 엎어놓은 국사발이 되어 버렸다.

왜 그럴까? 그 이유는 미용실에서 일하는 사람들의 대다수가 훈련 받은 이발사가 아니기 때문이다. 그들은 미용사들이다. 이발사와 미용사 중 어느 쪽을 선택하느냐에 따라 바보 같은 머리 모양과 근사한 머리 모양이 결정된다.

이발사는 전기이발기로 머리를 깎는 훈련을 받는다. 전기이발기(속칭 바리깡)는 남자들의 머리를 깎을 때 가장 중요한 도구다. 하지만 미용사들은 전기이발기가 아니라 가위를 사용하여 머리를 깎는다. 게다가 미용사들은 여성 고객의 머리를 깎는 데 초점을 맞춰 훈련을 받는다. 미용사들의 전공 분야인 스타일링과 염색, 파마 등은 남자에겐 전혀 필요 없는 것들이다. 자연히 미용실의 귀여운 스타일리스트에게 전기이발기를 사용하여 머리를 깎아달라고 부탁하면 머리를 망칠 수밖에 없다. 그 귀여운 스타일리스트는 아마도 전기이발기를 구경해 본 적도 별로 없을 것이다. 하지만 이발사는 전기이발기를 자유자재로 다룬다.

이발소에서는 다른 남자들과 마음껏 수다를 떨 수 있다. 미용실에 갈 때마다 내 머리를 깎아주는 여자 스타일리스트들과 긴 대화를 나눠본 적이 거의 없다. 처음에야 내 가족과 그들의 가족에 대해 간단히 몇 마디 주고받기는 하지만, 그뿐이다. 스타일리스트들은 대개 미용실에 있는 다른 여자 손님들과 수다를 떨었다. 나는 내내 입을 다물고 어색하게 앉아있어야 했음은 물론이다.

이발사들은 어떤가. 그들은 흥미진진한 이야깃거리가 끊이지 않는 재미있는 남자들이다. 그들의 이야기를 듣다 보면 마음이 편안해져서

나도 모르게 속에 있는 말들을 꺼내놓게 된다. 우리는 정치에 대해 목청을 돋우고, 자동차에 대해 침을 튀기며, 스포츠와 가족에 대해 이야기한다. 자기 차례를 기다리던 손님들도 신문을 읽다가 최근의 이슈에 대해 한마디씩 논평을 한다. 그러다 보면 이발사, 머리를 깎는 손님, 자기 차례를 기다리는 손님이 모두 참여하는 대화의 장이 펼쳐진다.

이발소는 미국에서 가장 오래된 시민 토론장이다. 오늘날 지역사회에서 다른 주민들과 이야기를 나누려면 어디로 가야할까? 커피숍? 커피숍에 갈 때마다 내 눈에는 저마다 테이블을 하나씩 차지하고 각자의 일에 푹 빠져 있는 사람들 밖에 보이지 않는다. 커피숍 말고 내 머리에 떠오르는 유일한 장소는 술집이다. 하지만 술집도 이제 남자들의 마지막 요새이기는커녕 남녀의 연애 장소로 변했다. 그러므로 지역 사회에서 다른 주민들과 함께 시민들의 삶에 대해 토론을 벌이고 싶을 때 찾아갈 수 있는 곳은 이발소뿐이다.

진정한 면도가 무엇인지 경험할 수 있다. 많은 이발소에서는 지금도 전통적인 외날 면도칼을 사용한다. 아직까지 이발소에서 시원한 면도의 쾌감을 느껴보지 못했다면, 미안한 얘기지만 인생 헛산 거나 마찬가지다. 이보다 더 편안하고 호사스런 경험은 흔치 않을 것이며, 일찍이 그토록 완벽한 면도를 경험해본 적은 없을 것이다. 게다가 이발사의 손에 들린 날카로운 면도날이 목에 차갑게 와 닿을 때 "내가 살아있구나"라는 섬뜩한 자각은 이발소에서만 얻어갈 수 있는 덤이다.

이발소는 아버지와 아들이 추억을 공유할 수 있는 장소다. 남자들에겐 그들을 하나로 묶어줄 수 있는 전통이 필요하다. 아버지와 아들이 함께 이발소에 가는 것은 가정에서 시작할 수 있는 훌륭한 전통의 하나이다. 대부분의 남자들은 평생 한 이발소만을 찾는다. 따라서 수십 년간 자신이 앉았던 의자를 아들에게 물려주고 자신의 머리를 맡겼던 이발사를 소개해줄 수 있다.

더 남자다워진 느낌을 준다. 왜 그런지는 말로 정확히 표현하기 힘들다. 머리에 바르는 양모제(養毛劑) 냄새 때문일 수도 있고, 남자들만 모인 독특한 분위기 때문일 수도 있다. 어쩌면 이발소의 전통에 대해 알게 되었기 때문일 수도 있다. 이유야 어떻든 이발소에 다녀오면 더 남자다워진 느낌이 든다. 이발소는 지속성을 가진 곳이다. 문화가 달라져도 이발소는 변하지 않는다. 아버지가 머리를 깎던 시절이나 지금이나 이발소와 이발사는 그대로다. 이발은 고급 헤어에센스 따위와는 아무런 상관도 없는 아주 단순한 일이다. 이발소에서는 제모(除毛)나 얼굴 마사지, 부분 염색 같은 일도 하지 않는다. 예약? 당연히 필요 없다. 머리를 잘 깎고 즐겁게 대화를 나누는 것, 그것이 이발소에서 하는 일의 전부다.

시원하게 머리를 쳐올리고 이발소를 나설 때면 어깨에 힘을 주고 거만하게 턱을 치켜든 채 걸어보고 싶은 충동이 들 것이다. 빨갛고 하얀 줄무늬가 빙글빙글 돌아가는 낯익은 표시등이 눈에 띄거든 한번쯤 문을 열고 들어가 보길 권한다. 장담하건대, 결코 후회하지 않을 것이다.

할아버지의 면도법을 배워라

오늘날 올바른 면도법은 잊혀진 기술이 되었다. 남자들은 대부분 그들의 할아버지와 아버지가 즐겨 했던 전통적인 수동 면도(wet shave)에 대해 거의 알지 못한다. 오로지 약국 선반 위에 진열된 값싸고 획일적인 일회용 면도 제품에만 익숙할 뿐이다. 언제부터, 무슨 이유 때문인지는 분명치 않지만, 깔끔한 면도의 비밀을 아들에게 물려주는 전통은 사라졌다. 이 아름다운 남자의 의식이 최근 부활의 조짐을 보이고 있다는 사실은 그나마 다행이다.

고전적인 수동 면도의 장점

비용을 줄일 수 있다. 가장 일반적인 4중날 카트리지 면도기가 8개 들어있는 한 세트의 가격은 20달러가 넘는다. 카트리지 한 개당 2.5달러인 셈이다. 반면 양날 안전면도기는 25센트를 넘지 않는다. 면도기 하나 바꿈으로써 엄청난 돈을 절약할 수 있는 것이다. 게다가 전통적인 면도용 크림과 비누로 바꾼다면 비용은 더 줄어든다. 약국에서 판매하는 화학성분이 가득한 면도용 젤 한 통은 오래 쓸 수도 없고, 면도가 깔끔하게 되지도 않는데 가격은 최고 5달러까지 한다. 반면 전통적인 면도용 크림과 비누는 천연성분으로 만들었으며 가격도 처음 살 때는 면도용 젤보다 조금 비쌀 수 있으나 비누거품을 내기 위한 제품을 따로 구입할 필요가 없기 때문에 결과적으로는 더 적은 비용이 든다.

환경 피해를 줄일 수 있다. 양날 안전면도기로 하는 전통적인 수동 면도는 카트리지 면도기로 할 때보다 폐기물을 덜 배출한다. 사실 폐기물이라고 해봐야 외날 금속 면도날 한 개와 세면대로 내려가는 비누거품이 전부다. 게다가 오늘날의 카트리지 면도기와 달리 양날 면도기는 쉽게 재활용까지 가능하다. 또 젤은 자연분해가 되지 않는 분무용 금속용기에 넣어 판매하지만 대부분의 전통적인 면도용 크림과 비누는 통이나 그릇에 넣어 판매하므로 폐기물을 줄일 수 있다.

더 깔끔하게 면도할 수 있다. 오늘날 대부분의 남자들은 형편없이 면도를 하고도 전혀 부끄러운 줄 모르고 돌아다닌다. 전기면도기나 최신식 5중날 초강력 나노봇 장치를 사용한 면도는 지나치게 피부를 자극하여 피부가 오돌토돌 올라오기도 하고 털이 피부 안쪽에서 자라는 경우도 있다. 피부가 발개지는 것은 물론이다. 반면 안전면도기로 면도를 하면 피부 자극이 없어 깨끗하고 싱싱한 얼굴을 유지할 수 있다. 구레나룻을 깎을 때 전기면도기를 사용하면 여러 개의 날이 얼굴을 물어뜯지만 안전면도기는 날 하나로 충분하다.

통제하기 힘든 남자가 된 기분이 든다. 당신의 할아버지나 존 F. 케네디, 시어도어 루스벨트처럼 아부를 모르고 고집불통에다 거칠고 공격적인 남자들은 하나같이 수동 면도를 했다. 그들이 했던 방법으로 면도를 하는 순간, 그런 남자가 되는 즐거움이 따라온다.

면도 용품

안전면도기. 싸구려 1회용 면도기에서 양날 안전면도기로 바꾸는 것은 마치 자가용을 소형 승용차에서 메르세데스 벤츠로 바꾸는 것과 같다. 안전면도기는 소품이 아니라 엄연한 '기계'다. 튼튼하고 묵직한 금속 제품을 손에 쥐고 면도를 하는 기분과 싸구려 플라스틱 조각을 들고 면도를 하는 기분은 애초에 비교가 불가능하다.

안전면도기는 여러 군데에서 구할 수 있다. 우선, 멀리 갈 것 없이 할아버지께 지금도 안전면도기를 갖고 계신지 여쭤보라. 십중팔구 갖고 계실 것이다. 만약 안 갖고 계신다면 골동품 가게를 훑어라. 나는 버몬트의 한 골동품 가게에서 1966년산 질레트 슈퍼스피드 안전면도기를 발견하여 단돈 10달러에 구입했다. 혹시 골동품 가게에서도 운이 따르지 않는다면, 이베이(eBay) 사이트에 들어가 안전면도기를 검색해보라. 틀림없이 몇 개 찾아낼 수 있을 것이다. 끝으로 중고 안전면도기를 구입하는 게 내키지 않는다면, 아직도 안전면도기를 만들고 있는 회사가 몇 군데 있으니 언제든지 새 제품을 구입할 수 있다. 가장 추천하고 싶은 제품은 메르쿠르(Merkur)사의 제품이다. 다양한 가격대의 안전면도기를 종류별로 갖춰놓고 있다. 새 제품은 40달러 정도다.

면도날. 면도날에는 다양한 종류가 있고, 각각의 날은 저마다 고유의 날카로움과 커팅 능력을 갖고 있다. 여러 가지 사용해보고 자신에게 잘 맞는 것을 골라라.

면도솔. 면도를 할 때 한 번도 솔을 사용해본 적이 없는 사람이라면, 한번 시도해보기 바란다. 솔은 면도 크림을 부드럽게 만들어 거품을 진하고 풍성하게 일으킨다. 거품을 낼 때 솔을 사용하면 구레나룻에

바른 면도 크림이 풍성하게 부풀어 오르기 때문에 더 깔끔하고 부드러운 면도가 가능하다. 게다가 거품을 내기 위해 면도솔이 얼굴에 닿을 때의 그 느낌이란 정말 말로 표현하기 힘들다.

면도솔은 야생돼지 털로 만든 것과 오소리 털로 만든 것 두 종류가 있다. 야생돼지 털은 상대적으로 뻣뻣하고 수분이 적기 때문에 오소리 털로 만든 솔보다 가격이 더 싸다. 월마트에서 야생돼지 털로 만든 면도솔은 4달러 정도에 판매한다. 하지만 면도의 참맛을 느껴보고 싶다면, 돈을 좀 투자해서 오소리 털을 사길 권한다. 오소리 털을 사용하면 거품도 더 많이 일어나고 얼굴에 닿는 촉감도 더 부드럽다.

비누와 크림. 일반적인 남자라면 캔에 들어 있는 면도 크림을 사용해 왔을 것이다. 화학성분이 첨가된 이 끈적끈적한 청록색 물질은 피부에 좋지 않을 뿐만 아니라 병원 냄새까지 난다. 반면 전통적인 면도 크림과 비누는 100퍼센트 천연성분으로 만들기 때문에 남자다운 향취는 물론 얼굴에 영양을 공급해주기도 한다. 이처럼 면도 크림과 비누는 품질이 더 우수한 만큼 캔에 든 제품보다 값은 비쌀 수 있지만, 한 번만 발라도 엄청난 양의 거품을 만들어낸다는 장점이 있다.

면도 테크닉

준비 단계. 깔끔한 면도를 원한다면 적절한 준비단계가 필요하다. 준비단계의 목적은 수염을 부드럽게 만들어 피부에 자극을 덜 주면서 면도를 쉽게 하기 위함이다. 수염을 부드럽게 만드는 가장 좋은 방법은 샤워를 끝낸 직후에 면도를 하는 것이다. 뜨거운 물로 샤워를 하면 수염이 촉촉해지고 부드러워져 면도를 하기에 최적의 상태가 된다. 샤워를 하지 않았다면, 수염만이라도 뜨거운 물로 적셔줘라. 뜨거운 수건으로 닦아주는 것도 까칠하게 자란 수염을 부드럽게 해주는 좋은 방법이다.

거품 내기. 면도크림을 5센트 동전 크기만큼 찍어 컵에 담는다. 미리 물에 적셔둔 면도솔로 비누거품이 풍성하게 일 때까지 컵 안의 면도크림을 휘저어준다. 그런 다음 면도솔에 거품을 묻혀 얼굴에 바른다. 얼굴이 거품으로 덮였으면, 면도솔로 얼굴을 몇 차례 훑어내려 거품을 모두 제거한다.

면도. 카트리지 면도기를 사용할 때와는 달리 안전면도기로 면도를 할 때는 실제로 몇 가지 기술이 필요하다. 하지만 일단 익혀두기만 하면 **빠른** 시간 안에 효과적인 면도를 할 수 있다. 안전면도기를 이용하여 제대로 면도를 하는 네 가지 비결은 다음과 같다.

1. 면도기를 쥔 손에 최대한 힘을 **빼라**. 안전면도기 자체의 무게만으로도 수염을 깎는 데는 충분하므로 굳이 힘을 더 가할 필요가 없다. 면도기를 힘주어 누르면 얼굴을 벨 수 있다. 무의식중에 면도기를 쥔 손에 힘이 들어갈 경우를 대비해 면도기 손잡이의 끝부분을 쥐고 면도를 하는 것도 한 방법이다.

2. 가능한 한 면도날을 피부에 많이 닿지 않게 해라. 각도 조절이야말로 면도기를 다룰 때 가장 힘든 부분일 것이다. 적절한 각도는 30도에서 45도 사이다. 면도기의 헤드 윗부분을 턱에 똑바로 대고 턱 면과 수평이 되게 손잡이를 기울이면 적절한 각도가 나온

다. 그런 다음 면도기 손잡이를 천천히 아래로 움직이며 수염을 깎는다. 처음부터 얼굴에다 하기 망설여지면 팔목에다 먼저 연습을 해본다.

3. 결대로 깎아라. 수염이 난 방향과 반대 방향으로 깎으면 깎을 때의 느낌은 부드러울지 모르나 얼굴을 벨 수 있고, 미처 덜 깎인 털이 피부 안쪽에서 자라날 수 있다. 처음 면도를 시작할 때부터 결대로 깎아라. 면도 거품을 내고 한 번 이상 면도기로 밀고 나면 더없이 부드럽게 면도를 마칠 수 있다.

4. 수염을 전부 제거한다기보다 줄여나간다고 생각하라. 면도를 하는 목적은 점차적으로 수염을 줄여나가는 것이지 한 번의 재빠른 손놀림으로 완전히 제거하는 것이 아니다. 대부분의 남자들은 면도기를 한 번 밀 때 모든 수염을 제거하려고 한다. 그래서 피부 자극은 이 같은 '난칼에 베고 빠시기' 전략 때문에 일어난다. 피부 자극을 피하고 싶다면 거품을 낸 다음 면도기로 얼굴을 여러 차례 왕복하라. 당신의 얼굴이 고마워할 것이다.

평생 카트리지 면도기만 써왔던 사람은 이와 같은 과정에 익숙해지기까지는 시간이 걸린다. 계속 연습하라. 시간이 지나면 면도 실력이 몰라보게 늘 것이다.

면도 후. 땀구멍을 조이기 위해 찬 물로 얼굴을 씻어낸다. 그런 다음 애프터셰이브 로션을 바른다. 애프터셰이브 로션을 바르면 피부 자극을 줄여주고 얼굴을 건강해 보이게 하며 남자다운 향취를 풍겨준다.

남자를 위한 조언

손가방 꾸리기 완벽 가이드

신사는 여행을 떠날 때 집 밖에서도 멋지고 단정한 남자로 보이기 위한 필수품들을 챙겨간다. 화장품을 담는 슈트케이스가 따로 필요한 여자와 달리 남자는 꼭 필요한 몇 가지만 있으면 충분하다. 그렇다 하더라도 그것들을 넣을 작은 가방은 필요하다. 이럴 때 손가방이 제격이다.

가방
우선 가방이 필요하다. 가방은 쉽게 구할 수 있다. 어느 할인마트를 가든 4달러를 넘지 않는 나일론 소재의 작은 여행 가방을 구입할 수 있다. 그거면 충분하다. 혹시 고급스러운 손가방을 원한다면 가죽을 추천한다. 물론 나일론보다 비싸다. 그 대신 영구적으로 쓸 수 있고 낡아도 멋있으며 분신처럼 항상 갖고 다니고 싶어진다. 나중에 아들이나 손자에게 물려주며 그 손가방을 들고 다녔던 곳들의 추억을 들려줄 수도 있다.

준비물
가방을 장만했으면, 이제 가방 안을 채워보자. 여행을 하는 동안 단정한 용모를 유지하는 데 필요한 것들에는 어떤 것들이 있을까? 우리가 제안하는 것들은 대부분 상식적으로 생각할 수 있는 것들이지만, 어떤 품목에 대해선 '이런 것까지?'라며 고개를 갸우뚱할지도 모르겠다. 하지만 여행을 하다보면 가져오길 잘 했다는 생각이 들 때가 분명 있을 것이다.

- 체취제거제
- 치약, 칫솔, 치실
- 손톱깎이
- 반창고
- 아스피린
- 먼지제거용 테이프
- 여분의 콘택트렌즈
- 면봉
- 비누와 샴푸(숙소가 호텔이 아닐 경우)
- 면도용품: 면도기, 솔, 면도크림
- 입술 크림
- 옷핀
- 설사약
- 20달러 지폐
- 빗

명심할 것. 면도가 끝나면 정리가 필요한 코털이나 귀털이 없는지 확인하라. 남자의 콧구멍에 매달려 흔들리는 '긴 다리의 거미들'을 보고 싶어 하는 여자는 아무도 없다. '가지치기'가 필요할 때는 코털과 귀털 제거용으로 제작된 작은 가위나 전기 기계를 이용해서 제거한다. 그러나 매우 조심해야 한다. 할아버지처럼 보이지 않으려다가 고막에 구멍이 뚫리는 불상사가 발생할 수 있다.

신사답게 행동하라

사회가 점차 개방되고 자유분방해지면서 이따금 에티켓은 쓰레기통에서조차 찾기 힘들 때가 있다. 에티켓은 대부분 쓸모라곤 전혀 없는 구시대의 겉치레 취급을 받는다. 물론 에티켓의 어떤 면은 문화적 관습에 바탕을 두고 있는 까닭에 오늘날의 관점에서 봤을 때 맞지 않는 게 있는 것은 사실이다. 한 예로 여자 상사의 손에 입을 맞췄다가는 칭찬은커녕 미심쩍은 눈초리나 받을 것이다. 하지만 대부분의 훌륭한 매너는 건전하고 영속성 있는 원칙에 바탕을 두고 있다. 바로 배려와 존중이라는 원칙이다. 신사가 예의를 지키는 것은 깐깐한 여성들에게 잔소리를 듣는 게 무서워서가 아니라 다른 사람의 기분과 필요를 헤아릴 줄 알기 때문이다. 신사는 존경심으로 주변 사람들을 대하고, 그런 태도는 상대방도 똑같은 존경심으로 자신을 대하도록 만든다. 훌륭한 매너를 익히는 것이 오직 남을 위한 이타적인 노력이라고 생각하기 쉽지만 예의바른 행동에 대한 보상은 자신에게 돌아올 때가 많다. 여성이 집에 데려가 부모님께 소개하고 싶은 남자가 되거나, 중요한 사업 미팅에서 예의바른 행동을 보여 상대방의 무한한 신뢰를 얻는 것만큼 두둑한 보상이 어디 있겠는가.

백점짜리 손님 되는 법

파티를 주최하는 것은 이만저만 스트레스를 받는 일이 아니다. 음식은 무엇을 준비할지, 오락거리는 무엇이 좋을지, 손님들은 서로 잘 어울리며 좋은 시간을 보낼지, 말썽을 부리는 손님은 없을지 등 파티를 마련한 주최자로서는 고민할 게 한두 가지가 아니다. 예의바른 행동으로 주최자의 마음에 쏙 드는 손님이 된다면 파티 주인의 걱정거리를 하나라도 덜어줄 수 있다. 완벽한 손님으로서 파티를 성공으로 이끄는 데 한몫 해내다면 우편함에는 점점 더 많은 파티 초대장이 쌓이게 될 것이다.

항상, 반드시, 참석 여부를 밝혀라. "RSVP"는 프랑스어 "르빵데 실 부 쁠레Repondez s'il vous plait"의 약자로, "회답 주시기 바랍니다."라는 뜻이다. 즉, 초대장 말미에 적힌 RSVP는 참석 여부를 알려달라는 파티 주최자의 정중한 요청이다. 요즘 사람들은 RSVP에 대해 회답을 해도 그만, 안 해도 그만인 것으로 생각하는 경향이 있다. 참석할 수 있는 경우에만 전화를 해주면 된다는 사람도 있고, 반대로 참석할 수 없는 경우에만 전화를 해주면 된다는 사람도 있다. 때로는 주최자에게 전화를 걸어 거절의사를 밝혀야 하거나 참석하지 못하는 이유를 둘러대야 하는 상황이 싫어 회답을 거부하기도 한다.

그러나 참석 여부를 밝히지 않는 것은 무례한 행동이다. 반드시 참석 여부를 밝혀야 한다. 그래야 파티 주최자가 계획을 짤 수 있다. 예상 참석 인원을 알아야 그에 맞는 적당한 장소를 물색하고 적절한 양의 파티용품을 준비할 수 있으며 무엇보다 손님에게 대접할 음식과 음료의 정확한 양을 준비할 수 있다. 하지만 참석 여부를 알려주지 않으면 주최자는 어떻게 파티 준비를 해야 할지 막막해진다. 결국 파티준비에 필요 이상의 비용을 들이게 되거나 준비가 부실해질 수밖에 없다.

참석하겠다고 회답을 해놓고 나타나지 않는 것도 금물이다. 다시 말하지만 파티 주최자는 음식과 파티용품을 너무 많이 준비하게 되어서 대부분은 아깝게도 쓰레기통으로 직행하고 말 것이다.

저녁 파티에 참석할 때는 음식을 가져가라. 몇몇 입맛 끼다로운 손님들까지 만족시킬 수 있는 음식을 만들어내기란 쉬운 일이 아니다. 손수 샐러드나 디저트를 만들어 가면 파티 주최자의 부담을 조금이나마 덜어줄 수 있다.

항상 정시에 도착하라. 당신이 20분 늦게 도착하면, 요리사의 스트레스는 두 배로 늘어난다. 음식의 맛은 물론이고 음식이 식지는 않았는지 신경 써야 하기 때문이다. 차라리 아직 음식이 준비되어 있지 않을 때 도착하면 요리사의 걱정을 덜어주고 음식을 기다리는 동안 사람들과 어울릴 시간도 더 많아지므로 여러모로 좋다.

하지만 시간에 구애받지 않고 자유롭게 드나드는 대형 파티라면, 이미지 관리 차원에서 느지막하게 도착해도 상관없다.

파티 장소의 연락처를 챙겨라. 파티장소를 찾지 못해 헤매거나 갑자기 급한 일이 생길 경우 주최자에게 전화를 걸어 현재 상황을 알려줄 필요가 있다. 감감무소식으로 사람들을 기다리게 하거나 파티를 지연시켜서는 안 된다.

주최자에게 성의를 표하라. 와인 한 병이나 꽃다발 정도면 더할 나위 없이 훌륭한 선물이다. 저녁파티 때는 특히 이런 선물이 어울린다.

얘깃거리를 준비하라. 꿔다 논 보릿자루가 되지 마라. 파티장소로 가는 동안 할 얘기를 몇 가지 생각해 놓아라. 최근에 본 영화나 직장에서 있었던 재미있는 일, 자신의 근황이나 친구들에 관한 소식 모두 훌륭한 대화 소재다. 파티의 주최자와 참석자들을 떠올려보라. 그들의 관심사는 무엇이고 어떤 종류의 질문을 좋아할지 떠올려보라. 명심할 것 한 가지. 정치나 종교처럼 민감한 이야기는 피하라.

분별 있게 먹고 마셔라. 마치 무지막지한 정육점 고기 분쇄기(SAVAGE AS A MEAT AXE)라도 된 듯 닥치는 대로 먹어치우지 마라. 이제 겨우 전채(前菜) 요리가 돌고 있는데 벌써 옆에 빈 접시를 산더미처럼 쌓아 놓는 사람들이 있다. 영락없는 돼지처럼 보인다. 두 번씩 퍼 담지 마라. 술은 취하지 않을 만큼만 마셔라.

주최자를 칭찬하라. 파티 도중에 한 번, 파티가 끝나고 작별인사를 할 때 한 번, 주최자에게 음식이 정말 맛있고 파티가 훌륭하다고 말해주자.

너무 오래 머물지 마라. 언제쯤 자리에서 일어나는 게 적당한지는 피부로 느낄 수 있다. 활기가 가라앉고 대화가 질질 늘어지기 시작하는 순간 이렇게 말하라. "덕분에 즐거운 시간을 보냈어요. 이제 그만 가야할 것 같네요. 초대해주셔서 정말 감사합니다."

감사편지를 써라. 파티가 끝나고 며칠 안으로 파티 주최자에게 감사편지를 보내라.

신사를 위한 식탁 예절

공공장소에서 지켜야할 예절은 거의 사라졌지만, 신사다운 행동이 시험대에 오르는 무대가 한 군데 남아 있다. 바로 저녁식탁이다. 빵을 자르는 행동 하나만 봐도 세련된 신사인지 무례한 사람인지 한눈에 알 수 있다. 다음의 규칙을 따라 행동하면 사람들은 당신과 함께 저녁 식탁에 함께 앉아 있는 것을 영광으로 여길 것이다.

1. 만삭의 아내로부터 양수가 터졌다는 연락이 올지도 모르는 상황이 아니라면, 식사 전에는 반드시 핸드폰을 꺼두어라.
2. 숙녀와 함께 저녁식사를 하러 갔을 때 의자를 빼 그녀를 먼저 자리에 앉힌 다음 앉아라.
3. 자리에 앉으면 곧바로 냅킨을 펼쳐 무릎 위에 올려놓는다.
4. 식탁 위에 식기가 여러 개 놓여 있더라도 당황하지 마라. 바깥쪽에 놓여 있는 것부터 안쪽에 놓여 있는 순서로 사용한다는 규칙만 기억하면 된다. 각 식기의 기본 용도는 다음과 같다.

- 제일 작은 포크 : 해산물을 먹을 때
- 중간 크기의 포크 : 샐러드를 먹을 때
- 제일 큰 포크 : 메인 요리를 먹을 때
- 작은 숟가락 : 커피 저을 때
- 큰 숟가락 : 스프 떠먹을 때

5. 음식에 손을 대기 전에 식사기도가 있는지 확인하라. 입 안 가득 빵을 우물거리고 있을 때 기도를 마치고 고개를 드는 사람들과 눈길이 마주쳐서야 되겠는가.

6. 식탁에 팔꿈치를 괴지 마라.

7. 옆 사람에게 접시를 달라고 부탁할 때는 항상 "감사합니다."라는 말을 잊지 마라.

8. 친한 친구나 가족끼리는 서로 다른 요리를 시켰을 때 나눠먹어도 상관없지만, 그 외의 사람들과 식사를 할 때는 상대방의 음식에 손을 대는 것은 큰 실례다.

9. 빵을 먹을 때는 접시에 버터를 조금 덜어놓은 후 다른 사람에게 전달하라. 버터는 빵 전체에 한 번에 전부 바르지 말고 빵을 조금 잘라 그 부분에만 바른다. 이렇게 조금씩 나눠서 빵을 전부 먹는다.

10. 너무 빨리 먹지 마라. 천천히 씹으면서 음식 맛을 음미하라. 음식을 다 씹고 나면 대화를 나누면서 잠시 쉬었다가 또 먹는다. 다른 사람들과 먹는 속도를 맞추는 게 좋다.

11. 절대로 입을 벌리고 음식을 씹지 마라. 그러면 먹는 동안은 자연히 말을 할 수 없다.

12. 콧수염이나 턱수염을 기른 사람은 음식이 수염에 묻지 않도록 신경 써라. 콧수염을 스프의 물기를 걸러내는 체로 사용해서는 안 된다.

13. 친구 집에서 저녁을 먹다가 음식에 머리카락이 빠져 있는 걸 발견했다면 친구가 눈치 채지 못하게 건져내고 식사를 계속하라. 똑같은 상황이 식당에서 발생한다면 웨이터를 불러 머리카락을 발견했다고 얘기하라.

14. 접시에 음식이 마지막으로 남았을 때 먹고 싶다고 무작정 손을 뻗기보다는 더 드실 분은 없는지 먼저 주위 사람들에게 물어보라.

15. 식탁에서 밥맛 떨어지는 이야기는 꺼내지 마라. 스케이트보드를 타다가 사고가 나서 머리가 터진 이야기는 친구들끼리 수다를 떠는 자리에서는 환호성이 터져 나올지 몰라도, 저녁식사 자리에는 적합하지 않은 소재다. 토마토 스프가 온통 피로 보일 수 있다.

대화 예절 — 해야 할 것과 하지 말아야 할 것

사람은 인생의 많은 시간을 대화를 하면서 보낸다. 파티에서 한담을 나누고, 직장의 자판기 옆에서 동료들과 수다를 떨고, 애인과 사랑의 밀어를 나누고, 친구들과 심각한 주제로 의견을 주고받는다. 대화를 통해 평생의 친구를 얻기도 하고 가까웠던 사람과 사이가 벌어지기도 한다. 또 정보를 주고받기도 하고 일자리를 얻거나 잃기도 하며 이미지가 좋아질 수도 있고 나빠질 수도 있다. 대화의 달인이 되느냐 아니냐는 인생을 적극적으로 사는 사람이 되느냐 아니냐와 다르지 않다. 다른 사람을 대화에 끌어들여 설득하는 능력은 사회생활과 직업에서 성공할 수 있는 비결의 하나이다. 다음의 지침들을 꾸준히 연습해보라. 머지않아 대화의 달인이 되어 있을 것이다.

대화할 때 하지 말아야 할 것들

대화를 하면서 방 안을 두리번거리지 마라. 당신은 그냥 방 안에 드나드는 사람을 쳐다본 것일 수 있지만, 상대방은 자신과의 대화가 재미없어서 다른 대화 상대를 찾고 있다는 오해를 품을 수 있다.

계속 시계를 쳐다보거나 딴 짓을 하지 마라. 대화를 할 때 상대방에게 따분하다는 인상을 주어서는 안 된다.

여러 사람과 어울려 대화를 할 때 한 사람하고만 이야기하지 마라. 다른 사람들은 어정쩡하게 서 있어야 한다. 한 사람 한 사람과 눈을 맞추면서 질문을 던져라.

방금 만난 사람과 진지한 주제에 대해 이야기를 나눌 때 상대방도 나와 생각이 비슷할 거라고 단정 짓지 마라. 지나치게 주관적인 주장은 피해야 한다. 상대방이 어떤 정당을 지지하는지도 모르면서 "아무개 정당이 선거에서 이기다니, 정말 놀랍지 않아?" 같은 말은 금물이다.

소문만 믿고 남을 험담하지 마라. 혹시 다른 사람이 누군가에 대해 험담을 늘어놓으면 험담당하는 사람의 편에서 변호해줘라.

잘난 척하거나 자랑하지 마라. 특히 자신보다 형편이 어려운 사람 앞에서는 자랑은 금물이다. 나부터도 만약 어렵게 대학을 다니고 있는 처지라면 부잣집 친구가 호화 유람선을 타고 리우데자네이루에 다녀온 이야기를 시시콜콜 듣고 싶지는 않다.

인사이드 조크(inside jokes : 몇몇 아는 사람들끼리만 이해할 수 있는 농담—옮긴이)나 "그때 그 일 기억나니?"식의 이야기는 피하라. 친한 친구뿐 아니라 안 지 얼마 되지 않은 사람도 섞인 자리에서 자기들끼리만 아는 농담을 한다면 새로운 사람은 어떻게 되겠는가. 대화에 끼어들지 못해 소외당하는 기분을 느끼게 될 것이다.

욕설을 하지 마라. 더러 욕설에 무덤덤한 사람도 있지만, 어떤 사람들은 욕설에 무척 민감하게 반응한다. 기왕이면 신중을 기하여 품위 있는 신사의 모습을 보여라.

일반 사람들이 별로 관심을 기울이지 않는 이야기를 너무 오래 하지 마라. 예컨대 당신한테는 복잡한 분자 생물학이 흥미진진한 주제일지 모르지만, 대부분의 사람들은 그런 이야기에 별다른 흥미를 느끼지 못한다.

불평과 비난으로 대화를 채우지 마라. 불평기계(GRUMBLETONIAN)와 어울리고 싶은 사람은 아무도 없다. 입만 열면 부정적 얘기를 늘어놓는 사람은 기피 대상 1호가 되기 쉽다.

일부러 어려운 주제를 꺼내지 마라. 예를 들어 환경문제에 대해서 "고담준론"을 펼친다고 똑똑해 보이지 않는다. 되레 잘난 척한다는 인상만 준다. 정말 똑똑한 사람은 어려운 문자나 화려한 미사여구를 사용하지 않아도 이야기 속에서 자연스럽게 학식이 드러난다.

사귄지 얼마 되지도 않은 사람에게 사적인 이야기를 너무 자세하게 하지 마라. 자칫하면 오버셰어(잘 모르는 사람에게 필요 이상으로 자신의 사생활을 털어놓는 사람 — 옮긴이)로 오해받을 수 있다. 속마음을 털어놓으면 더 빨리 가까워질 수 있다고 생각할 수 있지만, 상대방은 오히려 난처해한다.

민감한 소재는 피하라. 논쟁이 벌어질 게 뻔한 이야기는 꺼내지 마라. 상대방이 먼저 그런 이야기를 꺼내더라도 맞장구쳐서 어색한 논쟁에 휘말리지 않는 게 좋다.

대화를 독점하지 마라. 한 번 이야기할 때 5분 정도 지나면 이야기를 끊고 다른 사람에게 발언권을 넘겨라.

대화할 때 꼭 지켜야할 것들

지금 방 안에 있는 사람 가운데 대화 상대방을 가장 중요한 사람으로 여긴다는 인상을 줘라. 깊은 관심을 보이며 대화에 몰두하라. 무섭지 않은 눈길로 상대방과 눈을 맞춰라. 중간 중간 고개를 끄덕이며 상대방의 이야기를 경청하라. 적절한 시점에 '음' 또는 '아하!'같은 감탄사도 내뱉어라.

질문을 하라. 자기 이야기만 늘어놓지 마라. 사람은 진심으로 자신에게 관심을 가져주고 궁금해 하는 상대를 좋아하기 마련이다.

상대방이 자리를 옮겨 다른 사람들과 어울리고 싶어 하는 눈치면 그렇게 하도록 배려하라. 마지못해 당신에게 붙들려 있다는 기분을 느끼지 않게 하라.

언제든지 풀어놓을 수 있게 당신의 이야기 보따리를 재미있는 이야기로 가득 채워두어라. 어색한 침묵이 흐르는 동안 앞에 놓인 커피 잔만 뚫어지게 쳐다본다고 나아지는 것은 없다. 다양한 이야깃거리를 미리미리 수집해두어라.

다른 사람의 이야기가 끝날 때까지 기다렸다가 대화에 참여하라. 남의 말을 중간에 자르고 끼어드는 것만큼 무례한 행동은 없다.

내 집은 곧 당신 집입니다 : 정성을 다해 손님 맞는 법

어느 시대, 어느 문화에서나 손님을 반갑게 맞이하고 극진하게 대접하는 능력은 그 사람의 인격을 판단하는 기준의 하나로 여겨졌다. 여기서 말하는 극진한 대접이란 호화로운 숙소와 진수성찬만을 이야기하는 것은 아니다. 그보다는 손님의 마음을 편안하게 해주고 자기 집처럼 편하게 느낄 수 있도록 해주는 것이 더 중요하다. 몇 가지 간단한 지침만 따른다면 당신의 집을 방문한 손님은 행복한 추억을 안고 집으로 돌아가게 될 것이다.

제 시간에 손님을 마중 나가라. 아는 사람 하나 없는 공항에서 바보처럼 우두커니 서 있고 싶은 사람은 아무도 없다. 공항에 도착하자마자 그들을 따뜻하게 반겨준다면 그들의 여행은 즐거운 첫인상과 함께 시작될 것이다.

맛있는 음식을 준비하라. 당신의 손님은 휴가 중이다. 당연히 느긋이 쉬면서 맛있는 음식(BELLY-TIMBER)를 먹고 싶을 것이다. 냉장고 안에 오래된 마요네즈 한 통 뿐이어서는 곤란하다. 맛있는 음식으로 냉장고를 가득 채워두어라.

최대한 깨끗하고 쾌적한 집을 만들라. 장시간 비행을 마친 사람에게는 쾌적한 집에서의 휴식만큼 멋진 선물이 없다. 혼자 살 때는 집안이 어수선해도 상관없지만, 손님을 맞이할 때는 이야기가 달라진다. 특히 손님이 머물 방은 깨끗한 침대와 이부자리로 쾌적한 환경을 만들어야 한다. 소파에서 자고 싶어 하는 손님이 있을 수도 있으니 소파도 아늑하고 편안하게 정돈해두는 게 좋다.

손님을 위해 요리하라. 음식 대접은 오래전부터 손님을 환대할 때 반드시 포함되는 중요한 의식이었다. 꼭 훌륭한 요리사일 필요는 없다.

중요한 것은 노력이다. 특히 손님이 당신 집에 머무는 첫날 아침에는 반드시 아침식사를 대접하라. 오랜만에 집에서 만든 음식을 대접하는 것만큼 여행자의 가슴을 따뜻하게 해주는 환영인사도 드물다.

재미있는 일을 계획하라. 누구나 자신의 집에 머물렀던 손님이 최고의 시간을 보내고 좋은 기억을 안고 돌아가길 바랄 것이다. 당신이 가장 좋아하는 장소들을 모두 소개해주고, 함께 소풍도 떠나라. 손님이 흥미를 가질 만한 계획을 세우고 정보를 미리 모아두는 것도 잊지 말자. 설사 손님과 동행할 수 있는 형편이 안 되더라도 미리 조사해둔 여행 정보와 지도 등을 건네주면 당신의 도움을 받지 않고도 손님 혼자 즐거운 시간을 보내고 돌아올 수 있다.

폐를 끼친다는 오해를 사지 마라. 손님이라면 누구나 집주인에게 폐를 끼치고 있는 건 아닌지 걱정이 되기 마련이다. 손님의 이런 불안감은 말끔히 씻어주는 게 좋다. 손님으로 모시게 된 것을 얼마나 기쁘게 생각하는지 보여줘라. 이런 감정을 거짓으로 꾸며내라는 이야기가 아니다. 순간적으로 짜증이 날 때는 이런 방문이 자주 있는 일이 아니라는 것을 떠올려라. 당신의 손님은 곧 멀리 떨어진 그들의 집으로 돌아갈 사람이라고 생각하면 진심으로 극진한 대접을 베풀고 싶은 마음이 되살아날 것이다.

남의 집에 머물 때 지켜야 할 예절

예절은 용기 못지않은 신사의 상징이다.
— 시어도어 루스벨트(미국 26대 대통령. 1858~1919)

집주인이 손님을 정성으로 맞이해야 하는 것처럼 손님도 남의 집에 머물 때 지켜야할 것들이 있다. 집주인이 베푸는 환대는 당연한 것이 아니라 일종의 선물이다. 선물을 받는 사람은 마땅히 감사하는 마음을 가져야 한다. 다음은 손님으로서 집주인에게 감사를 표하는 방법이다. 다음 조언을 잘 따르면 훌륭한 손님으로 환영 받으며 즐겁게 머물 수 있을 것이다.

식비는 미리 보내라. 장기간 머물 예정인 경우, 목적지에 도착하기 전에 미리 체류기간의 식비로 충당할 액수의 돈을 집주인에게 보내라. 목적지에 도착한 후에 지불하려고 한다면, 집주인은 도리가 아니라며 받지 않으려 할 것이다. 그러므로 여행을 시작하기 전에 미리 돈을 부쳐라. 그곳에 머물 생각을 하니 벌써부터 마음이 설렌다는 메모를 덧붙이면 금상첨화다. 체류 기간이 짧다면, 돈은 부치지 않아도 된다. 대신 하루 저녁 집주인을 근사한 식당으로 초대하여 맛있는 음식을 대접하라.

시간을 지켜라. 집주인에게 수요일 아침에 도착할 예정이라고 말했다면 그 시간까지 도착하라. 물론 사정이 생겨 도착시간이 늦어질 수 있다. 그럴 때는 반드시 집주인에게 연락하여 변경된 스케줄을 알려줘야 한다.

선물을 잊지 마라. 무료로 숙소를 제공해주는 데 대한 감사의 표시로 집주인에게 반드시 선물을 건네라. 크고 비싼 선물이 아니어도 된다. 빵, 케이크, 꽃다발, 와인 한 병, 무엇이든 좋다. 당신의 고향에서만 나는 특산품이라면 더더욱 환영이다.

주변을 깔끔하게 정리하라. 매일 방을 나설 때는 이부자리를 개고 방을 정돈하라. 사용한 접시는 직접 식기 세척기에 넣어두어라.

집안일을 거들라. 음식 준비와 설거지, 쓰레기 내다버리기 등을 거들어라. 대개 집주인은 손님에게 도와달라는 부탁을 하지 않는다. 그러므로 무작정 가서 거들라.

머무는 동안 가능하면 당신 친구의 정상적인 일과나 집안일, 직장생활에 방해가 되지 않도록 노력하라. 물론 당신의 친구는 시간을 내서 당신과 함께 여기저기 다니고 싶어 할 것이다. 하지만 친구의 정상적인 일상생활을 방해하지 않도록 신경 써라. 로마에 가면 로마법을 따라야 하는 것처럼 최대한 당신이 머무는 집의 일상을 따르도록 노력하라.

당신의 스케줄을 알려줘라. 매일 아침 집주인에게 하루 스케줄을 알리고 최대한 그 스케줄에 맞춰 움직여라. 그래야 집주인은 저녁 식사는 언제쯤 준비하고 잠자리에는 몇 시쯤 들어야 할지 계획을 짤 수 있다.

친구를 제쳐두지 마라. 관광 때문에 친구를 뒷전으로 미뤄두지 마라.

자기 집을 단지 호텔로만 이용한다는 생각이 들면 누구도 기분이 좋을 리 없다. 관광은 되도록 친구가 집을 비우거나 직장에 간 사이에 하고, 친구가 직장에 가지 않을 때는 둘이서 함께 할 수 있는 일을 하라. 함께 나들이를 가는 것도 한 방법이다.

하고 싶은 일이나 보고 싶은 것들을 생각해두어라. 물론 당신의 친구가 여러 가지 계획을 짜놓겠지만, 하루 스케줄을 친구가 전부 세워주기를 바라서는 안 된다.

당신을 위해 친구가 준비해둔 계획이 마음에 들지 않더라도, 실망한 기색을 내비치지 마라. 친구를 방문하는 목적의 하나는 함께 즐거운 소풍을 떠나는 것이다. 친구는 당신을 즐겁게 하기 위해 최선을 다하고 있다. 친구의 그런 노력에 감사하다는 인사를 잊지 마라.

친구의 고향을 비난하지 마라. 가령 당신이 자부심 강한 뉴요커라고 가정해보자. 그렇다고 오마하에 사는 사촌을 방문해서 사사건건 뉴욕과 비교하며 그의 고향 마을을 얕보는 것은 큰 실례다. 사람들은 대부분 자기 고향에 자부심을 갖고 살아간다. 침이 마르도록 그들의 고향을 칭찬하라.

항상 물어봐라. 당신은 손님임을 잊지 마라. 집주인은 자기 집처럼 편하게 지내라고 하겠지만, 집안의 물건을 사용하기 전에는 항상 집주인에게 물어보라. 그것이 기본적인 예의다.

너무 오래 머물지 마라. 벤저민 프랭클린은 "생선과 손님은 3일만 지나면 썩는 냄새가 난다."고 했다. 당신을 초대한 집주인에게도 할 일이 있다. 너무 오래 머물면 집주인은 그 일들을 영원히 뒤로 미뤄두어야 한다.

떠나기 전에 침대보를 벗겨두어라. 손님이 떠난 뒤에 주인은 침대보를 세탁한다. 떠나기 전에 미리 침대보를 벗겨놓으면 주인의 일을 덜어줄 수 있다.

감사편지를 써라. 집주인은 당신을 극진하게 대접함으로써 최고의 친절을 베푼 셈이다. 여행을 끝내고 집에 돌아오자마자 반드시 편지를 보내 감사의 뜻을 전해라.

감사편지 쓰는 법

감사하는 마음은 모든 남자가 길러야할 미덕이다. 하지만 표현하는 방법을 몰라 감사하는 마음을 그대로 간직하고만 있다면 아무런 의미가 없다. 남자는 모든 방법을 동원해 주변사람들이 베풀어준 사랑과 너그러움에 감사할 줄 알아야 한다. 감사를 표현하는 가장 중요한 방법 중의 하나가 감사편지 쓰기다. 안타깝게도 오늘날 많은 남자들이 이런 에티켓을 외면하는 바람에 전국에 있는 할머니들의 마음을 아프게 한다. 신사라면 언제 어떻게 감사편지를 써야 하는지 알고 있어야 한다. 감사편지를 자주 쓰고, 잘 쓰는 사람은 무례한 친구들과는 분명 격이 다른 사람이 될 것이다.

> **남자를 위한 조언**
>
> ### 감사편지는 언제 써야 할까?
>
> - 선물을 받았을 때(특히 이탈리아에 살고 계신 할머니한테 선물을 받았을 때는 꼭 감사편지를 써라. 안 그랬다간 엄청난 대가를 치러야할 것이다.)
> - 누군가 내게 호의를 베풀었을 때
> - 직장 동료나 친구가 마치 자기 일처럼 내 일을 도와주었을 때
> - 취업 면접에 다녀와서
> - 누군가의 집에서 하룻밤 머물렀을 때
> - 휴가지에서 누군가로부터 마을 안내를 받았을 때
> - 누군가 내게 저녁을 대접했을 때
> - 누군가 나를 위해 파티를 열어주었을 때
> - 누군가 내 마음을 따뜻하게 해주는 일을 해줬을 때. 감사편지를 쓰는 데 인색하지 마라. 무슨 일로 쓰건 감사편지는 언제나 환영받는다.

몇 가지 기본 원칙

늦지 않게 보내라. 파티에 참석하거나 선물을 받은 후 2주가 지나기 전에는 감사편지를 보내라.

우편으로 보내라. 물론 이메일이 편리하다. 하지만 정말 작은 선물에 대해 짤막한 인사를 전하는 경우가 아니라면 감사편지를 이메일로 보내는 것은 적절하지 않다. "감사의 마음을 전하는 게 중요하지 우편이든 이메일이든 그런 것이 왜 중요한가?"라는 생각이 들 수도 있다. 하지만 이메일이 아닌 편지는 보내는 사람의 노력을 보여줄 수 있다. 편

지를 쓰려면 시간을 들여 종이에 직접 펜으로 내용을 적고 겉봉에 주소를 쓰고 우표를 사서 붙여야 한다. 감사편지를 받은 사람은 편지를 눈으로 직접 볼 수 있고 만져볼 수 있으며 간직할 수 있다. 또 선반 위에 전시해 놓을 수도 있다. 감사의 마음이 더 진실 되게 전달될 수밖에 없지 않은가.

진짜 편지지를 사용하라. 감사편지를 차일피일 미루는 가장 큰 이유 중의 하나는 매번 기념카드를 사야하는 번거로움이다. 카드 대신 깨끗한 편지지를 마련해두라. 굳이 화려한 디자인이 아니어도 된다. 지나치게 요란하지 않고 수수한 디자인의 편지지를 사두면 어떤 경우에도 무난하게 사용할 수 있다.

감사편지 쓰는 법

1. 선물이나 호의에 대한 감사의 표현으로 시작하라. 편지의 도입부는 "＿＿＿＿＿ 에 대해 당신에게 진심으로 감사합니다."로 충분하다. 돈을 선물로 받았다면, 좀 더 완곡한 표현을 사용하라. 이를테면 "돈을 보내주셔서 감사합니다."라고 하기 보다는 "당신의 친절(혹은 아량이나 선물)에 감사합니다."라고 써라.

2. 당신이 받은 선물이나 경험을 어떻게 활용할 계획인지 구체적으로 밝혀라. 파티나 만찬을 열어준 데 대해 감사편지를 쓰고 있다면 어떤 점을 감사해하는지 구체적으로 밝히고 선물을 보내준 데 대해 감사편지를 쓰고 있다면 그 선물을 어떻게 사용할지 밝혀라. 돈을 받았을 때도 마찬가지다. 그 돈을 어디에다 사용할

지, 저금하기로 했다면 무엇을 위해 저금하려고 하는지 감사편지에 밝히면 상대방이 기뻐한다.

3. 보내는 사람의 근황을 덧붙여라. 단 취업면접에 다녀와 감사편지를 쓰는 경우는 예외다. 근황을 알린답시고 "어제 낚시를 갔다가 두 발 달린 농어를 잡았답니다."라는 것을 면접관에게 알릴 필요는 없지 않은가. 하지만 평소 자주 볼 수 없었던 친척이 우편으로 선물을 보내오며 당신의 근황을 궁금해 한다면 최근에 있었던 일들을 간단하게 적어 보내라. 아주 반가워하실 것이다.

4. 과거를 되새기고 미래를 언급하며 편지를 마무리하라. 상대방이 비교적 최근의 일에 대해 선물을 보내왔다면, "지난 크리스마스 때 뵐 수 있어서 좋았습니다."라고 과거를 되새긴 후 "내년에 모두 함께 다시 모일 수 있기를 바랍니다."라고 미래를 언급하라. 상대방이 우편으로 선물을 보내왔고, 자주 만날 수 없는 경우라면, "조만간 볼 수 있기를 바랍니다."라고 써라.

5. 감사의 표현을 반복하라. 감사편지의 마지막 줄은 "선물을 보내주셔서 다시 한 번 감사합니다."라는 표현으로 장식하라.

6. 적절한 끝맺음 말을 선택하라. 끝맺음 말은 당신의 이름 앞에 오는 문구를 가리킨다. 끝맺음 말을 고르는 일은 생각보다 까다롭다. 편지를 받는 사람과의 관계가 적절히 드러나는 표현을 골라야 하기 때문이다. "사랑하는"이란 표현은 때로는 너무 과장되어 보일 수 있고, "올림"이란 표현은 지나치게 형식적이라는 인상을 줄 수 있다. "사랑하는"과 "올림"의 중간쯤에 해당하는 끝맺음 말을 찾고 있다면 다음을 참고하길. 다양하고 폭넓은 상황과 관계에 적용할 수 있을 것이다.

- 친애하는 당신께 Yours Truly
- 진심을 담아 Truly Yours
- 친절한 당신께 kindest Regards
- 따뜻한 마음을 담아 Warmest Regards
- 건강을 빌며 Best Regards
- 존경하는 당신께 Respectfully

신사를 위한 팁 가이드

팁은 왜 필요할까? 왜 어떤 직업엔 팁이 필요 없고 어떤 직업엔 필요할까? 팁이 필요한 직업은 대부분 서비스 직종이다. 서비스 직종이라고 부르는 이유는 그들이 당신에게 직접 봉사하고 있기 때문이다. 즉 서비스 직종에 있는 사람들은 개인적이고 직접적으로 당신에게 서비스를 제공한다. 물론 그들이 하는 일만 놓고 보면 굳이 팁을 줘야할 이유가 없을 수도 있다. 그럼에도 그들에게 팁을 주는 이유는 다음과 같다.

그들은 우리가 주는 팁에 생계를 의존한다. 웨이트리스를 포함하여 미국의 서비스 직종에 있는 많은 노동자들은 정상적인 시간제 임금을 받지 않는다. 의외로 이 사실을 모르는 사람들이 많다. 그들은 불과 시간당 2달러 5센트를 받는다. 그들에게 팁은 선택이 아니라 필수다.

팁은 고맙다는 말 대신이다. 팁의 다른 말은 봉사료다. 서비스 직종에 있는 사람들은 장시간 고된 노동을 하지만 보수가 적을 뿐 아니라

고맙다는 인사조차 받지 못한다. 당신의 직장을 돌아보라. 부하가 뭔가 훌륭한 일을 해내면 상사는 "고맙네."라든가 "수고했네!"라는 말이라도 건넬 것이다. 하지만 청소부에게는 누가 고맙다는 말을 건네는가? 팁을 주는 것은 고맙다는 말을 좀처럼 듣지 못하는 사람들에게 "고마워요."라는 말을 건네는 방법이다.

팁을 줌으로써 더 좋은 서비스를 받을 수 있다. 이는 특히 단골 고객에게 서비스를 제공하는 사람들을 염두에 두고 하는 말이다. 자주 들르는 커피숍의 바리스타나 단골 식당의 웨이터에게 팁을 줘보라. 다음에 들렀을 때 커피 맛이 더 좋아질 것이다.

마치 내 일처럼 헌신적으로 일해 주는 사람은 흔치 않다. 자기 할 일만 하고 끝내는 사람에게는 팁을 줄 필요가 없다. 하지만 누군가 나를 위해 특별히 더 애를 써줄 때 팁은 감사하다는 마음을 표현할 수 있는 좋은 방법이다.

팁, 얼마나 줘야 할까?

(주의할 점 : 팁에 관한 기준은 나라마다 다르다. 여기에 소개하는 기준은 미국의 경우이다)

여행

호텔 관리인. 호텔 관리인에게 주는 팁은 하룻밤에 2~5달러 사이가 적당하다.

여행 가이드. 한 그룹에서 한 사람당 1~5달러가 적당하다.

공항의 수화물 운반원과 호텔의 짐꾼. 그들이 들어주는 가방 하나 당 1~2달러면 적당하다. 만약 공항에 늦게 도착했는데 수화물 운반원이 비행기에 짐을 대신 실어준 덕분에 정시에 출발할 수 있었다면 팁을 두 배로 줘라.

도어맨. 호텔의 도어맨에게 팁을 주는 경우는 한 가지 뿐이다. 그 지역에서 가장 가볼만한 곳이나 가장 맛있는 식당을 손님에게 귀띔해줬을 때이다.

개인 서비스

이발사. 이발요금의 15퍼센트를 팁으로 줘라.

바리스타/ 스무디 만드는 사람/ 아이스크림 퍼주는 사람. 잔돈은 언제나 환영이다. 만약 커피숍에 들어서자마자 바리스타가 당신이 주문한 음료를 만들기 시작하여 순식간에 포장까지 끝내줬다면 팁을 더 줘라. 더러 팁을 더 달라고 노래를 부르거나 아양을 떠는 사람들이 있다. 입 닥치지 않으면 팁을 도로 가져가버리겠다고 엄포를 놓아라.

포장할 때. 식당에서 음식을 포장할 때는 반드시 계산하는 사람에게 약간의 팁을 주어라. 그들은 주문한 음식을 준비하기 위해 정신없이 뛰어다닌 것에 대해 팁을 받을만한 자격이 있다. 포장한 음식을 차까지 갖다 준다면 팁을 더 얹어줘라.

세차. 기본적인 세차의 경우 3달러면 충분하다. 구석구석 세차하느라 시간이 더 걸렸다면 세차비의 10퍼센트를 팁으로 줘라.

주차요원. 2달러를 줘라. 만약 대리주차를 맡긴 경우에는 처음에 차를 주차해준 사람이 아니라 그곳을 떠날 때 차를 가져다준 사람에게 팁을 줘라.

견인트럭. 그들이 어떤 서비스를 제공하느냐에 따라 달라진다. 차에 시동을 걸어주었거나 타이어를 갈아주었다면 4달러의 팁을 줘라. 도로 한복판에서 움직이지 않는 차를 견인해줄 때는 5달러를 줘라. 하지만 주차금지구역에 있는 당신의 차를 견인해갈 때는 팁 대신 가운데 손가락을 줘라.

안마 치료사. 안마비의 10~20퍼센트를 줘라.

간호사. 사실 병원에서 간호사에게 팁을 주는 것은 허용되지 않는다. 하지만 이탈리아가 고향인 케이트네 할머니 앞에서 그런 말은 꺼내지 않는 게 좋다. 간호사로 일하다 은퇴하신 할머니께서는 간호사와 그 밖의 의료 보조인에게 팁을 주는 건 당연하다고 생각하시는 분이다. 병원에 입원할 때마다 최고의 대접을 받았던 할머니는 그게 다 간호사에게 '웃돈'을 준 덕분이라고 철석같이 믿고 계신다.

문신/피어싱. 총비용의 15퍼센트를 팁으로 줘라. 만약 문신사가 당신 팔에 어머니의 얼굴과 거의 똑같이 그려줬다면 팁을 더 준다.

배달 서비스

신문 배달. 휴가철에는 감사편지와 함께 20달러를 줘라. 케이트네 부모님은 매년 20달러를 팁으로 준다. 덕분에 캐서린네 집에 배달되는 신문은 대문 앞이 아니라 현관 바로 앞까지 배달된다.

피자/음식배달원. 15퍼센트가 관례다. 그러나 눈이 오거나 빙판길이거나 쓰나미가 몰려올 때는 팁을 더 줘라. 그들이 목숨을 걸고 피자를 배달해주지 않으면 그 물난리 속에서 우리가 무슨 수로 피자를 먹을 수 있겠는가.

가구/대형 가전기구 배달. 배달사원 한 사람당 5달러가 적당하다. 가구 조립까지 도와줄 경우에는 조금 더 얹어줘라.

유흥가

웨이터. 관례화된 액수는 15~20퍼센트다. 서비스 정신이 남다른 웨이터에게는 팁을 더 줘라. 여럿이서 함께 술집에 갈 때는 계산서에 봉사료가 부가되는지 확인하여 팁을 두 번 주는 일이 없도록 한다.(물론 전직 웨이터였던 필자는 손님이 봉사료 외에 추가로 팁을 주면 항상 감사한 마음이었다.) 처음 만난 숙녀와 저녁 식사를 하러 갈 때는 팁을 후하게 줘라. 계산서에 적힌 팁의 액수를 그녀가 보기라도 하면 좀생이인지 진정한 신사인지 금세 탄로가 날 수 있다.

바텐더. 술값의 15~20퍼센트를 줘라. 그리고 웨이터와 마찬가지로 서비스 정신이 남다른 바텐더에게는 팁을 더 얹어줘라. 마침 바에 들른 시간이 특별 할인 시간대라 스무 잔을 절반 값에 비우는 행운을 누렸다면 얄밉게 딱 15퍼센트만 놓고 오지 마라. 그 많은 술잔을 일일이 채워준 바텐더는 분명 그 이상의 팁을 받을 자격이 있다.

카지노 직원. 카지노에서는 팁을 줘야 할 사람이 한 둘이 아니다. 칵테일 바의 여종업원에게는 15퍼센트가 관례다. 많은 사람들은 돈을 따면 딜러에게 팁을 준다.

택시기사. 요금의 15퍼센트가 기본이다. 목적지까지 눈 깜짝할 사이에 데려다줬다면 팁을 더 줘라.

휴일

휴일에는 팁을 조금 더 주는 것이 관례다. 다음은 휴일에 좀 더 얹어 줘야 하는 사람들이다.

우체부. 공무원에게 팁을 주는 것은 연방법에 어긋난다. 하지만 20달러 미만의 선물까지는 괜찮다. 만약 거기에 얼마를 더 얹어준다면 대부분의 우체부는 다른 곳을 쳐다보는 척하면서 군소리 없이 받아 넣을 것이다.

쓰레기/재활용품 수거. 이들은 우리 대신 지저분한 일을 해주는 사람들이다. 팁을 줌으로써 그들의 수고를 인정해주자. 한 사람당 10달러가 적당하다.

교사. 크리스마스 때 학부모가 선생님에게 작은 선물을 보내는 것은 관례다. 한 가지 귀띔하자면 바디로션과 양초, 사과모양의 장신구는 그만 보내라. 선생님들은 이런 선물은 이미 평생을 쓰고도 남을 만큼 받았다. 좀 더 실용적인 선물이 좋을 것이다. 대형 마트의 상품권 어떤가?

아기 봐주는 사람. 팁 대신 작은 선물이 좋다. 상품권은 언제나 환영이다.

환경미화원. 휴일 근무에 대해 추가로 팁을 주거나 근사한 선물을 줄 수도 있다.

현대의 과학기술과 21세기형 에티켓

현대의 과학기술은 오늘날의 신사를 에티켓의 위험지대로 몰아넣고 있다. 에밀리 포스트(1872~1960. 에티켓에 관한 책을 여러 권 쓴 미국 작가—옮긴이)는 상상도 하기 힘들만큼 에티켓이 멸종될 위기에 처해 있다. 범인은 현대의 과학기술이다. 제1차 세계대전은 새로운 군사 전략이 따라가지 못할 만큼 대포의 발달이 급속히 이루어졌기 때문에 더욱 피비린내는 참극이 되었다. 마찬가지로 오늘날의 과학기술도 하루가 다르게 발전하고 있으나 에티켓은 기술의 발전 속도를 따라가지 못하고 여전히 과거에 머물러 있다. 21세기에는 어떤 에티켓이 필요할까?

핸드폰 예절

훌륭한 매너는 작은 희생으로 이루어진다.

— 랄프 왈도 에머슨(미국의 사상가, 1803~1882)

여러 사람이 같은 공간에 머물러야 하는 상황에서는 핸드폰 통화를 하지마라. 비행기나 기차, 식당이나 극장처럼 당장 자리를 뜰 수 없는 장소에서 원치 않는 다른 사람의 통화를 듣고 있을 때면 마치 괴한에게 납치되어 억류된 기분까지 든다.

통념상 특정한 분위기가 기대되는 장소에서는 핸드폰을 사용하지 마라. 예컨대 정중한 침묵이 요구되는 분위기일 때 핸드폰으로 분위기를 깨서는 안 된다. 장례식, 결혼식, 수업중인 교실, 예배가 진행 중인 교회, 극장, 박물관 등에서는 절대로 핸드폰을 사용하지 마라. 놀랍게도 그런 장소에서도 핸드폰 벨을 울리게 해놓고 버젓이 큰소리로 통화를 하는 사람이 있다. 나 한사람의 통화가 그 자리에 있는 모든 사람들의 조용한 사색보다 더 중요하다고 생각하는 모양이다. 이보다 더 거만한 사람이 또 있을까.

누가 됐든 사람과 일대일로 대화를 하는 중에는 핸드폰을 받지 마라. 이 규칙에 예외란 없다. 파티에서 누군가와 이야기를 나눌 때 핸드폰을 받지 마라. 식당에서 누군가와 밥을 먹을 때 핸드폰을 받지 마라. 식당에서 음식을 주문할 때도 핸드폰을 받지 마라. 주문을 받는 식당 점원은 로봇이 아니다. 사람은 누구나 존중 받을 자격이 있다.

운전 중이 아니라면 무선 헤드셋을 사용하지 마라. 헤드셋 족들을 봐서 알겠지만 방금 「스타트렉」 촬영을 마친 사람들 같아 보인다. 헤드셋을 쓰고 있으면 주변의 사람들과 벽이 생기고 의사소통이 어려워진다. 1년 내내 헤드셋을 쓰고 걸어 다니는 것은 참으로 예의 없는 행동이다. 헤드셋은 자동차에 보관해라. 그 곳이 원래 헤드셋이 있어야 할 자리다.

단순한 벨소리를 사용하라. 요즘엔 사방이 요란한 벨소리 천지다. 벨소리를 들으면 그 사람이 어떤 사람인지 알 수 있다. 제나 제임슨(미국의 유명 포르노 배우—옮긴이)의 '신음소리'를 벨소리로 사용하는 사람은 "나, 경험 없어요."라고 광고하는 것과 다름없다. 또 팝음악을 벨소리로 사용하는 사람은 "내 정신연령은 중학교 3학년입니다."라고 고백하는 것과 다르지 않다. 좀 더 단순한 벨소리를 사용하라.

중요한 이야기를 문자 메시지로 보내지 마라. 연인에게 헤어지자는 이야기를 하고 싶거나 사랑을 고백할 때, 다른 사람에 대해 욕을 할 때는 문자 메시지를 이용하지 마라.

문자 메시지를 보낼 때 전부 대문자로 쓰거나 감탄부호를 지나치게 사용하지 마라. 그렇게 흥분할 만한 일이면 문자를 보내지 말고 직접 통화하라.

문자 메시지를 보내고 즉각적인 답문을 기대하지 마라. 답문이 없다고 또다시 문자를 보내서 "방금 보낸 문자 받았니?"라고 물어보지도 마라.

저녁을 먹을 때나 상점에서 계산을 할 때, 다른 사람과 대화를 할 때 문자 메시지를 확인하지 마라. 아무리 크랙베리(핸드폰 중독—옮긴이)가 끊기 힘든 습관이라지만, 사람이 핸드폰보다 못한 취급을 받아서야 되겠는가.

인터넷

인터넷 덕분에 예전이라면 상상도 못할 만큼 자유로운 의사소통이 가능해졌다. 하지만 그 자유에 도취된 나머지 최소한의 예의마저 망각할 때가 많다. 인터넷을 통해 타인에게 가까이 다가갈 수 있게 되었지만 예의까지 잃어서는 안 된다. 익명을 내세운 의사소통도 우리 인격의 일부이지 않은가. 인터넷에도 예절은 필요하다.

블로그

얼굴을 마주하고서 하지 못할 이야기는 인터넷상에서도 절대로 하지 마라. 인터넷상에서 사람들은 익명이라는 커튼 뒤에 숨어 아무 말이나 가리지 않고 한다. 하지만 우리는 글로 쓰고 입으로 내뱉는 말들에 스스로 책임을 져야 한다. 본명을 내걸었을 때 떳떳하게 하지 못할 말이라면 인터넷에서도 절대 내뱉지 마라. 엔터키를 치기 전에 자신에게 물어보라. "이 사람이 내 앞에 서 있어도 이런 단어를 사용할 수 있을까?" 그렇지 않다는 생각이 들면 다른 표현으로 바꿔 써라.

인신공격을 삼가라. 블로그와 웹사이트에는 예의를 갖추고 의견을 교환할 수 있는 공간이 있다. 이런 곳에서 어떤 의견을 낸 사람을 인격적으로 공격하는 것은 올바른 행동이 아니다. 이따금 제법 타당한 주장을 펴다가도 끝에 가서는 "멍청한 인간 같으니라고!"라는 말로 토론의 문을 닫아버리는 사람들이 있다. 처음부터 끝까지 아예 인신공격만 해대는 블로그 사용자들도 있다. 인신공격은 대화에 아무런 보탬이 안 될뿐더러 스스로 통찰력이나 지식이 하나도 없다는 사실을 드러내는 꼴밖에 안 된다.

괜히 시비 걸지 마라. 다른 사람의 주장에서 어떻게든 허점을 찾아내려고 안간힘을 쓰는 인터넷 사용자들이 적지 않다. 빈정대기는 쉽다. 습관적으로 남의 잘못을 찾아내는 데만 혈안이 된 사람들은 뭔가 새로운 것을 만들어내는 노력은 전혀 기울이지 않으면서 남들이 애써 만들어 놓은 것을 손가락 하나로 전부 허물어버린다. 물론 비판할 것은 비판해야 한다. 하지만 건설적으로 비판하라. 실질적으로 대화에 보탬이 될 의견이 떠오르지 않을 때는 아무 소리 말고 가만히 있어라 (CHEESE IT).

욕설을 사용하지 마라. 지나치게 상스러운 표현은 당신의 정신연령이 중학교 수준이라는 것을 드러내줄 뿐이다. 물론 정상적인 대화에서도 저속한 표현을 사용하는 경우가 늘고 있지만 인터넷을 가득 메운 비속어는 도를 넘어선다. 욕설을 사용하는 사람들은 자극적인 표현이 아니면 정보의 홍수 속에서 사람들의 시선을 끌기 힘들다고 생각하는 모양이다. 그러나 비속어를 동원해야 겨우 사람들의 관심을 끌 수 있는 글이라면 애초에 읽을 만한 내용이 담겨 있을 리 없다.

이메일

현대의 신사는 이메일을 영리하게 이용할 줄 안다. 즉 이메일의 편리한 점은 받아들이면서 시도 때도 없이 이메일을 확인하며 살아가는 이메일의 노예이기는 거부한다. 신사라면 이메일을 보낼 때도 상대방과 직접 얼굴을 마주하고 이야기를 할 때와 똑같은 예의를 갖춰야 한다.

간결하게 요점만 써라. 이메일을 지나치게 길게 쓰지 마라. 이메일을 사용하는 목적이 뭔가? 시간을 절약하기 위해서다. 대하소설 분량의 이메일을 받고도 짜증스럽지 않다면 거짓말이다. 특별한 경우를 제외하고 이메일은 다섯 문장을 넘지 않는 게 바람직하다.

맞춤법과 문법에 신경 써라. 세상으로 내보내는 모든 글은 그 사람의 인격과 생각을 드러낸다. 맞춤법과 문법이 엉망인 이메일은 좋은 인상을 남길 수 없다. 이메일을 받는 사람은 간단한 맞춤법도 점검하지 않은 상대방의 무성의에 기분이 상하기 마련이다. 이메일을 전송하기 전에 맞춤법을 확인하는 것은 메일을 읽는 사람에 대한 예의다.

24시간 안에 답장을 보내라. 상대방의 질문에 당장 대답할 수 있는 상황이 아니거나 조사할 시간이 필요한 경우가 있다. 그럴 때에는 지금 답을 찾고 있는 중이라는 답장이라도 즉시 보내라.

모든 질문에 답변하고 예상되는 질문에도 답하라. 이메일에 있는 모든 질문에 답변을 해주지 못하면 상대방은 한 번 더 이메일을 보내야 한다. 이메일을 두 번 쓰게 하여 상대방의 소중한 시간을 낭비케 하지 마라. 상대방이 궁금해 할 수 있는 질문까지 예상해서 답변하라. 이는 상대방의 시간을 절약해주고, 상대방은 당신의 배려에 감사할 것이다.

인간적인 느낌을 줘라. 이메일을 쓸 때 상대방을 진심으로 생각하고 있다는 느낌을 줘라. 상대를 부를 때는 이름을 부르고 인간적인 냄새가 묻어나는 내용을 첨가하라.

대문자만 사용해서 이메일을 쓰지 마라. 모든 글자를 대문자로만 쓰는 것은 고래고래 소리를 지르는 것과 같다. 이는 때로 사람을 짜증나게 만든다. 신사는 대화를 나눌 때 소리를 지르지 않는다. 이메일을 쓸 때도 그렇게 하라.

'모든 사람에게 답장' 기능을 남용하지 마라. 최초의 원본 메시지를 받은 사람들이 모두 당신의 이메일을 봐야 하는 경우에만 이 기능을 사용하라. 그렇지 않고 매번 이 기능을 사용하면 사람들의 이메일 수신함에 쓸데없는 답장이 가득 쌓여 짜증스러워진다.

약어와 이모티콘을 사용하지 마라. LOL(웃음을 형상화한 이모티콘. 푸하하 laugh out loud의 약어), WTF(욕설을 나타내는 약어), THX4UR HLP!(thanks for your help의 약어)…… 당신은 더 이상 열다섯 살짜리 아이가 아니지 않은가. 그런데 왜 이메일은 열다섯 살짜리처럼 쓰는가? 신사는 말을 하거나 글을 쓸 때 제대로 된 단어를 사용한다.

행운의 편지를 보내지 마라. 행운의 편지를 보내는 것은 "내 아이큐는 여섯 마리의 실험용 돼지를 합친 정도입니다.(BRAIN THAT FUNCTIONS AT SIX GUINEA-PIG POWER)"라고 광고하는 것과 다를 바 없다. 신사는 행운의 편지가 어리석고 유치한 장난이며 받는 사람의 시간을 엄청나게 낭비하게 만든다는 것을 잘 알고 있다.

이메일 내용에 신중을 기하라. 세상에 공개되었을 때 당신을 수치스럽게 만들 수 있는 내용은 어떤 것이든 이메일에 담지 마라. 클릭 한 번에 신사로서의 명성은 끝장날 수 있다.

페이스북

신사는 페이스북을 사용한다. 마이스페이스는 여성에게 무례한 남자들과 철부지 아이들이나 이용하는 공간이다.

찌르지 마라. 실생활에서 신사가 누군가를 찔러보고 다니는가? 당연히 아니다. 그런데 왜 온라인에서는 타인을 찌르려고 하는가. 찌르기(poke)는 이성에 대한 관심을 드러내는 바람직한 방법이 아니다. 누군가에게 관심이 있다는 것을 알리고 싶다면 남자답게 개인 메시지를 보내라. 전화를 한다면 더욱 좋다.

월 포스팅을 할 때 신중을 기하라. 전체 구성원과 대화를 할 때는 페이스북의 월을 사용하지 마라. 바보 소리 듣기 딱 좋다. 월은 안부를 전하거나 인사를 남길 때만 사용하라. 지나치게 사적인 정보를 월에 올리는 것도 바람직하지 않다. 월은 누구나 볼 수 있는 공간이라는 것을 잊지 마라.

누군가의 월에 글을 남길 때는 적절한 용어를 사용하라. 상스러운 표현이나 험담은 피하고 맞춤법이 맞는지 확인하라. "나는 다른 사람에게 어떤 인상을 주고 싶은가?"만을 생각하라.

사진은 최대한 조금만 올려라. 특히 셀프 카메라로 찍은 사진은 가급적 올리지 마라. 신사는 겸손하고 신중하다. 자기 얼굴 사진을 시도 때도 없이 올리는 것은 허영심의 표출이다.

본인의 낯 뜨거운 사진은 삭제하라. 정말 신사라면 의심을 받을 만한 수상한 사진들이 페이스북에 올라와 걱정하는 일은 없어야 한다. 혹시 허락도 받지 않고 누군가 마음대로 당신의 사진을 올렸다면 사진을 내려 줄 것과 이름을 지워줄 것을 요청하라.

페이스북을 통해 여자 친구와 헤어지지 마라. 여자 친구와 헤어질 때 페이스북의 현재 관계 카테고리에서 '연애중'이라는 표시를 지워 간접적으로 결별을 통보하는 남자는 진정한 남자 라고 할 수 없다. 그녀의 눈을 똑바로 쳐다보면서 이별을 통보할 용기도 없는 남자라면 새로운 관계를 시작할 자격도 없다.

애플리케이션은 적당히 사용하라. 페이스북의 프로필을 수퍼포크나 푸드파이트처럼 불필요한 애플리케이션으로 채우지 마라. 또한 프로필에 프로그램을 설치할 때는 신중을 기하라. 신사는 비이성적이고 유치한 애플리케이션은 상대하지 않는다. "섹스 포지션(sex position)"이나 "맥주 전쟁(beer war)" 같은 프로그램은 무시하라는 얘기다.

페이스북 그룹에 가입할 때는 신중을 기하라. 아무리 장난삼아 가입했다하더라도 일단 가입한 그룹은 인격과 취향 등 그 사람이 어떤 사람인지를 대변해준다. 신중해라. 그리고 가입한 그룹의 회원은 가능한 한 최소 인원을 유지하라.

잘 알지도 못하는 사람과 친구가 되지 마라. 페이스북에서 말하는 "친구"는 친구라는 단어가 지닌 본래의 뜻을 더럽히고 있다. 페이스북에서 잘 모르는 사람들이 친구가 되자고 하면 한 치의 망설임도 없이 싫다고 하라.

정말 좋아하는 것만 올려라. 가장 좋아하는 것들의 목록을 작성할 때는 말 그대로 '가장 좋아하는 것'만을 골라 올리라는 뜻이다. 지금까지 살면서 보고 듣고 읽었던 모든 것을 펼쳐놓으라는 이야기가 아니다. 엄청나게 많은 자료를 가장 좋아하는 것들이라고 올려 놓으면 정말 좋아하는 게 무엇인지 가려낼 감각도 없는 사람으로 보인다. 극단적으로 폭넓은 취향을 가졌거나 세상의 모든 것을 좋아하는 사람은 교양 있어 보이기는커녕 불안하고 자신 없는 사람으로 보인다.

페이스북을 찾아온 사람들에게 답글을 남겨라. 24시간 내에 답글을 남겨라. 페이스북의 메시지로 처리하기에는 내용이 많다고 여겨지면 이메일을 이용해달라는 답글을 남겨라.

CHAPTER TWO

02
친구

THE
FRIEND

인생에 진정한 친구 다섯 명을 사귀었다면 성공한 인생이라고
아버지께서 언제나 말씀하셨다.
―리 아이아코카(미국 기업인, 1924~   )

우정은 남자들의 인생에서 중요한 의미를 차지한다. 친구는 우리가 곤경에 처했을 때 의지할 수 있는 존재다. 친구는 세상이 전부 등을 돌렸을 때도 내 편이 되어준다. 친구는 직장을 잃거나 여자에게 차였을 때 술을 사주며 위로 해준다. 하지만 안타깝게도 현대로 접어들면서 남자들의 우정이라는 끈끈한 결속은 크게 약해졌다.

우정의 역사

대부분의 남자들은 우정을 나누는 방식을 당연하게 받아들인다. 그러나 남자의 우정에 관한 역사를 조금만 들여다봐도 예전에는 우정의 성격이 지금과는 크게 달랐음을 알 수 있다. 우정의 역사를 돌이켜 봄으로써 형제애 못지않게 찬란했던 우정을 되찾을 길을 발견할 수 있을지도 모른다.

영웅적인 우정

고대의 남자들은 인간관계 중에서 가장 알찬 인간관계로 남자들의 우정을 꼽았다. 당시는 여자를 열등한 존재로 보았던 시대라 부부애보다 남자들 간의 우정을 더 고귀한 덕목으로 여겼다. 그래서 아리스토텔레스를 비롯한 고대의 철학자들은 육체적 관계가 없는 정신적 관계가 가장 이상적인 인간관계라고 말했다.

영웅적인 우정이란 말은 이 무렵에 생겼다. 영웅적인 우정이란 감정적으로, 또 정신적으로 강렬하게 결속된 남자들의 우정을 가리켰다. 영웅적인 친구는 위험에 처한 친구를 반드시 지켜줘야 한다는 강한 의무감을 가졌다. 성경 속의 다비드와 조나단, 고대 그리스 문학 속의 아킬레스와 파트로클러스처럼 영웅적인 우정으로 똘똘 뭉친 인물들을 수많은 고대의 책들에서 어렵지 않게 찾아볼 수 있다.

식민지 시대와 19세기 남자들의 우정

미국의 식민지 시대와 19세기 남자들의 우정은 끈끈한 유대감이 특징이었다. 그 당시 남자들의 우정은 연민과 감상에 젖어있었다. 많은 경우, 남자들의 우정은 남녀 간의 뜨거운 사랑 못지않게 강렬했다. 하지만 이러한 뜨거운 우정도 그 출발점은 고대의 영웅적인 우정이었다. 고대 로마시대에는 널리 일반화되어 평범한 일로 여겨졌던 남자들 간의 강렬한 감정이 19세기 들어 본격적으로 분출하기 시작한 것이다. 뜨거운 우정이라고 해서 반드시 성관계를 의미하는 것은 아니었다. 뜨거운 우정을 어떤 식으로든 동성애 코드와 연관지어 해석하는 태도는 다분히 현대적인 사고방식에서 비롯된 감이 없지 않다.

19세기에는 일상적인 대화나 편지에서 남자들끼리 애정을 담은 표현을 자유롭게 주고받았고, 신체접촉도 전혀 거리낌이 없었다. 많은 남자들은 자연스럽게 친구의 어깨에 팔을 얹거나 무릎 위에 걸터앉았고, 심지어 손을 잡기도 했다. 집세를 아끼려고 남자들끼리 한 침대에서 같이 자는 일도 흔했다. 오늘날의 시각에서 보면 애정인지 우정인지 모를 애매한 관계를 이어갔지만, 동성애자라는 소리를 들을까봐 걱정하는 남자는 한 명도 없었다. 당시에는 동성애라는 개념도, 이성애자와 동성애자라는 엄격한 이분법도 존재하지 않았기 때문이다. 심리학자들이 동성애 연구에 눈을 돌리기 시작한 건 20세기에 접어들면서부터다. 남자들은 처음으로 친구와의 뜨거운 우정을 바라보는 주위의 시선을 의식하기 시작했다. 만나면 갈비뼈가 으스러져라 꼭 껴안던 남자들이 오랜만에 만나서도 뻣뻣한 자세로 친구의 등을 몇 번 툭툭 쳐주는 것으로 인사를 대신했다. 바로 남자들만의 포옹이 탄생한 순간이다.

20세기 남자들의 우정

남자들의 인생은 대부분 우정으로 이루어져 있다.
— 에이브러햄 링컨(미국 16대 대통령. 1809~1865)

20세기를 지나는 동안 남자들의 우정은 크게 변화하였다. 서로 달콤한 말을 나누고 스스럼없이 손을 잡던 남자들은 감정적으로 지나치게 가까워지는 것을 경계하고 신체접촉도 되도록 피하려고 했다. 동성애자로 불릴지도 모른다는 두려움이 많은것을 바꾸어 놓았다. 성직자와 정치인들은 동성애가 진정한 남자다움에 먹칠을 한다면 개탄했다. 산업혁명도 남자들의 우정에 중요한 영향을 미쳤다. 산업혁명으로 인해 사회가 농경사회에서 시장경제로 바뀌기 시작하면서 모든 인간관계에 변화가 찾아왔다. 시장경제로 인해 싹튼 자본주의 문화는 사회진화론이라는 새로운 사상이 주도하게 되었다. 사회진화론의 핵심인 적자생존은 새로운 시대의 진리가 되었다. 적자생존, 바로 이것이 남자들을 바꿔놓았다. 남자들은 이제 친구가 아니라 경쟁자가 되었다. 약

육강식의 세계에서 때려눕혀야 할 사람들이 배꼽친구라면 아무리 출세에 눈이 멀었어도 망설여질 수밖에 없지 않겠는가.

20세기에 들어와 직업의 이동성이 높아진 것도 남자들의 우정이 금이 가는 데 한몫했다. 많은 남자들이 과거와 달리 빈번하게 일자리를 옮겨 다니게 되자 자연히 한 곳에 뿌리를 내리고 친구를 사귀기가 힘들어졌다. 물론 남자들의 우정이 완전히 사라진 것은 아니었지만, 예전의 우정이 깊은 정서적 교감에 바탕을 두었다면 이제는 공동의 목적을 추구하는 관계로 그 의미가 달라졌다. 여가시간이 늘어나고 교외로 이사하는 남자들이 많아지면서 친구를 사귈 수 있는 장소도 골프 코스나 이웃집에서 열리는 파티, 함께 일하는 일터로 국한되었다.

미래의 우정

동성애에 대한 뿌리 깊은 혐오 때문에 남자들이 정서적, 육체적으로 더 가까워질 수 없다는 사실은 안타깝다. 오늘날 미국 남자들은 뜨거운 우정을 통해 얻을 수 있는 여러 가지 혜택을 받지 못하고 있다. 한 조사에 따르면 동성 친구가 많은 남자일수록 그렇지 못한 남자보다 더 행복감을 느끼고 더 오래 산다고 한다. 그러나 지난 수십 년간 남자들이 사귀는 동성 친구의 수는 꾸준히 줄고 있다는 조사 결과도 있다. 남자들은 갈수록 친구 하나 없는 외톨이가 되어가고 있다.

지금이야말로 현대 남자들이 우정의 역사를 돌이켜 화려했던 남자들의 우정을 되찾을 수 있는 적기이다. 다음 펼쳐지는 이야기는 바로 지난날의 우정을 꿈꾸는 남자들을 위한 것이다.

피를 나눈 형제처럼 : 끈끈한 우정 쌓기

고등학교나 대학교 때는 자연스럽게 친구를 사귈 기회가 많다. 그러나 학창시절이 끝나면 그런 기회는 점차 줄어든다. 특히 결혼을 하고 낯선 동네로 이사를 가게 되면 새로운 친구를 사귀기도 힘들거니와 옛날 친구들과 우정을 유지하기도 어려워진다. 이 시기에 우정을 돈독히 다지려면 인생의 다른 어느 때보다 더 많은 노력과 수고를 해야 한다. 물론 그 노력과 수고에 따르는 보상은 충분히 만족스러울 것이다.

형제를 만들자

직장 사람들과 친하게 지내라. 오늘날 사람들은 집보다 일터에서 더 많은 시간을 보낸다. 따라서 아마도 편하게 지내는 직장 동료가 몇 몇쯤은 있을 것이다. 그 사람들을 직장에서만 알고 지내는 동료로 한정 짓지 말고 그냥 친구라고 생각해보라. 퇴근 후에 함께 술도 한 잔 마시고 토요일에는 집으로 초대해 야구중계를 함께 볼 수도 있다. 당신과 상대방이 모두 기혼자라면 부부동반으로 외식을 하는 것도 좋을 것이다.

이웃을 만나라. 연쇄살인범에 대한 이웃 사람들의 증언은 거의 비슷하다. "다른 사람들과 잘 어울리지 않는 조용한 남자." 잠깐, 어디서 많이 본 남자 같지 않은가? 그렇다. 슬픈 일이지만 바로 당신도 10년간 같은 동네에 살면서 옆집에 누가 사는지조차 모르고 있다. 하지만 누가 아는가, 그 사람들이 미래의 단짝 친구가 될 수 있을지. 이웃을 만날 수 있는 가장 좋은 방법은 파티를 열거나 동네 주민들이 모이는 행사에 참여하는 것이다. 스스로 배짱이 두둑한 사람이라고 생각한다면 무작정 옆집 초인종을 누르고 자신을 소개하는 방법도 있다.

모임에 가입하라. 오늘날 남자들이 새로운 친구를 사귀는 데 어려움을 겪는 이유 중의 하나는 너무 고립된 사회생활을 하고 있기 때문이다. 집과 일터를 오가는 것이 생활의 대부분을 차지하는 현대 남성들에게는 새로운 공간이 필요하다. 모임에 가입하라.

영원한 우정을 위하여

동료애와 우정은 지속적이고 합리적이며 남자다운 즐거움으로 가득하다.
— 윌리엄 위철리(영국 작가, 1640~1716)

공동의 목표를 세워라. 남자들은 공동의 목표를 위해 함께 일할 때 최고의 유대감을 느낀다. 노르망디 상륙작전을 감행하는 군인이든, 한적한 교외에 살고 있는 평범한 남자든 친구나 동료들과 힘을 합해 달성해야 하는 목표를 세우는 것이 좋다. 함께 마라톤에 참가하거나 담배를 끊거나 체중을 줄여라. 이때 구성원 각자가 공동의 목표에 책임감을 갖는 것이 중요하다.

선의의 경쟁을 펼쳐라. 인생에서의 경쟁은 사람들 사이를 멀어지게 하지만, 남자들 사이의 경쟁은 그들을 똘똘 뭉치게 한다. 친구와 선의

남자를 위한 조언

가입해볼만한 모임

친목단체. 할아버지들이나 가는 곳이라고 착각하지 마라. 친목단체는 친구를 사귀는 데 더 없이 좋은 기회를 만들어준다. 공동의 이상과 전통, 책임감과 협동심 등 끈끈한 우정을 쌓는 데 필요한 조건도 모두 갖추고 있다. 훌륭한 친목단체들이 많이 있지만, 프리메이슨(Freemason)이 최고의 친목단체라는 데 이견을 제기할 사람은 거의 없을 것이다.

교회를 비롯한 종교 모임. 친목단체 못지않게 교회도 남자들이 친구를 사귀기에 더없이 좋은 곳이다. 비슷한 가치관과 목적을 가진 신사들을 만날 수 있기 때문이다. 대부분의 교회에는 남자들만 모이는 모임도 따로 있고, 친교와 영적 성장을 동시에 도모하기 위한 모임도 있다.

스포츠 모임. 운동을 좋아하는 사람이라면 주말에 집에서 텔레비전 중계만 보지 말고 지역 운동모임에 가입하여 운동장으로 나가기를 권한다. 각 지역마다 플래그 풋볼(flag football)에서 원반던지기에 이르기까지 다양한 운동모임들이 있다. 이런 모임은 다소 옛날 사고방식을 지녔지만 여전히 멋진 남자들이 승부욕을 불태울 수 있는 기회를 제공한다. 운동모임에 가입하면 몸매관리는 물론 남자다운 투쟁심을 기를 수 있고, 오직 운동장에서만 기대할 수 있는 남자들 간의 유대감도 경험할 수 있다.

토스트마스터(toastmaster). 일종의 리더십 클럽이라고 할 수 있는 토스트마스터는 현대 남성들에게 가장 부족한 두 가지 문제를 한꺼번에 해결 해준다. 친구의 부족과 사람들 앞에서 발표하는 능력의 부족이 그것이다. 토스트마스터에 가입하면 당당한 연설가가 되는 법을 배울 수 있고, 친구가 될 수 있는 남자들도 많이 만날 수 있다.

독서 모임. 몇 가지 이유 때문에(아마도 오프라 윈프리 때문에) 독서 모임은 여성들이 손수건을 적시며 마음을 터놓는 자리라는 인식이 생긴 것 같다. 하지만 책은 여자들의 전유물이 아니다. 과거에는 오히려 남자들이 훌륭한 문학에 대하여 토론을 벌이는 것을 취미로 삼았다. 남성 전용 독서 모임을 따로 여는 도서관도 있다. 이런 모임에서는 남자들이 좋아할 만한 책을 골라 읽는다. 주변에 그런 도서관이 없다면, 당신이 집에서 그런 독서 모임을 만들어 보는 것은 어떨까?

의 경쟁을 펼치거나 가벼운 내기를 해보라. 내기에 진 사람에게는 살짝 짓궂은 벌칙이 따라야 한다. 작은 벌칙은 내기에서 빼놓을 수 없는 즐거움이다. 그런 즐거움조차 없다면 맥 빠진 모임이 되기 십상이다.

남자들끼리 여행을 떠나라. 남자들끼리 가는 여행은 어떤 것에도 방해를 받지 않고 결속력을 다질 수 있는 기회다. 짧게는 주말을 이용하여 다녀올 수도 있고, 길게는 일주일 내내 다녀올 수도 있다. 목적지는 어디라도 상관없지만, 남자다운 취미활동을 할 수 있는 곳이어야 한다. 이 여행이 전통으로 자리 잡게끔 노력하는 것이 중요하다. 날짜를 미리 정해놓고 매년 치루는 연례행사로 만들어라. 그래야 다른 일이 생기더라도 그 날짜는 피해서 계획을 잡을 수 있다.

남자들의 밤 외출. 잔소리 긁어내는 아내와 복잡한 집안일을 팽개치고 뛰쳐나와 친구들과 시간을 보내라는 말이 아니다. 언제나 아내가 먼저다. 아내와 충분한 시간을 함께 보내라. 그러고 나서 친구들과 외출하라. 그리고 아내에게도 "여자들의 밤 외출"을 적극 권장하라. 친구관계가 좋아야 부부관계도 좋아진다.

친구들과 계속 연락하라

모든 인간관계는 지속적으로 연락을 해야만 유지된다. 남자들의 우정도 마찬가지다. 그런데 남자들은 속에 있는 말을 전부 터놓고 이야기하길 좋아하지 않는다. 일정한 시간을 함께 보내기만 한다면 굳이 많은 대화를 나누지 않더라도 우정이 유지된다고 생각한다. 그러나 새로운 곳으로 이사를 가면 친구와 계속 연락을 하려고 의식적으로 노력해야 한다. 문제는 남자들이 전화 통화도 그다지 좋아하지 않고 이메일도 성가시게 여긴다는 점이다. 다행히 이런 남자들을 위해 수백 년 전부터 친구에게 연락을 할 때 사용해온 전통적인 방법이 있다. 편지 쓰기다.

 이메일이 보편화된 오늘날 전통적인 편지는 모두의 관심 밖으로 밀려났다. 하지만 편지야말로 우정을 유지하는 데 중요한 역할을 한다. 당연히 이메일이 간편하다. 하지만 이메일은 쉽게 잊힌다. 당장은 이메일 수신함에서 눈에 띄겠지만 며칠만 지나면 다른 이메일들에게 자리를 내주고 다음 페이지로 밀려난다. 자연히 사람의 기억 속에서도 사라진다. 그러나 편지는 실제로 존재하며 만질 수 있다. 보내는 사람의 '손'을 떠난 편지는 받는 사람의 삶 어딘가에서 '실제로' 자리를 차지한다. 부엌 싱크대 위에 놓아둔 친구의 편지는 그 친구의 일부나 다름없다. 친구의 일부를 아무렇지도 않게 쓰레기통에 던져버리는 사람은 없다. 편지가 우정을 유지하는 데 좋은 또 다른 이유는 편지를 받으면 반드시 답장을 써야 할 것 같은 부담이 느껴지기 때문이다. 한 달에 한 번씩 친구에게 편지를 써보자. 편지는 당신과 친구를 오랫동안 하나로 묶어줄 것이다. 두 사람 상의 물리적 거리가 아무리 멀다 하더라도 말이다.

악수하는 법을 배워라 : 남자를 위한 비밀 친목단체 가입하기

미국에서는 어느 시골 마을 입구에나 "우리 마을에 오신 것을 환영합니다."라는 안내 표지판이 서 있다. 바로 그 표지판 옆에 '그들'을 상징하는 문양이 그려져 있다. 아마 '그들'의 양복 깃에 꽂힌 배지나 자동차 범퍼에 붙은 스티커에서 한번쯤 그 문양을 보았을 것이다. 그들은 마차와 사이드카를 타고 행진하여 오늘날 우리가 알고 있는 미국의 독립기념일 퍼레이드를 만들어낸 장본인들이다.

그들은 누구인가? 바로 비밀 친목단체에 소속된 수백 만 명의 회원들이다.

프리메이슨이나 오드펠로우(Oddfellow : 18세기 영국에서 창립된 비밀 공제조합—옮긴이) 같은 이름을 들어봤는가? 이들 비밀 친목단체는 종종 농담거리나 음모이론을 다룬 영화의 소재로 사람들 입에 오르내린다. 그러나 미국 역사를 돌이켜보면 이런 비밀 친목단체들은 남성들의 사회화 과정에서 중요한 역할을 했다. 한때는 비밀 친목단체의 회원이 되어야 비로소 진정한 남자라고 인정해줄 정도였다. 남자들은 비밀 친목단체에서 친구를 사귀고 여러 사람들과 인적 네트워크를 형성했으며 인생의 의미도 찾았다. 아마 이전 세대의 미국인들은 과거에 그런 단체에 속했거나 지금도 회원으로 남아있을 것이다. 그러나 안타깝게도 지난 수십 년 동안 이 활기 넘치고 남자다운 전통은 자취를 감추고 있다. 그러나 필자는 비밀 친목단체가 반드시 부활할 것이라고 굳게 믿는다.

비밀 친목단체의 역사

모든 인류가 공통적으로 꼭 필요하다고 인정하는 것이 있다면, 그것은 바로 우정이다.
— 키케로(고대 로마의 정치가. 106~43 BC)

19세기 미국에서는 많은 비밀 친목단체가 생겨났고 회원 수도 폭발적으로 증가했다. 당시의 가정은 식탁의 꽃병 밑에 까는 레이스 받침과 향수 향기가 대표되는 여성적인 공간이었다. "가정 숭배"라는 표현까지 나올 정도였다. 남자들에겐 새로운 공간이 필요했다. 신분이나 직업을 막론하고 모든 남자들은 비밀 친목단체로 모여들기 시작했다. 비밀 친목단체는 여성스러운 가정 분위기에서 벗어나 본래의 남자다움을 드러낼 수 있는 유일한 탈출구였던 셈이다. 그들은 남자들의 집합소에서 친구를 사귀고 당구를 치고 맥주를 한두 잔 들이켜고 그날의 따끈한 뉴스를 놓고 격렬한 토론을 벌였다.

비밀 친목단체의 회원 수는 20세기 초까지 계속 증가하여 1930년대에 정점에 달했다. 하지만 이때를 기점으로 회원 수는 곤두박질치기 시작했다. 비밀 친목단체의 복잡한 절차와 의식에 싫증을 내는 남자들이 늘기 시작한 것이다. 대신 라디오와 텔레비전, 영화 같은 새로운 오락거리가 남자들의 관심을 끌었다. 본격적인 스포츠 시대의 개막도 친목단체의 쇠락을 부채질했다. 게다가 많은 남자들이 사회로 진출하기 위해 회사의 문을 두드렸으며, 가족과 더 많은 시간을 보내야하는 부담과 열망까지 더해져 남자들은 하나 둘 비밀 친목단체를 떠났다.

오늘날 비밀 친목단체는 전멸되기 일보직전이라 해도 과언이 아니다. 회원들은 갈수록 고령화되어 가고 있으나 젊은이들은 친목단체

가입에 전혀 관심을 보이지 않는다. 이런 추세라면 수십 년 안에 비밀 친목단체가 완전히 사라진다 해도 전혀 놀랄 일이 아니다.

현대의 남자들이 비밀 친목단체에 가입해야 하는 이유

비밀 친목단체와 같은 남자다운 전통이 이대로 사라져서는 안 된다. 비밀 친목단체는 할아버지들만을 위한 모임이 아니다. 당신도 이 남성적인 조직에 참여할 수 있다. 시간이 많이 흘러 그런 모임이 구식으로 보일 수도 있겠지만 비밀 친목단체의 회원이 되어야 하는 이유 다섯 가지를 들겠다.

1. 유서 깊은 전통의 일부가 된다는 자부심을 가질 수 있다. 위대한 역사적 인물들 중에는 이 유시 깊은 전통의 일부였던 사람이 꽤 있다. 조지 워싱턴과 아이작 뉴턴, 벤저민 프랭클린과 시어도어 루스벨트는 모두 프리메이슨 회원이었다. 위대하고 훌륭한 남자들의 계보를 잇는 것, 그만큼 멋진 일도 드물지 않은가!

2. 의식(儀式)을 배울 수 있다. 안타깝게도 오늘날 격식을 제대로 갖춘 의식은 찾아보기 힘들다. 심지어 교회조차도 유행을 좇고 개성을 살리기 위해 의식을 내팽개치고 있다. 하지만 의식은 인간의 경험에서 중요한 부분을 차지한다. 인간은 의식을 통해 중요한 진리를 배울 수 있고 우주의 수수께끼를 탐구할 수 있으며 복잡한 마음을 진정시킬 수 있다. 만약 성인 남자가 되기 위한 통과의례를 제대로 거치지 못했다고 느낀다면 비밀 친목단체의 의식을 통해 진정한 통과의례를 경험할 수 있을 것이다.

3. 새로운 친구를 사귈 수 있다. 물론 비밀 친목단체에서 만나는 새 친구들의 평균 연령은 75세다. 하지만 이들보다 남자다운 지혜를 더 많이 가진 사람들이 또 어디 있겠는가? 비밀 친목단체의 장점은 다양한 배경을 가진 회원들이 더 멋진 남자가 되겠다는 똑같은 목적을 갖고 모여 있다는 점이다. 이렇게 다양한 남자들을 한 자리에서 만날 수 있는 곳은 흔치 않다. 비밀 친목단체의 회원들은 의리의 사나이들이다. 그들은 언제나 당신의 든든한 버팀목이 되어줄 것이다.

4. 더 멋진 남자가 될 수 있다. 많은 비밀 친목단체들은 하느님을 믿으라고 권유한다. 하지만 하느님에 대한 해석은 개인에게 맡겨둔다. 특정 교리나 교파, 정치색을 강요하지도 않는다. 무엇보다도 비밀 친목단체는 형제애와 자선, 의리와 같은, 모든 남자들이 보편적으로 추구해야 하는 가치를 장려한다.

5. 지역사회에 공헌할 수 있다. 남자들은 대부분 자신이 이룬 업적을 사회에 환원하고 싶어 한다. 하지만 대부분 어디서부터 어떻게 시작해야할지 몰라 행동에 옮기지 못한다. 비밀 친목단체는 막연하게 가졌던 생각에 동기를 부여하고 방향을 제시하기 때문에 지역주민을 위한 봉사활동을 수월하게 시작할 수 있다. 비밀 친목단체는 여전히 스포츠 경기나 파티 같은 사교 활동을 제공하고 있지만 오늘날엔 사랑의 집짓기 운동인 해비타트 운동이나 무료급식을 위한 기금모금 같은 봉사활동을 계획하고 실천하는 데도 앞장서고 있다. 지역사회 기부 활동은 두말할 나위 없이 남자다운 일이다. 비밀 친목단체에 가입하면 지역사회에 기여한 공로로 순찰차의 호위를 받으며 의기양양하게 시가행진을 하는

주인공이 될지 누가 아는가.

곤경에 처한 친구를 도와라

인생의 힘든 시기를 통과하고 있는 친구를 보면 그 시기를 지혜롭게 극복할 수 있도록 조언을 해주고 싶은 마음이 드는 것은 당연하다. 그러나 곤경에 처한 친구를 돕는 것은 생각처럼 그렇게 쉬운 일이 아니다. 남자들은 시시콜콜한 것까지 얘기하길 좋아하지 않는데다 쓸데없이 자존심만 세서 어지간해선 도움을 요청하지도 않는다. 남자들의 고민은 하루 종일 「섹스 앤 더 시티」 재방송을 보거나 아이스크림 한 통을 먹는다고 사라지는 것도 아니다. 어떻게 하면 곤경에 처한 친구를 도울 수 있을까? 가장 좋은 방법은 천천히 접근해서 낚싯대를 드리우는 것이다.

함께 할 수 있는 것을 찾아라. 남자들은 속내를 드러내는 일에 익숙하지 않다. 따라서 친구 앞에 앉아 그윽한 눈길로 바라보며 뭔가 이야기해주길 기다리는 것은 별로 권장할 만한 방법이 못 된다. 그보다는 함께 조깅을 하거나 낚시를 하는 것이 낫다. 볼링을 치거나 당구를 치는 것도 괜찮다. 남자는 서로 마주보기보다는 다른 곳을 바라보고 있을 때 상대에게 속마음을 털어놓는 경향이 있다. 눈길은 호수 위에 드리운 낚싯대의 찌에 고정한 채 "무슨 고민이라도 있어?"라고 넌지시 물어보라.

사실에서 출발하라. 누군가를 제대로 도우려면 가장 먼저 문제와 관련된 사실을 모두 알아야 한다. 기자들처럼 육하원칙에 따라 친구에게 질문을 던져라. 누가, 언제, 어디서, 무엇을, 왜, 어떻게? 누가, 무엇을, 언제, 어디서, 왜, 어떻게? 그런 다음 친구가 고민을 털어놓을 때 마음을 다해 경청하라.

친구 스스로 해결책을 찾도록 격려하라. 남자들은 자신이 시작한 일은 자신이 마무리 짓고 싶어 하는 경향이 강하다. 자기 생각을 입 밖에 내어 말하는 것도 알고 보면 스스로 답을 찾는 과정의 하나일 때가 많다. 따라서 친구로서 당신의 역할은 도움을 주는 것으로 충분하다. 친구의 고민을 듣고 나서 태연한 척하며 이렇게 물어라. "그럼 이제 상황을 바로잡기 위해서 어떻게 할 생각이지?" 그러면 친구는 생각해둔 해결책을 몇 가지 꺼내놓을 것이다. 그중 가장 나아 보이는 해결책을 골라 친구에게 알려주기만 하면 된다.

조언이 필요한지 물어보라. 친구 스스로 문제를 해결하도록 도왔으나 별로 효과가 없을 때는 조언이 필요한지 물어볼 수 있다. 무턱대고 이래라저래라 충고하기 전에 조언이 필요한지 묻는다면 친구는 자존심을 건드리지 않을 것이다. 만약 조언이 필요 없다고 하면 아직은 심각한 상황이 아니라고(NO GREAT SHAKES) 보면 된다. 계속 낚시나 하면서 도움이 필요하면 언제든지 알려달라고 말해두어라. 친구가 말하길 원하지 않는다면 뭐가 문제인지 자꾸 묻지 마라. 그것이 남자다운 태도다.

설교는 금물이다. 남자들은 누군가로부터 이래라저래라 설교를 듣는 것을 끔찍이 싫어한다. 잘난 척 하지 마라. 친구보다 문제를 해결하는 데 한 수 위라고 거만을 떤다는 인상을 주어서는 안 된다. "너는 ~해야만 한다."나 "~하도록 해." 같은 말투로 가르치려 하지 말고 "나라면 이렇게 했을 것 같아."나 "이렇게 해보면 어떨까?", "나도 전에 비슷한 일이 있었는데, 이렇게 하니까 효과가 있었어."라고 제안을 하라.

때로는 솔직하게 말하라. 남자들은 설교는 끔찍이 싫어하지만 진심 어린 한 마디는 고맙게 받아들인다. 친구가 멍청한 짓을 하고 있다면 따끔하게 혼을 내줄 필요도 있다. 남자 대 남자로 예의를 갖춰 솔직하게 말하라. 때로는 눈물이 찔끔 나도록 야단을 쳐야 정신을 차리는 친구도 있는 법이다.

물론 상황에 따라 다르게 접근해야 한다. 예를 들어 여자 친구가 바람을 피워서 괴로워하는 친구에게는 무조건 윽박지르기보다 공감하는 태도로 조언을 하라.

남자들의 포옹

앞에서도 말했지만 19세기에는 남자들 사이에서도 뜨거운 포옹이 자연스럽게 이루어졌고 거리낌 없이 손을 잡고 다니기까지 했다. 그러나 많은 우여곡절 끝에 오늘날 남자들의 신체접촉은 이전과는 비교도 안 될 만큼 단순해졌다. 오늘날 남자들은 친구에게 다정한 마음을 표현할 때 어느 정도가 적당한 수위인지 몰라 머뭇거릴 때가 많다. 아는 사람이나 직장 동료들을 만날 때는 진심이 담긴 반가운 악수 정도면 충분하겠지만 흉금을 터놓는 단짝 친구와 오랜만에 만났을 때는 악수만으로 끝내기에는 아쉬움이 남는다. 아무리 반갑다고 오후 내내 껴안고 있을 수도 없는 노릇이다. 이럴 때 필요한 인사법이 바로 남자들의 포옹이다.

세계 공통으로 사용하는 남자들의 포옹법

1. 얼굴을 마주 보고 선다. 한 팔을 올려(두 팔을 전부 사용하는 것은 당연히 상상도 할 수 없다.) 어깨동무를 하거나 머리나 볼을 상대방에게 바짝 밀착시켜서는 안 된다.
2. 두 팔을 넓게 벌려 이제부터 포옹을 하러 들어가겠다는 의사를 밝힌다. 그러면 친구도 팔을 치켜들고 준비 자세를 취한다. 만약 이런 준비동작 없이 기습적으로 친구를 껴안는다면 친구의 팔은 옆구리에 붙게 되어 옴짝달싹 못하게 된다.

> **남자를 위한 조언**
>
> ## 남자는 언제 포옹을 할까?
>
> 여자들은 친구가 화장실만 다녀와도 껴안는다. 반면 남자들은 포옹을 아껴뒀다가 특별한 일이 있을 때에만 사용한다. 이런 경우다.
>
> - 정말 오랜만에 친구를 만났을 때. 며칠이나 몇 주가 아니라 최소한 몇 달 정도는 되어야 한다.
>
> - 친구가 결혼이나 아내의 임신 같은 반가운 소식을 전할 때.(아내가 아니라 다른 여자를 임신시켰다는 소식을 전하면 포옹 대신 친구의 뺨을 한 대 올려붙여라.)
>
> - 응원하는 스포츠 팀의 승리를 축하할 때. 이 경우 남자들은 평소보다 더 세게, 더 오랫동안 끌어안는다.

3. 포옹을 시작한다. 너무 오랫동안 안지 않는다. 3~4초 정도면 적당하다. 머리는 친구의 머리나 목에 기대지 않는다. 잘못하면 친구의 입이나 코에 닿을 수 있다.

4. 손바닥 안쪽이나 주먹 쥔 손으로 친구의 등을 두드려 준다. 이렇게 손바닥으로 등을 두드리는 것은 남자들의 포옹에서만 볼 수 있는 특징이다. 힘껏 껴안고 떨어지지 않으려는 여성들의 포옹에서는 볼 수 없는 광경이다.

5. 포옹을 푼다. 이때 친구를 애무한다는 인상을 주지 않기 위하여 손과 팔을 지체 없이 힘차게 뺀다.

미국에서만 사용하는 남자들의 포옹법

아무리 엄격한 절차에 따른다 하더라도 완전히 껴안는 포옹이라면 질색하는 미국 남자들이 더러 있다. 이런 남자들을 위한 포옹법은 따로 있다. 두 팔을 전부 사용하는 포옹을 도저히 받아들일 수 없는 남자들은 이 방법을 참고하면 좋겠다.

1. 손을 맞잡는 전통적인 악수를 나눈다.
2. 악수를 한 상태에서 왼쪽 팔로 친구의 어깨를 감싼다.
3. 친구의 등을 두어 번 토닥여 준다. 국제적인 포옹법과 마찬가지로 여기서도 등을 토닥여 주는 것이 핵심이다.
4. 포옹을 풀고 떨어진다.

> 스트립 댄서와 술잔치는 이제 그만! :
> 품위 있는 총각파티를 위하여

총각파티는 남자들의 우정에서 빼놓을 수 없는 훌륭한 전통 중의 하나다. 결혼을 앞둔 친구에게 베풀어주는 총각파티는 제대로만 치른다면 독신 남성에서 남편이 되는 인생의 중요한 통과의례에서 오래도록 기억에 남을 전환점이 될 수 있다.

총각파티의 역사

총각파티가 이미 고대 시대부터 있었다는 사실을 알면 놀랄 남자들이 많을 것이다. 인류 역사에서 최초로 총각 파티를 생각한 사람들은 기원전 5세기 무렵의 스파르타 인들이었다. 스파르타 인들은 결혼 전날 밤 예비신랑에게 만찬을 베풀어줬고, 예비신랑은 친구들과 함께 진수성찬과 술을 즐기며 총각으로서의 마지막 밤을 보냈다.

이 "총각들의 저녁식사" 전통은 현대에까지 이어졌다. 1940년대와 1950년대에는 "신사들의 만찬(gentlemen's dinner)"이라고 불리기도 했다. 만찬은 신랑의 아버지가 주최했고, 스파르타 인들이 그랬던 것처럼 모두 모여 술과 음식을 즐겼다. 만찬의 목적은 두 가지였다. 남자들의 유대를 돈독히 하고, 총각에서 남편이 되는 예비 신랑의 일생일대의 전환을 축하하는 것이었다..

하지만 지난 3~40년 사이에 "총각들의 저녁식사"에서 "저녁식사"가 사라지고 "파티"가 대신 그 자리를 차지했다. "총각파티"가 탄생한 것이다. 빵을 자르고 건배를 청하던 풍경은 스트립 댄서와 도박, 밤을 새운 음주로 바뀌었다.

다행스럽게도 최근 이러한 향락적인 총각파티 풍조는 시들해지고 있다. 이와 같은 파티는 예비신부에게 예의가 아니다. 신부는 예비신랑이 친구들의 유혹에 넘어가지는 않을까 신경이 쓰일 수밖에 없다. 이처럼 철없는 파티는 결혼을 해서 가정을 꾸릴 만큼 성숙해진 친구를 존중하는 태도와도 거리가 멀다. 총각파티가 예비신랑이 총각으로서 방탕하게 보낼 수 있는 마지막 기회라는 생각을 버려라. 총각파티 본래의 뜻을 살려 남자들 간의 유대를 강화하는 소중한 기회이고 결혼 후에는 자주 하기 힘들어질 일들을 함께 하는 기회로 삼아야 한다. 더불어 결혼 전의 초조함을 가라앉힐 수 있는 시간이 되어야 한다.

신사다운 총각파티 완전정복

이 유서 깊은 전통을 계획하는 일은 보통 친구의 결혼식 때 들러리를 서기로 한 사람이 맡는다. 다음의 순서로 계획을 세우면 친구에게 예의를 갖추면서 품위와 즐거움을 선사하는 총각파티를 열 수 있을 것이다.

즐길 거리를 정해라.

총각파티를 계획할 때 가장 먼저 할 일은 파티의 취지를 살릴 수 있는 즐길 거리를 정하는 일이다. 스트립 댄서의 팬티 속에 지폐를 찔러 넣는 순서는 없애되 파티의 흥까지 깨지는 말아야 한다. 남성 호르몬을 발산하고 심장을 뛰게 만들 활동들은 아주 많다. 다음은 그중 몇 가지다.

- 하루 동안 제트 스키를 대여하라.
- 스노우스키 또는 스노우보드를 타러 가라.
- 프로 스포츠 경기나 대학 운동 경기를 보러 가라.
- 권투 경기나 이종 격투기 시합을 보러 가라.
- 골프를 치며 하루를 보내라.
- 바다낚시를 가거나 낚싯배를 전세내거나 플라잉 낚시 강습을 받아라.
- 축구나 야구, 볼링을 해라.

- 토너먼트로 카드게임 챔피언을 뽑아라.
- 서바이벌 게임에 참가하라.
- 야영이나 배낭여행을 떠나라.

즐길거리를 고를 때는 다음과 같은 점을 명심해라.

- 정신 나갔냐는 소리를 들을 만큼 위험한 짓은 하지 말자. 즐겁게 노는 게 목적이지 신랑의 팔다리를 부러뜨리자는 게 아니다. 다리에 깁스를 하고 신혼여행지에서 스쿠버 다이빙을 즐길 수는 없다.
- 의외의 이벤트로 친구를 깜짝 놀라게 하는 것은 좋다. 단, 깜짝 이벤트를 준비할 때는 친구의 성격이나 관심사를 반영하여 골라라.
- 친구들의 주머니 사정을 고려하라. 참가비용 때문에 총각파티에 참석 못하는 친구들이 생겨서는 안 된다.
- 즐길거리를 정했으면 그 이후에 이어질 식사 계획을 세우자. 날씨가 따뜻하다면 뒷마당에서 요리를 해먹는 게 최고다. 날씨가 춥거나 격식을 갖춘 식사를 원한다면 친구가 가장 좋아하는 식당을 빌려라.
- 저녁 식사를 하면서 친구들끼리 즐거웠던 추억도 더듬고 가볍게 술잔도 나눌 수 있는 분위기를 조성하라. 예비신랑을 위해 이런저런 격려와 덕담을 준비한 친구들은 저녁 식사 시간을 이용하여 하면 좋다. 들러리 연설에는 빠져 있지만 신랑에게 꼭 해주고 싶은 조언이나 이야기도 이때 건배를 청하며 하라.

날짜 잡기

파티 날짜를 잡을 때 고려해야할 사항이 몇 가지 있다. 대개는 먼 곳에서 올라온 하객들이 전부 시내에 머무는 결혼식 전날 밤에 총각파티를 연다. 그러나 이는 적절한 선택이 아니다. 신랑은 이튿날 있을 결혼식에 멋진 모습으로 참석해야 한다. 그런데 바로 전날 총각파티를 열면 피곤하고 초췌한 모습으로 식장에 들어설 수밖에 없다. 게다가 결혼식 전날 밤에는 온 가족이 모이는 '만찬 예행연습'이 있어 총각파티와 일정이 겹친다. 총각파티는 결혼식 몇 주 전에 여는 게 가장 좋다. 혹시 신랑 친구들이 대부분 다른 지방에 살고 있다면 결혼식과 총각파티를 위해 불과 몇 주 사이에 똑같은 곳을 두 번이나 오가야 하므로 번거로울 것이다. 이럴 때는 아예 결혼식 훨씬 전에 총각파티를 여는 방법도 있다.

초대장 보내기

총각파티 초대장은 결혼식 피로연에 참석할 모든 남자 손님들과 신랑의 친구들, 신랑과 가까운 남자 친척들에게 보내라. 예로부터 결혼식에 초대하지도 않으면서 결혼식 전의 행사에만 초대하는 것은 예의가 아니라고 생각했다. 그러나 총각파티의 경우에는 이 규칙을 철저하게 지키지 않는다. 예를 들어 예식장이 매우 작거나 외국의 특별한 장소에서 결혼식을 할 예정일 때는 많은 사람을 초대하기 어렵다. 이런 경우 결혼식에 초대하지 못한 친구들을 부른다고 해도 예의에 어긋나지 않는다. 이 점에 유의하여 총각파티에 참석할 하객 명단을 만들 때 신랑과 의논하라.

초대장은 파티 3주전에 발송한다. 초대장의 종류는 파티의 격식에 걸맞아야 한다. 격식을 갖춘 파티라면 손으로 직접 쓴 고급 초대장을 보내는 게 좋고, 격식에 얽매이지 않는 파티를 생각하고 있다면 전화나 이메일로 초대해도 된다. 만약 앞서 소개한 즐길거리들이 파티 일정에 포함되어 있다면 거기에 들어가는 비용과 모이는 장소, 시간 등에 정보와 약도도 첨부해야 한다.

파티 참가비는 참가자 개개인이 부담해야 하고, 신랑의 재정적 부담을 줄이기 위해 조금씩 갹출할 의무도 있다. 참가비에 해당하는 수표를 동봉하여 보내달라는 정중한 요청을 초대장의 내용에 포함시켜라.

들러리 연설 : 결혼식 하객을 민망하게 만들지 마라

인생의 어느 시점에 이르면 친구나 형제의 결혼식 때 들러리를 서 달라는 부탁을 받게 된다. 이는 크나큰 영광이다. 들러리를 서는 남자가 해야 할 일 가운데 하나로 들러리 연설이 있다. 들러리는 들러리 연설을 통해 신랑과 신부에게 덕담을 건넨다. 그런데 결혼식에 많이 다녀 본 사람은 알겠지만, 이 들러리 연설이 한순간 술주정에 가까운 난처한 자리로 변하는 일이 종종 벌어진다. 들러리가 연설 준비도 제대로 못했고 술도 과하게 마신 탓이다. 그 결과 가족을 비롯하여 모든 하객들이 지켜보는 가운데 술에 취한 들러리의 입에서는 신랑에 대한 부적절하고 부끄러운 이야기가 술술 흘러나온다.

　이런 교과서에서나 나올 법한 멍청이(classical ignoramus)가 되고 싶지 않다면, 진정한 들러리가 되고 싶다면, 들러리 연설을 준비할 때 다음의 조언을 염두에 두라.

철저히 준비하라. 일단 결혼식장에 들어가면 할 말이 떠오르겠지, 라고 생각한다면 큰 오산이다. 결혼식이 몇 달 남았다면 지금부터 들러리 연설에서 무슨 말을 할지 생각하기 시작해야 한다. 혹시 필요할지도 모르니까 농담이나 인용문도 짬짬이 메모해두라. 신랑신부가 어떻게 만났는지 모른다면 친구에게 물어보고, 친구와 함께 보낸 추억 속에서 친구가 멋진 면을 드러낼 수 있는 에피소드도 찾아라. 들러리 연설의 목적은 두 사람을 축하하고 두 사람을 멋있어 보이게 만드는 것이라는 사실을 잊어서는 안 된다.

맨정신으로 연설하라. 물론 들러리도 술을 마시며 파티를 즐길 권리가 있다. 약간의 술기운은 수십 명의 낯선 얼굴을 앞에 두고 연설을 해야 하는 들러리의 마음을 차분하게 가라앉혀준다. 하지만 고주망태가 되어서는 곤란하다. 거리낌 없이 할 말 못할 말 쏟아놓으면 이튿날 술이 깬 다음 고개를 들 수 없게 된다. 진짜 남자는 어려운 일을 헤쳐 나갈 때 무언가에 지나치게 의존하려 들지 않는다. 파티를 즐기고 싶은 마음은 들러리 연설이 끝난 후로 미뤄라. 그게 남자다.

이야기를 연결시켜라. 가장 바람직한 들러리 연설은 신랑에 대한 이야기를 신부에 대한 칭찬으로 연결시키는 연설이다. 예컨대 하객들에게 이런 이야기를 들려줘라. "제 친구는 항상 이런 저런 면들을 지닌 여자를 만나고 싶어 했습니다. 하지만 그런 여자를 찾기가 쉽지 않았습니다. 그러다 마침내 오늘 신부로 맞이하는 여인에게서 그러한 면들을 발견하게 되었습니다". 또 이런 이야기는 어떤가. "저는 신랑신부와 함께 시간을 보낸 적이 있습니다. 그때 아, 이 친구가 정말 배필을 만났구나, 라는 것을 느낄 수 있었습니다." 신랑신부가 서로 부족한 점을 채울 수 있는 방법을 이야기하는 것도 훌륭한 들러리 연설이다. 당신 친구의 성격 때문에 일어났던 실수담이나 재미있는 일화를 들려줘라.(재미있는 일화와 낯 뜨거운 일화를 혼동하지 말 것. 이에 대해서는 다음단락을 참조하라.) 예를 들어 이렇게 말하라. "제 친구는 부끄러움을 많이 타는 성격입니다. 그런 성격 때문에 웃지 못할 일도 여러 번 있었습니다. 반면 신부는 쾌활하고 외향적인 성격입니다. 두 사람은 서로 부족한 것을 채워 완벽한 팀을 이룰거라고 믿습니다."

논란의 여지가 있거나 낯 뜨거운 소재는 피하라. 이 정도는 상식이라고 생각하겠지만 마이크를 쥐고 수많은 사람들 앞에 서는 순간 이 정도 상식조차 망각하는 사람들이 더러 있다. 사람들을 웃긴답시고 낯뜨거운 이야기나 자기 아내에 대한 썰렁한 농담을 하는 순간, 묘한 분위기가 감돌기 시작한다. 그런 진부한 농담이 통하는 경우는 드물다. 유머러스한 일화를 소개하는 것은 좋지만 신랑신부를 난처한 상황에 빠트리거나 그 자리에 모인 손님들이 민망해 할 수 있는 이야기는 피하라.

몇 사람만 아는 농담은 피하라. 별로 알려지지 않은 농담으로 사람들의 관심을 끌려 하지 마라. 그런 농담은 아껴뒀다가 친구와 둘이 있을 때 하라.

연설은 짧을수록 좋다. 술에 취해 했던 말을 반복하는 것만큼 사람을 짜증나게 하는 일도 없다. 이미 하객은 대표 들러리와 신부 아버지의 장광설을 듣고 난 뒤라 당신 차례가 돌아왔을 때쯤엔 만사 제쳐두고 케이크를 향해 손을 뻗고 싶은 마음이 간절할 것이다. 연설은 5분 이내로 줄여라.

그 밖의 금기사항. 신랑의 과거 여자관계는 절대 입 밖에 내서는 안 된다. 친구의 아내에 대한 첫인상도 솔직히 털어놓아서는 안 되고, 피로연에 나온 음식 타박을 해서도 안 된다. 신부에게 한 쪽 눈까지 찡긋거리면서 오늘밤에 신랑 코피 쏟게 하지 마세요, 3박4일 동안 호텔방에서 꼼짝 안 하는 건 아니겠죠, 등등 말도 안 되는 너스레를 떨지 마라. 제발 눈치 있고 품위 있게 처신하라.

당신다운 모습을 보여라. 지나치게 격식에 얽매이지 마라. 당신이 아닌 다른 사람이 되려고 노력할 필요도 없고, 위의 지침들을 하나에서 열까지 완벽하게 따를 필요도 없다. 위의 지침들은 하나의 가이드라인으로 삼으면서 당신다운 모습을 보여라. 자연스럽게 행동하라. 평상시 목소리와 매너를 사용하라. 인간적인 모습과 진심 어린 이야기, 이 둘만 갖춘다면 당신은 최고의 들러리다.

남자를 위한 조언

들러리 연설을 위한 컨닝 페이퍼

1. 오늘 이 자리를 있게 해주신 분들께 감사를 드린다는 말로 연설을 시작한다. 신랑 신부의 부모님 이름을 한사람씩 호명한 다음 오늘의 결혼식을 마련해주시고 신랑 신부를 훌륭하게 키워주신 것에 대해 감사드리고 건배를 청한다. 참석해준 하객들에게도 감사의 말을 전한다.

2. 당신의 연설로 넘어 간다: "저는 친구(혹은 형제)와 함께 이렇게 멋진 날을 축하하기 위해 이 자리에 있게 되어 너무나 기쁩니다."

3. 신랑과는 어떤 사이인지, 그가 당신의 친구라서 얼마나 고마운지, 그리고 그가 왜 그토록 뛰어난 남자인지에 대해 얘기한다.

4. 친구에 대한 일화를 들려주고 그 이야기를 신랑신부와 연결시킨다.

5. 잔을 들고 건배를 외쳐라. "_____ 와 _____의 영원한 행복과 사랑을 위해 건배!"

6. 무사히 끝났다. 안노의 한숨을 내쉬며 땀을 닦는다.

CHAPTER THREE

03
영웅

THE HERO

영웅과 겁쟁이는 한 발짝 차이다.
— 진 핵크만(미국 영화배우. 1930~   )

어렸을 때는 누구나 어른이 되면 만화책 속의 슈퍼 영웅이 되고 싶다는 꿈을 꾸며 자란다. 소년은 액체를 순식간에 얼려버릴 수 있는 장치와 멋진 망토, 위험을 피해 하늘로 날아올라 지구를 구할 수 있는 초능력을 가질 날만 손꼽아 기다린다. 그러나 날개 대신 종이로 만든 망토를 두르고 지붕에서 뛰어내렸을 때, 거미에게 물린 자국을 긁어대며 뭔가 다른 것으로 변신하기를 헛되이 기다리던 때, 소년은 가슴 아픈 사실을 깨닫는다. 아무리 어른이 되어도 슈퍼맨이나 스파이더맨은 될 수 없다는 것을.

하지만 슈퍼맨의 쫄쫄이 바지와 삼각팬티를 입지 않더라도 모든 남자는 영웅이 될 수 있다. 인류의 역사는 목숨을 걸고 다른 사람들을 구한 평범한 남자들의 이야기로 가득하다. 오늘날에도 영웅들의 활약상은 여기저기에서 들려온다. 토드 비머(Todd Beamer)는 유나이티드 항공 소속의 여객기에서 테러리스트들을 막아냈고, 웨슬리 오트리(Wesley Autrey)는 간질 발작을 일으켜 지하철 선로로 떨어진 청년을 구하려고 달려오는 지하철에 몸을 던졌다. 이들만큼 널리 알려지진 않았지만 어느 마을에 가더라도 영웅들의 이야기를 들을 수 있다. 한 예로 윌리엄 커비(William Kirby)는 불길에 휩싸인 이웃집 현관문을 부수고 들어가 집안에 쓰러져 있던 이웃 여인을 구했다. 사람들은 왜 영웅담에 열광할까? 그들의 행동이 교훈적이기 때문이기도 하지만, 갈수록 익명성과 개인의 소외가 극심해지는 사회에서 영웅적인 행동이 자취를 감추고 있기 때문이다. 지금은 위험을 무릅쓰고 남을 구하기보다는 곤경에 처한 사람을 보고도 외면하기가 더 쉬운 세상이 아닌가.

하지만 희생은 진정한 남자들이 갖추어야 할 중요한 덕목 중 하나이다. 남자라면 자신의 안위나 눈앞의 일정 따위는 한쪽으로 제쳐두고 곤경에 처한 사람을 돕기 위해 즉시 달려 나가야 한다. 위급한 순간이 닥쳤을 때 자신이 어떻게 행동할지 정확히 예측할 수 있는 사람은 없지만 평소에 너그럽고 온정적인 태도를 기르고 곤경에 처한 사람을 도울 때 필요한 실제적인 기술을 익혀둔다면 위기 상황에서 올바른 선택을 하는 데 도움이 될 것이다. 일분일초가 급한 위기 상황에서는 「위급한 상황에 대처하는 법」 같은 책을 펼쳐놓고 해결책을 연구하고 있을 겨를이 없기 때문이다. 진정한 영웅이 되는 데 필요한 지식은 지금 배워둬야 한다.

신사답게 싸워라

나는 언제라도 싸울 준비가 되어 있다. 심지어 하얀 넥타이에 연미복 차림일 때도.
— 조지 패튼(미 육군 장군. 1885~1945)

예를 들어보자. 당신은 친구들, 혹은 사랑하는 여인과 함께 밖에서 즐거운 시간을 보내고 있다. 순간 어디선가 난데없이 불량배들이 나타나 앞을 가로막으며 당신을 거칠게 밀친다. 물론 당신은 그들을 화나게 할 어떠한 행동도 하지 않았다. 하지만 그런 건 전혀 중요하지 않다. 세상에는 몸속에 도저히 이해할 수 없는 피가 흐르는 남자들이 있다. 이런 남자들은 술에 취하기만 하면 아무나 붙잡고 시비를 걸어야 직성이 풀린다. 이들은 특징이 있다. 자기 동네에서 멀리 벗어날 때가 별로 없고, 아이큐가 비슷한 친구들끼리 무리를 지어 다닌다.

혹은 당신과 친구들이 깡패들과 패싸움을 벌이게 됐다고 가정해보자. 친구 하나가 힘 약한 또 다른 친구를 익사시키려는 깡패들을 말리다가 한 놈을 죽였기 때문에 벌어진 싸움이다. 제기랄, 정말이지 난 깡패가 싫다.

이럴 땐 어떻게 행동해야 할까? 제일 좋은 방법은 모른 척 하는 것이다. 싸움은 가능한 한 피하는 게 최고다. 문제가 있다면 대화로 풀어라. 상대를 진정시키려고 노력하라. 혹시 당신도 모르는 사이에 살짝 웃는 얼굴로 상대를 쳐다봤다면, 상대는 그것 때문에 화가 났을 수도 있다. 상대방에게 사과하라. 당신이 의도하지 않은 실수에 대해 사과한다고 해서 자존심이 상한다는 생각은 하지 마라.

이렇게까지 했는데도 멍청한 상대방이 말귀를 못 알아듣는다면 조용히 자리를 떠나라. 이때 경계를 늦추지 말고 상대방 얼굴을 보면서 뒷걸음질로 자리를 떠나라. 녀석이 비열한 겁쟁이라면 등 뒤에서 공격해올지도 모르기 때문이다.

그런데도 여전히 깡패가 시비를 걸어오고 상황을 모면할 다른 방법도 남아 있지 않다면, 이제는 행동을 취할 때다. 효과가 입증된 길거리 싸움 자세를 취한 뒤 박치기 공격을 시도할 수도 있고, 깨진 병을 들고 휘두를 수도 있다. 하지만 당신은 지금 신사답게 모자를 쓰고 정장을 차려 입고 있다. 그런 옷차림으로 싸우는 법은 따로 있다. 그 방법을 배우려면 시계바늘을 뒤로 돌려야 한다. 이제 19세기의 거칠고 혼잡한 런던 거리를 가로질러 바릿수 클럽의 텅 빈 홀 안으로 들어가 보자.

바릿수는 어떤 무술인가

바릿수는 몇 가지 격투기들을 섞어 놓은 무술이다. 격투기마다 핵심 전술이 다르기 때문에 바릿수는 다양한 상황에서 자신을 보호하며 상대방에 맞설 수 있다. 다음은 각 격투기에 대한 간략한 설명이다.

권투(Boxing)

바튼이 사용한 권투 스타일은 당시 큰 인기를 누렸던 종목인 권투에서 사용하던 방식이었다. 현대의 권투와 달리 19세기와 20세기 초반의 권투선수들은 뻣뻣하게 선 자세로 싸웠다. 보통 한 쪽 팔을 쭉 뻗은 상태에서 나머지 팔로 명치를 드러내거나 가슴을 방어했다.

남자를 위한 조언

바릿수(Barititsu)의 역사

세계 격투기 단체인 UFC 헤비급 챔피언인 랜디 커투어(Randy Couture)와 UFC가 있기 전에 이미 에드워드 윌리엄 바튼 라이트(Edward William Barton-Wright)와 바릿수가 있었다. 19세기 후반에서 20세기 초반 사이에 탄생한 바릿수는 아마도 오늘날 우리가 이종 격투기로 알고 있는 것들의 시초일 것이다. 영국 철도 승무원이었던 바튼은 권투와 주짓수(jujitsu), 지팡이 싸움(cane fioghting)과 프랑스 킥복싱의 요소을 결합해 이종 격투기를 창시했다. 바릿수는 1900년대 초반 에드워드 7세 시대의 거친 런던 거리에서 지각 있는 신사들을 위한 호신술이었다. 바릿수의 인기는 갈수록 높아져 셜록 홈스조차도 탐정 활동에서 바릿수를 이용할 정도가 되었다.

바튼은 1920년대까지 사람들에게 바릿수를 가르쳤다. 바릿수의 인기와 바릿수를 배우려는 수강생의 수는 그때부터 줄어들기 시작하더니 이내 거의 자취를 감췄다. 그러나 바튼이 평생 애착을 갖고 보급했던 이 무술만 제대로 익혀도 앞길을 가로막는 못된 건달과 망나니들의 수작쯤은 가볍게 제압할 수 있을 것이다.

주짓수(Jujitsu)

바릿수는 이름 뿐 아니라 동작도 일본 무술 주짓수에서 많은 부분을 따왔다. 19세기 후반 주짓수는 서양인들 사이에서 인기 스포츠로 자리 잡았다. 루스벨트 대통령도 직접 주짓수를 배웠다. 유명한 주짓수 강사 K. 타니(K. Tani)와 S. 야마몬토(S. Yamamonto), 유키오 타니(Yukio Tani)를 바릿수 클럽의 강사로 초빙하기도 한 바튼은 1899년 「피어슨 매거진 Pearson's Magazine」 3월호에 실린 글에서 주짓수의 원칙을 세 가지로 요약해 놓고 있다.

1. 가해자의 균형을 흐트러트린다.
2. 가해자가 균형을 되찾아 힘을 사용하기 전에 놀라게 한다.
3. 필요한 경우 가해자의 어깨, 팔꿈치, 손목, 등, 무릎, 발목 등의 관절 부위에 압박을 가하여 저항할 수 없게 만든다.

사바트(La Savate)

사바트는 프랑스의 킥복싱으로, 19세기 마르세유 항구에서 유행한 선원들의 길거리 싸움에서 유래했다. 당시 주먹은 치명적인 무기로 간주되어 주먹을 사용하는 것은 법에 의해 처벌을 받았기 때문에 마르세유의 선원들은 주먹을 쥐지 않고 싸우는 방법을 개발해야 했다. 사바트가 다양한 발차기와 손을 펴고 때리기, 드잡이 기술로 이루어진 것은 그런 까닭에서다.

막대기 싸움(Stick Fighting)

"깐느(le canne)"로도 알려진 막대기 싸움은 프랑스의 또 다른 무술이다. 바튼은 스위스의 선임 위병 하사관인 피에르 비니(Pierre Vigny)를 막대기 싸움 강사로 초빙했다. 비니는 많은 상류층 영국인들이 지팡이와 우산을 가지고 다닌다는 점에 착안, 전통적인 막대기 싸움을 지팡이나 우산에 맞게 변형했다. 비니가 변형한 싸움방식은 단순하면서도 효과적이어서 거리에서 언쟁이 벌어졌을 때 자기방어용으로 적합했다. 이는 가해자의 위협을 막기 위해 막대기로 얼굴과 머리, 목, 손목, 무릎, 정강이를 가격하여 가해자의 공격을 막는 무술이었다.

길거리 싸움에서 바릿수 활용하기

살짝 때리는 것은 용서할 수 없는 죄다. 가장 바람직한 것은 싸움을 피하는 것이지만, 때릴 수밖에 없는 상황이라면 절대로 살짝 때리지 마라.

— 시어도어 루스벨트(미국 26대 대통령. 1858~1919)

덜 떨어진 불량배(RANK SPOON) 몇 명이 다가오더니 당신을 에워싸고 시비를 건다. 웬만해선 물러날 기미가 안 보인다면 싸울 태세를 갖춰야 한다. 우선 싸울 수 있는 안정적인 자세를 잡는 게 중요하다. 보폭은 어깨 넓이만큼 벌리고 무릎을 조금 구부린다. 이렇게 하면 균형을 유지할 수 있어서 쉽게 넘어지지 않는다. 두 손을 들어 얼굴을 보호하고 이를 악물어라. 입을 벌린 상태에서 강펀치를 맞으면 턱이 부러질 수 있다. 자, 이만하면 머저리들(CHUCKLEHEAD)을 혼내줄 준비는 끝났다.

바릿수의 공격 동작

다음은 앞서 말한 다양한 무술에서 바튼이 바릿수에 접목한 가장 효과적인 동작 몇 가지다.

권투의 기본 테크닉

잽(the jab). 비록 가장 강력한 펀치는 아니지만 잽은 권투의 무기 중에서 중요한 공격 수단이다. 잽을 날리는 목적은 상대방을 지치게 하여 방어벽을 허물고 강펀치를 날릴 수 있는 기회를 확보하기 위해서다. 잽은 한 팔을 재빨리 쭉 뻗는 동작이다. 잽에 더 많은 힘을 실으려면 주먹이 상대방의 얼굴에 닿기 직전에 팔을 나선형으로 비틀어라.

훅(the hook). 잽과 마찬가지로 훅도 한 손을 먼저 앞으로 쭉 뻗는 동작이다. 차이가 있다면 잽은 팔에서 나온 힘이 실리지만, 훅은 몸 중심에서 나온 힘이 실린다. 마치 방패를 들고 있을 때처럼 팔을 뻗으면서 구부린다. 그와 함께 벌레를 밟아 뭉갤 때처럼 앞발을 회전시키는 동작과 상체를 비트는 동작이 동시에 이루어진다. 주먹은 상대방의 턱을 목표로 삼아라. 훅을 제대로 구사하면 상대는 한 방에 나가떨어질 수 있다.

오버핸드 펀치(the overhand punch). 이 결정타를 날리기 위해서는 상대의 방어벽을 허무는 사전작업이 필요하다. 상대의 머리를 향해 몇 차례 잽을 시도하고 속이는 동작을 취하라. 상대가 방어했던 손을 내리는 순간 강펀치를 날려라. 잽을 날린 다음 잘 쓰는 손(오른손잡이의 경우 오른손)으로 오버핸드 펀치를 날려라.

오버핸드 펀치를 날리는 것과 동시에 잽을 위해 뻗었던 손은 거둬들여라. 뒷발을 밀면서 야구 배트를 휘두를 때처럼 엉덩이를 많이 비틀면 펀치에 더 많은 힘이 실린다. 상대의 얼굴을 겨냥하지 말고 얼굴에서 몇 센티미터 뒤쪽을 겨냥하라. 그렇게 하면 주먹이 상대의 얼굴을 가격할 때 최대의 힘이 들어간다. 제대로 구사된 오버핸드 펀치는 상대를 완전히 뻗게 만든다.

그러나 오버핸드 펀치는 주먹을 날린 후 무방비 상태가 된다는 약점이 있다. 따라서 반격을 막으려면 잽을 날리는 손으로 계속 자신의 얼굴을 방어해야 한다. 오버핸드 펀치를 날리고 나서 재빨리 상대의 측면 쪽으로 몸의 방향을 비틀어도 상대와 거리를 벌릴 수 있다.

주짓수의 기본 테크닉

어깨누르기(shoulder lock). 상대가 주먹을 날리면 뒤로 물러서면서 상대의 주먹을 밑으로 쳐낸다. 그런 다음 재빨리 오른손바닥으로 상대의 어깨를 쥐고 밑으로 잡아당기면서 왼팔을 상대의 오른팔 밑으로 집어넣는다. 그런 다음 왼손을 오른손 위에 얹는다. 이렇게 하면 상대는 오른팔을 내 왼쪽 어깨에 올려놓은 상태에서 고통스럽게 몸을 구부리는 자세가 된다. 이 자세에서 무릎으로 상대의 얼굴을 가격하라.

모두걸기(sweeping ankle throw). 이 공격은 상대의 발을 허공에 띄우는 동작이다. 공격하는 깡패의 코트 옷깃을 잡는다. 만약 상대가 코트를 입고 있지 않으면 셔츠 옷자락을 잡아라. 재빨리 상대를 내 쪽으로 당기면서 오른발로 상대의 왼발을 걸어라. 이 기술이 제대로 먹힌다면 상대를 바닥에 눕혀놓고 더 쉽게 제압할 수 있다.

지팡이 싸움의 기본 테크닉

잽(the jab). 잽은 지팡이의 끝이나 손잡이 부분으로 하는 동작이다. 손잡이 부분보다는 뾰족한 끝을 이용하는 게 더 효과적이고 아프다. 지팡이로 재빨리 상대를 찔렀다가 빠진다. 잽은 빠른 동작으로 이루어지기 때문에 방어하기가 쉽지 않다.

찌르기(the thrust). 찌르는 동작은 잽과 비슷하다. 다른 점이라면 더 먼 거리에서 팔을 쭉 뻗는다는 점이다. 공격 자세로 서 있다가 재빨리 앞으로 돌진하며 상대를 향해 지팡이를 쭉 뻗는다. 더 강력한 찌르기를 원한다면 체중을 지팡이에 최대한 많이 실어라.

자르기(cuts). 자르기는 높은 곳이나 낮은 곳, 위 또는 아래, 오른쪽 또는 왼쪽 모든 곳에서 가능하다. 자르기는 뭔가를 자르는 동작이다. 그중 가장 강력한 동작은 아마도 아래쪽으로 자르기일 것이다. 아래쪽으로 자르기가 방어하기도 가장 어렵다.

사바트의 기본 테크닉

샤세 크로시 킥(chasse crossie kicks). 뒷발을 앞발 앞으로 가로질렀다가 차는 발의 무릎을 반대편 어깨 쪽으로 들어올린다. 가격하기 전에 한 발로 점프 동작을 취한다. 이렇게 하면 상대의 머리나 몸통, 허벅지를 노릴 수 있다.

꾸드피에바(Coup de pied bas). 꾸드피에바는 상대의 다리 아래쪽을 노리는 발차기로, 재빨리 발을 뻗어 돌려 차는 동작으로 이루어진다. 이때 다리는 쭉 뻗은 상태를 유지한다. 꾸드피에바는 상대를 넘어뜨릴 수도 있고, 무릎이나 발목에 고통만 줄 수도 있다.

바릿수의 방어 동작

바릿수에는 공격 기술뿐 아니라 창조적이고 효과적인 자기방어 기술도 있다. 자기방어 기술은 즉석에서 주변의 물건을 무기로 활용하거나 기습적인 공격을 할 수 있어서 신사들이 싸울 때 안성맞춤이다.

망토나 외투를 이용하여 방어하기

망토나 외투는 효과적인 방어 도구다. 심지어 칼을 들고 휘두르는 상대와 맞섰을 때도 효과적이다. 거리를 걸을 때 팔을 소매에 넣지 말고 외투를 어깨 위에 걸쳐라. 가해자가 공격해오면 오른손으로 외투의 왼쪽 깃을 쥔 다음 한 번에 펼쳐 상대의 머리를 외투로 덮어버린다. 상대는 깜짝 놀랄 것이고, 순간적으로 앞을 볼 수 없게 된다. 그 틈을 타 상대의 배를 가격하거나 머리를 때려라

외투가 상대의 머리를 덮고 있을 때 상대의 뒤로 돌아가서 왼손으로 발목을 잡고 등을 밀어도 상대는 바닥에 넘어지게 된다. 여기서부터는 경찰이 올 때까지 주짓수 기술을 이용하여 상대를 누르고 있으면 된다.

모자를 이용하여 방어하기

모자도 상대의 집중력을 흐트러트리고 순간적으로 시야를 가려 앞을 못 보게 만든다. 상대가 가까이 다가오면 손에 든 모자를 휘둘러 상대의 얼굴을 모자에 파묻는다. 그런 다음 배를 힘껏 때리거나, 땅에 쓰러뜨린 다음 꼼짝 못하게 누른다.

모자는 상대의 주먹이나 칼을 막는 방패 역할도 한다. 왼손으로 모자챙을 꽉 쥐고 있다가 상대가 내게 주먹을 날리거나 칼로 찌르려 할 때 모자로 낚아챈 다음 오른손으로 상대의 얼굴에 강펀치를 날려준다.

문짝을 박살내라

집에 불이 났다고 가정해보자. 밖으로 탈출해야 하는데 현관문이 불길에 휩싸여 있다. 혹은 집안에 갇혀 있는 부모님이 구해달라고 비명을 지르는데 문이 잠겨 있다. 혹은 출산을 앞둔 아내를 당장 병원에 데려가야 하는데 방 안에 갇혀 나오지 못하고 있다. 이런 상황에선 어떻게 해야 할까? 어떻게 하냐고? 젠장, 남자답게 굴란 말이다! 당장 문짝을 박살내라! 안 그래도 늘 문짝을 박살내고 싶어 했으니 지금이 기회 아닌가.

그럼 문은 어떻게 부술까? 영화를 많이 본 사람이라면 누구나 알 것이다. 있는 힘껏 돌진하여 어깨로 문짝을 들이받으면 된다. 정말 그럴까? 물론 가장 남자다운 방법이기는 하지만 영화에서 본 대로 하다가는 어깨뼈가 탈구될 수도 있다. 그렇다면 어떤 방법이 있을까? 발차기를 사용하는 게 좀 더 확실하고 효과적이다.

경첩을 살펴보면 문이 어느 쪽으로 열리는지 알 수 있다. 문이 안쪽으로 열리게 되어 있으면 문의 아래쪽을 차는 게 가장 효과적이다. 반대로 문이 바깥쪽으로 열리게 되어 있으면 문을 부수는 것보다 비둘기에서 우유를 짜내는 게(MILK THE PIGEON) 더 빠를 수 있다.

열쇠구멍 옆을 발로 차라. 대개는 열쇠구멍 옆이 문에서 가장 약한 곳이기 때문이다.

발뒤꿈치로 차라. 차는 발에 가속도를 붙이고 디딤발의 뒤꿈치를 땅에 대고 균형을 유지해라.

발이 부러질 수 있으니 자물쇠를 직접 차는 것은 금물이다.

나무로 만든 문짝이라면 발차기 한 번에도 쪼개지기 시작할 것이다. 요즘에는 약한 재질의 나무로 만들어 속이 텅 빈 문짝이 많다. 이런 문짝은 상당히 쉽게 부서진다. 특히, 문의 빗장이 문틀 쪽으로 2~3센티미터 정도 늘어난 다음부터는 식은 죽 먹기다.

오래되고 단단한 문은 더 오래 버틴다. 부서질 때까지 계속해서 발로 차는 수밖에 없다.

문을 찰 때 몸을 날려서 차지 마라. 남자답게 날라차기 기술을 사용하고 싶겠지만 몸을 날려 두 발을 허공에 띄우면, 심지어 기중기가 끌어준다 해도 안정성이 떨어져서 발차기에 힘이 실리지 않는다.

소방관식 환자 이송법

영웅이란 자신이 할 수 있는 일을 하는 사람이다.

─ 로맹 롤랑(프랑스 작가, 1866~1944)

소방관식 운반법은 부상당한 사람을 안전한 곳으로 옮기는 가장 남자다운 방법이다. 소방관식 운반법은 겉보기에도 멋있어 보이지만 실제로도 이송 대상의 체중을 분산시키는 효과적인 방법이다. 따라서 힘을 적게 들이고도 먼 곳까지 사람을 옮길 수 있다.

1. 조난자를 일으켜 세운다. 조난자가 의식을 잃고 축 늘어졌을 때

는 일으켜 세우는 일이 만만치 않다. 조난자의 배가 하늘을 향하도록 드러눕히고 조난자의 머리 옆에 무릎을 굽히고 앉은 뒤, 팔을 조난자의 겨드랑이에 끼우고 껴안는다. 조난자를 일으켜 세운다. 이때 허리를 펴서 일어서지 말고 다리를 펴서 일어선다.

2. 내 체중을 오른쪽 다리에 실은 다음 조난자의 다리 사이에 받쳐라. 왼손으로 조난자의 오른손을 잡아 내 어깨 위에 걸쳐 놓는다. 당신의 머리가 조난자의 오른쪽 겨드랑이 밑에 와 있는 자세에서 오른팔로 조난자의 오른쪽 무릎 뒤쪽을 감싸라. 쪼그려 앉아 조난자의 몸을 어깨에 걸쳐 메라. 이때 조난자의 체중을 오른쪽과 왼쪽으로 골고루 분산시켜라.

3. 오른손으로 조난자의 오른손을 잡아라.

4. 조난자를 이송한다.

물에 빠진 사람 구하기

어느 따스한 일요일 오후. 당신은 가족과 친구들과 함께 호숫가에서 즐거운 시간을 보내고 있다. 석쇠 위에선 고기가 지글지글 익어가고 친구와 가족들은 화창한 햇살 아래에서 즐겁게 얘기꽃을 피운다. 그때, 호수 한 가운데에서 한 남자가 팔을 흔들며 허우적대고 있는 모습을 발견한다. 지금이야말로 TV 수사드라마「전격 Z작전」의 주인공 데이비드 핫셀호프가 되어 물에 빠진 남자를 구할 시간이다. 황갈색 털로 덮인 당신의 건장한 가슴은 이런 순간이 오기만을 기다렸다. 당신은 호수를 향해 냅다 달리기 시작한다.

그러나 당신이 있는 곳은 태평양이 아니라 작은 호수다. 안타깝지만 데이비드 핫셀호프도 여기까지다. TV에서 본 것처럼 물에 빠진 사람을 구하기 위해 무작정 호수로 뛰어들어서는 안 된다. 물에 빠진 사람은 자신을 구해주려는 사람까지 위험에 빠트릴 수 있다. 겁에 질린 나머지 본능적으로 구조의 손길을 내미는 사람의 손을 물속으로 잡아당기거나 구조요원의 몸을 물속으로 내리누르면서 혼자서 물 밖으로 나오려 할 수 있는 것이다.

물에 빠진 사람이 호숫가에 가까이 있거나 구조를 위해 달려간 사람이 배를 타고 있는 경우라면, 우선 다음의 두 가지 조치를 취하라.

1. 막대기를 이용하여 물에 빠진 사람을 안전한 곳으로 끌어당긴다. 긴 나뭇가지나 막대기를 물에 빠진 사람을 향해 내밀어 잡으라고 한 다음 안전한 곳으로 잡아당긴다.
2. 물건을 로프에 묶어 던진다. 호수 주변에서는 어렵지 않게 구명 튜브를 구할 수 있을 것이다. 구명 튜브를 구할 수 없다면 주변에 있는 물건을 로프에 묶어 던져라.

물에 빠진 사람이 호숫가에서 멀리 떨어져 있어 이 두 가지 방법이 소용이 없을 때는 직접 물에 들어가야 한다. 그럴 경우 함께 물에 빠지는 일이 없도록 다음과 같은 예방조치를 취하라.

1. 물에 빠진 사람을 진정시킨다. 다가가면서 계속 말을 걸고 모든

것이 잘 될 거라고 안심시킨다.

2. 물에 빠진 사람이 너무 멀리 있어서 구명튜브를 던져주기 어려울 때는 튜브를 건넬 수 있을 만큼 가까운 곳까지 헤엄쳐 가라. 튜브가 육지의 로프에 묶여있다면 물에 빠진 사람을 끌어당긴다. 그렇지 않다면 그냥 튜브를 잡고 있게 한다.
3. 물에 빠진 사람의 뒤쪽에서 다가가라. 그러나 팔과 다리가 닿지 않을만큼 거리를 유지해야 한다. 앞서 말했듯이 그는 아마도 당신을 붙잡기 위해 발버둥 칠 것이고 당신을 물속으로 끌고 들어갈 수 있다. 그러므로 뒤에서 접근하여 그의 가슴을 안아야 한다.
4. 물에 빠진 사람이 본능적으로 당신을 끌어당기려고 하면 뿌리치려고 하기보다는 그를 붙잡고 함께 물속으로 들어가라. 아마도 본능적으로 물 위로 올라오기 위해 허우적대느라 잡고 있던 당신을 놓아줄 것이다.
5. 안전지역으로 헤엄쳐 가라. 그를 붙잡고 있지 않은 자유로운 팔을 이용하여 안전지역으로 헤엄쳐 간다. 그에게 침착함을 잃지 말라고 한 다음 배영을 하듯 편안하게 물에 등을 대고 떠 있으라고 지시한다.

뱀에게 물렸을 때의 응급처치

가령, 친구와 함께 대자연 속에서 남성다움을 되찾기 위해 캠핑 여행 중이라고 가정해보자. 하루는 고대 인도의 상형문자를 보러가기 위해 트레킹을 하고 있는데 친구가 갑자기 고통스런 외마디 비명을 내지른다. 친구의 발목에 선명한 날카로운 두 개의 송곳니 자국! 친구는 방금 뱀에 물린 것이다. 이럴 땐 어떻게 해야 하는지 알고 있는가?

알고 있는 게 좋다. 독이 있는 뱀에게 물리는 것은 심각한 상황이다. 어떤 뱀에게 물렸느냐에 따라 몸에서 나타나는 반응은 다르지만 기본적으로 모든 뱀독은 사람의 몸을 마비시키고 뱀의 소화 과정에서 첫 번째 소화효소 역할을 한다. 다시 말해서 뱀이 옆에 있었으면 친구는 곧 녀석의 저녁 메뉴가 될 수 있다는 얘기다. 설령 독이 없는 뱀이라고 생각된다 하더라도 즉각 의사에게 보여야 한다. 그러나 의료진이 도착할 때까지 한참 기다려야하는 상황이거나 현재 위치가 사방 수 킬로미터 이내에 사람의 흔적이라곤 없는 황량한 들판이라면 다음과 같은 응급조치를 취하도록 한다.

뱀에게 물렸을 때 반드시 해야 할 조치

가능한 한 빨리 뱀에게 물린 곳을 비누와 물로 씻어낸다. 뱀독을 최대한 많이 제거하기 위한 조치다.

뱀에게 물린 부위가 심장보다 아래쪽에 와야 한다. 그래야 뱀독이 몸속에 퍼지는 속도를 늦출 수 있다.

반지나 시계는 풀러라. 뱀에게 물린 친구의 몸은 점차 부어오를 것이다. 이때 보석류나 장신구는 혈액순환을 차단한다.

물린 부위에서 5~10센티미터 위쪽을 붕대로 세게 묶는다. 30분 안에 응급처치를 받을 수 없는 상황이라면 물린 팔이나 다리 주변을 붕대로 감아라. 독이 퍼지는 것을 늦춰준다. 꽉 묶는 게 좋지만 물린 부위의 혈액 순환을 차단할 정도로 너무 세게 조이면 세포조직만 손상된다.

상저 부위에서 독을 뽑아내기 위해 최선을 다하라. 뱀에게 물렸을 때를 대비한 구급상자를 갖고 있다면 흡입 기구를 사용하여 최대 30분간 뱀독을 뽑아내라. 흡입 기구를 올바로 사용한다면 뱀독의 30퍼센트까지 제거할 수 있다.

뱀에게 물렸을 때 절대로 해서는 안 되는 조치

상처를 자르지 마라. 옛날 서부영화를 보면 카우보이들이 뱀에게 물린 상처 부위를 절개하고 독을 빼내는 장면들이 나온다. 현명한 처사가 아니다. 오히려 물린 곳 주변에 감염 위험만 높아진다.

독을 빨지 마라. 서부영화에서 볼 수 있는 또 다른 치료법이 바로 입으로 독을 빨아들이는 것이다. 그랬다간 입안으로 들어간 독이 혈관을 타고 흘러가게 될 것이다.

물린 곳에 얼음을 대지 마라. 얼음은 세포와 피부를 손상시키고 흡입 기구를 사용하여 독을 제거할 때도 방해가 된다.

당황하지 마라. 친구가 흥분해서 날뛰지 않게 진정시켜라. 몸을 많이 움직일수록 심장이 더 빨리 뛰게 되고, 뱀독이 몸 전체로 더 빨리 퍼진다. 따라서 친구를 진정시키면서 당신이 고등학교 때 경쟁 학교의 마스코트를 훔쳐서 일주일간 숨겨놓았던 이야기를 들려줘라.

도로 위의 영웅이 되어라

소년은 영웅이 되기 위해 구태여 전쟁터까지 갈 필요가 없다. 모든 아이들에게 나눠줄 만큼 파이가 넉넉하지 않을 때 "나는 파이를 좋아하지 않아요."라고 말할 수 있다면 이미 그는 영웅이다.

—에드거 왓슨 하우(미국 작가, 1853~1937)

미국의 고속도로와 국도를 지나다니는 사람들에겐 익숙한 광경이 있다. 도로 갓길에 차를 세워둔 운전자들이 오도 가도 못한 채 발이 묶여 있는 모습이다. 차 안에는 수리장비도 없고 이들은 자신의 차가 어떻게 잘못된 건지도 전혀 알지 못한다. 이런 경우 차에 대해 아는 게 없기는 마찬가지라 그냥 지나치는 사람이 대다수인 반면 착한 사마리

안 인처럼 그들을 돕기 위해 멈춰 서는 사람도 있다. 남자라면 적어도 두 가지 기본적인 자동차 정비법은 확실하게 알고 있어야 한다. 시동을 거는 법과 펑크 난 타이어를 교체하는 법이다. 높은 빌딩을 훌쩍 뛰어넘는 것만큼 멋있고 드라마틱하지는 않지만, 시동을 걸어주고 펑크 난 타이어를 갈아주는 착한 사마리안 인은 곤경에 처한 운전자들에겐 분명 어떤 영웅보다 멋진 영웅일 것이다.

펑크 난 타이어 교체하기

필요한 장비 : 스페어타이어, 잭, 타이어 렌치

1. 평평한 곳에 차를 주차하고 반드시 사이드 브레이크를 잠근다. 될 수 있으면 펑크 난 타이어의 반대쪽 타이어에 벽돌을 받쳐놓는다. 예를 들어 오른쪽 뒷바퀴에 펑크가 났으면 왼쪽 앞바퀴에 벽돌을 받쳐놓는다.

2. 휠 캡을 제거한다. 휠 캡을 제거해야 럭 너트(바퀴의 큰 너트)에 접근할 수 있다. 휠 캡 위에 너트를 보관해라. 아이가 휠 캡을 갖고 놀지 못하게 하라. 갖고 놀다가 너트를 잃어버리면 낭패다.

3. 너트를 헐겁게 한다. 타이어렌치를 펑크 난 타이어의 럭 너트에 맞춘다. 시계 반대방향으로 너트를 돌려 느슨하게 한다. 보통 너트는 굉장히 세게 조여져 있다. 따라서 너트를 풀려면 아무리 남자라도 죽을 힘을 다해 풀어야 할 것이다. 몇 차례 너트를 돌려 느슨하게 해둔다. 하지만 아직 전부 다 풀지는 마라.

4. 잭을 자동차 밑에 받쳐놓는다. 정비 설명서를 보고 잭의 올바른

위치를 확인한다. 잭의 끝에 달려 있는 핸드크랭크를 돌려서 잭이 자동차의 프레임에 닿을 때까지 들어올린다. 단단한 프레임에 닿았는지 반드시 확인하라.

5. 잭을 들어 올려라. 잭의 크랭크를 돌리기 시작한다. 타이어를 제거할 수 있을 만큼 휠이 올라가면 멈춘다.

6. 펑크 난 타이어를 제거한다. 휠에서 럭 너트를 뺀다. 미리 헐겁게 해놨기 때문에 손으로 쉽게 너트를 뺄 수 있을 것이다. 펑크 난 타이어를 빼내어 평평한 곳에 놓아둔다. 그렇지 않으면 펑크 난 타이어가 혼잡한 출퇴근 시간에 도로 안으로 굴러가서 추돌 사고를 일으킬 수 있다.

7. 스페어타이어를 끼운다. 타이어의 구멍을 너트 혹은 볼트와 나란히 맞춘 다음 타이어를 부드럽게 끼워 넣는다. 일단 타이어가 끼워졌으면 너트를 끼우고 더 이상 돌아가지 않을 때까지 손으로 세게 조인다.

8. 차를 내려놓는다. 바퀴가 땅에 닿을 때까지 잭을 낮춘다.

9. 마지막으로 럭 너트를 한 번 더 조인다. 너트는 최대한 세게 조여 절대로 풀리지 않도록 해야 한다. 그래야 펑크 난 타이어를 교체하러 정비소로 가는 도중에 바퀴가 빠져버리는 불상사를 막을 수 있다. 따라서 한 번 사람 몸에 달라붙으면 웬만해선 떨어질 줄 모르는 사슴벌레처럼 너트가 타이어에서 떨어지지 않게 하려면 그림 1-1과 1-2에 나온 별 그림 패턴을 참고하여 너트를 조여라. 어떤 럭 너트로 시작하든 간에 이 두 가지 순서를 따르기를 권한다.

10. 자동차 주인을 타이어 가게에 보낸다. 스페어타이어로 갈 수 있

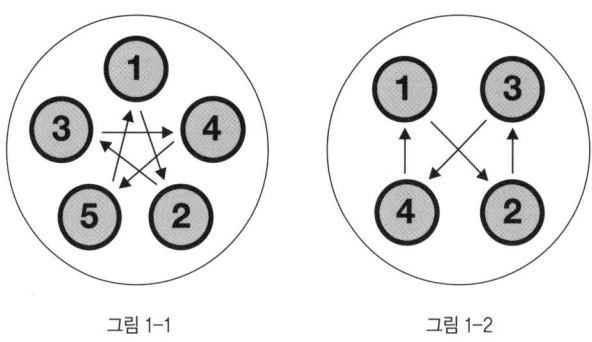

그림 1-1 　　　　　　　　그림 1-2

는 거리는 제한되어 있다. 따라서 최대한 빨리 새로운 타이어로 교체해야 한다.

케이블을 이용하여 자동차 시동 걸기

필요한 장비 : 또 다른 차. 점퍼 케이블

1. 두 차의 시동을 모두 끈다.
2. 붉은색(양극) 점퍼 케이블의 한쪽 끝을 방전된 배터리의 양극 단자에 연결한다.
3. 또 다른 붉은색(양극) 케이블 죔쇠를 충전된 배터리의 양극 단자에 연결한다.
4. 검은색(음극) 점퍼 케이블의 한쪽 끝을 충전된 배터리의 음극 단자에 연결한다.
5. 검은색(음극) 점퍼 케이블 죔쇠를 고장 난 차량의 후드 밑에 있는 깨끗하고 페인트칠이 되어 있지 않은 금속 표면에 연결한다. 엔진블록 부근이 적당한 장소다. 케이블의 음극을 죽은 배터리의

음극 단자에 연결하지 마라. 불똥이 튀고 차가 폭발할 수 있다.

6. 시동을 건다. 다시 시동이 걸리는 데 2~3분 정도 걸릴 것을 예상해야 한다.
7. 끼울 때와 반대 순서로 케이블을 뺀다.
8. 다시 시동이 걸린 차의 배터리가 충분히 충전되려면 최소한 30분 이상 주행해야 한다.
9. 남자답게 일을 잘했으니 자신의 등을 두드려 격려해줘라. (팔이 닿는다면)

케이블 없이 자동차 시동 걸기

수동 변속기가 장착된 차량이라면 케이블을 이용하지 않고도 이 말썽꾸러기 녀석의 시동을 걸 수 있다. 다음과 같이 한다.

필요한 장비 : 중노동, 내리막길 혹은 투덜대는 친구들.

1. 앞이 탁 트인 내리막길을 찾는다.
2. 클러치를 꾹 눌러 밟고 변속기를 2단에 놓는다.
3. 점화장치를 "on"에 맞춘다.
4. 브레이크에서 발을 떼고 내리막길을 굴러 내려가기 시작한다. 클러치를 밟고 있는 발을 떼지 마라.
5. 시속 8~11km의 속도로 언덕을 내려간다.
6. 재빨리 클러치에서 발을 뗀다. 이때 엔진이 돌아가면서 시동이 걸리는 느낌이 들어야 한다. 시동이 걸리지 않으면 클러치를 다

시 밟았다가 다시 떼어보라.
7. 내리막길을 찾을 수 없을 때는 평지에서 친구들에게 차를 밀어 달라고 부탁한 다음 위와 같은 순서대로 해본다.

메이데이! 메이데이! 비상상황에서 비행기 착륙시키기

자신을 믿어라. 그것이 영웅적 행동의 본질이다.
―랄프 왈도 에머슨(미국 사상가, 1803~1882)

비행기를 타는 동안 사람들은 누구나 한번쯤 이런 생각을 해보지 않았을까. "기상이 갑자기 봄을 움직일 수 없게 되어 비행기가 이대로 불시착하게 된다면 어떻게 하지?" 요즘은 이런 예가 더 적절할지도 모르겠다. "테러리스트가 비행기를 납치한다면 어떻게 하지? 척 노리스(미국의 근육질 액션배우―옮긴이)처럼 두들겨 패서 테러리스트를 제압하고 세상을 구원해야 하나?"

와우! 당신은 우리들의 영웅이다. 그러나 기장이 의식을 잃는 바람에 비행기를 착륙시켜야 하는 임무까지 맡게 된다면? 겁먹을 것 없다. 생각만큼 그렇게 어렵지 않다. 몇 가지 간단한 조치만 제대로 따른다면 당신도 안전하게 비행기를 착륙시킬 수 있다. 그런 다음 눈썹 하나 다친 데 없는 모습으로 영웅을 향해 터지는 카메라 플래시를 받으며 기자 회견장에 들어서게 될 것이다.

항공기 계기판을 유지하라(직진 수평 비행)

조종실에 들어서면 우선 왼쪽에 있는 조종석에 앉아라. 보통 민간 여객기의 기장이나 항공기의 사령관이 앉는 자리다. 비행을 위해 필요한 장치가 가까운 위치에 있다. 그러나 조종석이 두 개인 대부분의 비행기는 어느 자리에 앉아도 비행이 가능하다.

자리에 앉고 나면 심호흡을 한 번 하고 창밖을 내다보라. 비행기가 급강하하고 있는지, 상승하고 있는지, 반대 방향으로 가고 있는지 등을 파악해야 한다. 수평을 유지한 채 직진하고 있다고 생각되면 자동조종장치가 가동 중이므로 계기판에 손을 댈 필요가 없다. 그러나 비행기가 지상을 향해 곤두박질치고 있다면, 자동차 핸들에 해당하는 막대기 혹은 조종간(yoke)를 이용하여 수평 비행으로 되돌려놔야 한다. 비디오 게임이랑 똑같다. 기체를 상승시키려면 조종간을 뒤로 잡아당기고 하강시키려면 앞으로 민다. 비행기를 좌우로 움직이고 싶을 때는 움직이고 싶은 방향에 따라 조종간을 움직이면 된다.

비행기가 구름 속에 머물 때는 육안으로 기체의 기울기 상태를 파악할 수 없으므로 고도계를 사용해야 한다. 인공수평기라고도 부르는 고도계는 지상과 하늘을 배경으로 비행기가 어떤 위치에 있는지 보여주는 장치다. 대부분의 항공기는 조종석 바로 앞에 있는 스크린에 고도계가 표시된다. 고도계 가운데의 W 형태는 비행기의 날개를 가리키고 갈색은 지상, 파란색은 하늘을 가리킨다. 따라서 갈색과 파란색이 반반씩 섞여 있으면 현재 비행기는 수평 비행을 하고 있다는 뜻이다. 수평 비행이 가장 바람직한 상태다. 그 밖의 다른 것이 눈에 띄면 비행기 날개가 수평선과 일직선이 될 수 있게 조종간을 움직여라.

구조 요청 보내기

비행기를 통제했으면 다음 단계에서는 관제탑에 연락을 취해 현재 상황을 설명하고 구조를 요청한다. 대부분의 비행기는 조종간을 쥐었을 때 검지가 위치하는 부분의 뒤쪽에 무선 마이크를 켜는 스위치가 달려 있다. 하지만 자동조종장치를 해제하는 스위치도 비슷한 위치에 달려 있는 경우가 많아 혼동을 일으킬 수 있다. 자동조종장치에 대한 충분한 지식이 없으면 실수로 자동조종장치의 접속을 끊어버려 끔찍한 재앙으로 이어질 수 있다. 이런 상황을 피하려면 좀 더 안전한 방법으로 손에 들고 쓰는 무전기를 이용하라. 손에 들고 쓰는 무전기는 보통 기장이 앉는 조종석의 왼쪽에 걸려 있다. 정확하게는 조종석 옆의 창문 바로 아래쪽이다. 사용방법은 일반 무전기와 똑같다. 말할 때는 누르고, 들을 때는 손을 뗀다.

현재 잡히는 주파수로 무전 요청을 보내 응답이 있는지 살펴본다. "메이데이"라고 말하고 당신의 신분을 밝힌 다음, 현재 상황을 설명한다. 지금은 비상상황이므로 무전 에티켓은 잠시 접어두어도 좋다. 최대한 명확하고 쉬운 표현을 사용하여 무엇을 어떻게 해야 할지 모르겠으니 도움을 바란다고 말하라. 겁에 질려 벌벌 떠는 목소리를 내지 마라. 어쨌든 당신은 남자 아닌가. 게다가 지금까지는 상황을 완벽하게 통제하고 있다.

말을 한 다음 마이크 버튼에서 손을 떼야 상대의 목소리를 들을 수 있다는 것을 잊지 마라. 아무도 응답이 없으면 초단파 라디오 주파수인 121.5 메가헤르츠로 바꿔 시도해본다.("가드" 주파수 대역으로 알려져 있는 이 주파수는 모든 사람이 모니터 하고 있다.) 라디오 기계는 기장과 부기장 좌석 사이에 있는 중앙 받침대나 조종자 바로 앞의 중앙 패널에 있다.

그들의 지시를 따르라

다음 단계는 영화에서 많이 본 장면들이다. 당신의 구조요청이 여러 기관으로 전달되고 전문가들이 속속 모인다. 그들은 비행기가 안전하게 착륙할 수 있도록 당신에게 지시를 내린다. 그들은 조종실 내부 공간을 잘 알고 있기 때문에 버튼이나 스위치가 어디에 있으며 어떻게 작동해야 하는지 알려줄 수 있다. 그런 다음 관제탑과 협력하여 착륙이 가능한 활주로로 당신을 인도한다. 그들의 지시를 철저하게 따르라. 비록 세상에서 가장 아름다운 착륙이 되지는 않겠지만, 어쨌든 목숨은 건질 수 있다.

착륙하기

오늘날 대부분의 항공기는 모든 기능이 자동화되어 있지만 착륙만은 사람의 손을 빌리지 않으면 불가능하다. 다행히 활주로가 시작되는 부분에는 항공기의 착륙을 돕는 전파 발신 장치가 있다. 이를 글라이드 패스(glide path)라고 한다. 글라이드 패스에서 보내는 신호에 따라 항공기는 자동으로 활주로의 중앙선을 따라 하강한다. 이때까지는 당신이 할 일이 없다. 비행기가 지상에서 15~30미터 지점에 도달했을 때부터 당신이 수동으로 해야 할 일이 있다.

   1. 조종간을 당긴다.(주 바퀴가 최초로 땅에 닿기 직전에 조종간을 살짝 위로 당

긴다.)
2. 앞바퀴를 내린다.(앞바퀴가 땅에 닿을 때까지 조종간을 앞으로 민다.)
3. 엔진출력조절장치인 쓰로틀을 끝까지 뒤로 당긴다.
4. 브레이크를 밟는다. 브레이크는 발 아래쪽 고무 페달 위에 있다.

혹시 기체가 중앙선에서 벗어나기 시작하면 고무 페달을 살짝 밟아 다시 중앙선으로 올 수 있도록 방향을 튼다.

마침내 착륙! 믿을 수 없는 일을 해냈다. 당신은 오늘의 영웅이다. 마지막 단계가 남았다. 색종이 테이프가 흩날리는 시가행진을 준비하라.

CHAPTER FOUR

04

연인

THE LOVER

영원히 사랑하지 않는 남자는 연인이 아니다.
―유리피데스(고대 그리스 시인)

과거에 남자들이 열심히 일을 한 이유는 여자의 사랑을 받을만한 자격을 갖추기 위해서였다. 과거의 여자는 단순히 성적 대상이 아니라 남자에게 마땅히 최고의 대접을 받아야 하는 존재였다. 사랑하는 여인의 마음을 얻고 싶은 남자는 모든 욕망을 최고의 남자가 되는 데 쏟아 부었다. 중세시대, 기사도 정신을 삶의 신조로 여겼던 기사들은 시골을 돌아다니며 곤경에 빠진 처녀들을 구해주고 그녀들의 마음을 얻었다. 빅토리아 시대의 남자들은 숙녀의 사랑을 얻기 위해 카드놀이와 응접실 방문, 무도회와 마차 드라이브 같은 복잡한 의식을 거쳐야 했다. 2차 세계대전에 참전한 남자들은 고향에 있는 아름다운 아내와 애인을 생각하며 잠수함 속에서 길고 컴컴한 밤들을 견뎌냈다. 1950년대의 남자들은 좋아하는 여자에게 진지한 교재를 원한다는 고백을 한 후에 애정의 증표로 자신이 소속된 친목단체 배지를 여자의 옷깃에 달아주었다.

오늘날로 훌쩍 건너뛰어 보자. 여자들은 더 이상 남자들의 구원을 바라지 않는다. 데이트가 사라진 대신 "친구처럼 지내기"가 일상이 되었고, "진지한 교제"는 "포옹과 애무"만큼이나 낯 뜨거운 표현이 되어 뿌연 먼지더미 속에 처박혀 버렸다. 물론 덮어놓고 향수에 젖은 눈으로 과거만 그리워해서는 안 될 것이다. 역사 속에는 낭만적인 사랑의 훌륭한 예들이 넘쳐나기도 하지만, 여자는 남자보다 열등하다는 생각을 당연시했던 시기도 있었다. 하지만 우리는 나쁜 것을 없애려다 좋은 것까지 잃어버렸다. 성차별을 없애고 남녀평등을 실현하기 위해 노력하는 동안 신사답게 사랑하는 기술마저 잃어버리고 만 것이다.

오늘날 여자들에게 남자에 대한 가장 큰 불만이 뭔지 물어보라. 아마도 눈 씻고 찾아봐도 진짜 남자를 찾을 수 없다는 대답이 돌아올 것이다. 오늘날 여자들이 만나는 남자는 실은 남자의 몸을 걸친 소년에 불과하다. 여자가 바라는 건 소년이 아니라 자신을 보살펴 줄 진짜 남자다. 여자를 어떻게 대해야 하는지 아는 남자다. 남녀관계를 주도적으로 이끌 줄 알면서 오직 한 여자에게만 헌신하는 그런 남자다.

여자들에게는 안된 소리지만, 그런 남자는 쉽게 찾기 힘들 것이다. 오늘날의 남자들은 사랑의 기술도, 사랑에 따른 책임이 무엇인지도 잊어버렸다. 남자들은 평등을 가장한 채 과거의 남자들처럼 여자의 사랑을 얻기 위해 열심히 일하지 않는다. 오늘날 남자들은 오직 책임이 따르지 않는 관계만을 원한다.

여자와 남자는 마땅히 동등한 존재가 되어야 한다. 하지만 남녀평등과는 별개로 여자는 여전히 존중과 예의는 물론이고, 황홀한 사랑을 받을 자격이 있다. 연인들의 만남에는 다정한 연애와 낭만적인 전통이 포함되어야 하고, 신비함도 살짝 깃들어야 한다. 물론 이런 이야기가 구세대의 따분한 설교나 시대에 뒤떨어진 이야기로 들릴 수도 있을 것이다. 그러나 오늘날의 연인들을 괴롭히는 모든 골칫거리를 생각해보면 우리보다 앞서 살았던 세대로부터 교훈을 얻을 수도 있을 것이다. 우리의 할머니, 할아버지들이 주고받았던 편지를 읽거나 그분들이 들려주는 이야기를 듣다 보면 지난 시절의 연인들이 얼마나 행복했고 서로 얼마나 아껴줬는지 느낄 수 있다. 혹시 아는가. 신사다운 연인이 되면 우리도 그분들이 누렸던 행복과 기쁨을 경험할 수 있을지.

기사도 정신

기사도 정신의 제1계명은 지혜의 제1계명이기도 하다. 모든 사람에게 봉사하되 한 사람만을 사랑하라.

― 오노레 드 발자크(프랑스 작가, 1892~1897)

그동안 사회 곳곳에서 남녀평등이 실현된 것은 참으로 다행스러운 일이다. 여자를 소유물로 여기거나 집안일밖에 할 줄 모르는 존재라는 말은 옛말이 되었다. 하지만 부작용도 없지 않다. 남녀차별은 사라졌지만 덩달아 남자가 여자를 대할 때 가져야 할 예의까지 사라졌다. 많은 남자들은 남자와 여자가 완전히 똑같아지는 것을 평등이라고 오해한 나머지 동성 친구들을 대할 때처럼 숙녀를 대한다.

그러나 여자들은 여전히 품위 있는 대접을 받고 싶어 한다. 간단하면서도 효과만점인 기사도 정신을 발휘한다면 세상의 수많은 철부지들과는 다른 남자가 될 수 있다.

한 가지 주의할 점은 여자들이 무엇을 원하는지 잘 파악해야 한다. 모든 여성이 기사도적인 행동에 감사해하는 것은 아니다. 경우에 따라선 지나치게 깍듯한 행동을 불편해하는 사람도 있다. 지나치게 예의바른 기사를 원하지 않는 여성의 요구도 존중해야 한다.

문을 열어줘라. 신사는 항상 숙녀를 위해 문을 열어주고 숙녀가 지나갈 때까지 문을 붙잡아줘야 한다. 이 규칙은 물론 자동차 문을 열어 줄 때에도 해당된다. 자동차 문을 열고 그녀가 좌석에 앉을 때까지 기다렸다가 문을 닫는다.

손수건을 갖고 다녀라. 깨끗한 손수건은 모든 남자의 무기다. 손수건을 필요로 하는 여자에게 언제든 건넬 수 있도록 준비하라. 특히 장례식장이나 슬픈 영화를 볼 때는 손수건이 유용하게 쓰인다.

떨어진 물건을 주워라. 숙녀가 떨어트린 물건을 집으려 할 때 도와주는 것은 예의바른 행동이다. 동성 친구가 물건을 떨어트렸을 때도 마찬가지로 도움의 손길을 내밀어라.

계단에서는 숙녀와 나란히 걸어라. 계단에서는 절대로 숙녀 뒤에서 걷지 않는 법이다.

인도에서는 바깥쪽으로 걸어라. 이렇게 하면 여성은 차도에서 멀리 떨어질 수 있다. 따라서 자동차가 물을 튀기며 지나가더라도 여성은 멀쩡하고 물은 신사가 전부 뒤집어 쓸 수 있다.

자리를 양보하라. 숙녀가 손님들로 꽉 찬 식당에 들어서거나 빈자리가 없는 버스 혹은 지하철에 올라탔을 때 신사는 즉시 자리를 양보해야 한다. 이 규칙은 나이 드신 분들과 신체장애가 있는 사람들에게도 해당된다.

차에서 내려라. 데이트 상대를 만나러 갈 때는 차에서 내려 그녀의 집 앞까지 가라. 차안에 앉은 채로 경적을 울리거나 핸드폰으로 데이트 상대에게 전화를 걸어 집밖으로 나오라고 하는 것은 기사도 정신과는 거리가 먼 행동이다.

사람들에게 그녀를 소개하라. 길에서 아는 사람을 우연히 만나면 데이트 상대를 소개하라. 그래야 그녀도 대화에 참여할 수가 있다. 그렇지 않으면 그녀는 꿔다 논 보릿자루처럼 어정쩡하게 서 있어야 한다.

외투 입는 것을 도와라. 숙녀가 외투를 입을 때는 항상 거들어라. 간단한 동작이지만 당신을 진정한 신사로 만들어줄 수 있다.

집까지 안전하게 바래다 줘라. 항상 집까지 함께 걸어가든지 차로 태워다줘야 한다. 혹시 그녀가 함께 집까지 가는 것을 부담스러워 한다면 택시를 잡아주고 기사에게 요금을 미리 지불하라.

문 앞까지 함께 걸어가라. 데이트가 끝나면 차에서 내려 그녀의 집 문 앞까지 바래다줘도 되겠냐고 물어보라. 그녀가 당연히 바래다주길 원할 거라고 넘겨짚지 마라. 만난 지 얼마 되지 않았을 때는 그런 행동을 부담스러워할 수 있다. 그녀가 사양하더라도 일단 차에서 내려 차문을 열어주고 작별인사를 한다.

날씨에 신경 써라. 날씨가 추워서 데이트 상대가 오들오들 떨고 있다면 재킷을 벗어 건네준다. 비가 올 때는 우산을 챙기고, 살이 에이는 추위가 몰아치거나 폭설이나 폭우가 쏟아질 때는 그녀가 악천후를 피할 수 있도록 주차요원이 되어 차를 대령하라.

여자들과 친구처럼 지내지 말고 데이트를 시작하라

값을 매긴다면 독신 남성은 기혼 남성의 발뒤꿈치도 따라가지 못한다. 독신 남성은 불완전한 존재다. 한 쪽 날만 있는 가위처럼.

— 벤저민 프랭클린(미국 정치인. 1706~1790)

지난 몇 년 간 사회의 변화를 유심히 관찰해 온 사람들은 마침내 한 가지 결론에 도달했다. 데이트를 하는 젊은이들이 줄어들고 있다는 것이다. 오늘날 젊은이들은 데이트 대신에 이성과 "친구처럼 지내기"를 즐긴다. 데이트와 "친구처럼 지내기"는 달라도 한참 다르다.

친구처럼 지낸다는 말에는 무리를 이루어 뭔가를 함께 한다는 뜻이 포함되어 있다. 친구처럼 지내는 모임에서는 편안한 분위기를 즐길 수 있을지는 모르지만 남녀관계는 우정 수준을 넘지 못한다. 기껏해야 서로 책임이나 의무감 없이 합의하에 잠자리를 갖는 이성 관계가 고작이다.

반면 데이트는 비록 잠정적이긴 하지만 분명한 약속을 맺은 연인들의 만남이다. 이렇게 연인으로서 시작하여 상대방을 알아가다가 장기적인 관계로 발전하기도 한다.

이성과 친구처럼 지내는 것이 무슨 잘못이겠는가. 다만 이러한 친구 같은 만남이 데이트를 대신할 수는 없다는 얘기다. 데이트는 진정한 사랑을 찾기 위한 과정이다. 그리고 사랑이란 일대일 관계다. 따라서 일대일 관계를 통해 여자를 알아가야 하는 것이다. 정리해보자. 데이트를 시작하라. 이성과 친구처럼 지내기는 그만 졸업하라. 여자와 데이트를 하는 게 그렇게 어려운 것만은 아니다. 다음은 친구처럼 지내는 수준에서 데이트로 한 단계 올라가고자 하는 남자들을 위한 몇 가지 조언이다.

그녀는 데이트 신청을 해주길 원한다. 사회적 관습을 혐오하고 진보적인 사고를 지닌 여성들이 들으면 코웃음을 칠 수도 있지만, 여전히 많은 여자들은 남자가 먼저 데이트 신청을 해주기를 바란다. 여자는 주도적이고 적극적인 남자를 좋아한다. 나는 사회적으로 성공한 젊은 여성들이 데이트 신청을 받아보지 못해 푸념하는 소리를 수도 없이 들었다. 아름답고 똑똑하고 매력적인 여자들이지만 그들에겐 남자가 없다. 남자답게 용기를 내어 이 여자들에게 데이트를 신청하라.

데이트 신청은 누구나 할 수 있다. 200년간 풀리지 않는 수학공식을 풀라거나 명왕성을 탐사할 우주왕복선을 만들라는 얘기가 아니지 않은가. 데이트 신청은 결코 고도의 지능이 필요한 일이 아니다. 한 가지만 명심하면 된다. 데이트 신청을 할 때는 직접 만나서 하거나 전화로 하라. 그러지 않고 페이스북에서 관심 있는 여자에게 찔러보기나 하는 남자는 '허옇게 질린 간을 지닌 약골(WHITE-LIVERED-WEAKLING)'에 불과하다. 그런 남자는 믿음직한 인상을 주지 못한다.

데이트는 단순할수록 좋다. 알다가도 모를 일이다. 요즘 젊은 남자들은 데이트를 하라고 하면 화려하고 돈을 쏟아 부어야 하는 이벤트부터 떠올린다. 간소하게 하라. 격식에 얽매이지 않는 데이트를 원한다면 점심식사를 하거나 커피숍으로 가고, 조금 더 로맨틱한 데이트를

원한다면 공원으로 나들이를 가라. 중요한 것은 여성과 일대일 교제를 하면서 이 사람과 오래도록 만나고 싶은지 아닌지를 알아가는 것이다. 부담 없이 만나되 자주 만나는 쪽이 마음을 정하는 데 더 도움이 된다.

거절에 대비하라. 인정하자. 모든 여자가 당신의 데이트 신청을 받아들이란 법은 없다. 설령 퇴짜를 맞았다손 치더라도 무슨 대수인가. 그녀에게 데이트 신청을 하기 전보다 나빠진 것은 하나도 없다. 데이트를 신청하기 전에는 그녀와 데이트를 하지 않았고, 거절당한 후에도 그녀와 데이트를 하지 않고 있을 뿐이다. 아무것도 달라진 것은 없다.

여자는 바른 생활 사나이를 싫어한다?

종종 섹시한 미녀가 더럽고 호색한 같은 얼간이(FRAGRANT MAN SWINE)의 품에 안겨 있는 모습을 볼 때마다 이 세상이 정말 공평한 건지 의문을 품는 남자들이 있다. 그들은 하늘을 향해 삿대질을 하며 따진다. "대체 왜 저런 놈들이 여자들을 전부 차지하게 놔두십니까?"

이런 남자는 자신의 예의 바른 행동이 문제라고 결론을 내린다. 왜 그런지는 모르겠으나 어찌됐건 예의 바른 행동에 부담을 느낀 여자들이 더럽고 호색한 같은 얼간이들의 품을 선택하는 거라고 생각한다. 잘못 짚었다. 예의 바른 행동에는 아무런 문제가 없다. 예의 바른 행

남자를 위한 조언

브래드 피트 규칙

이제 당신은 이성과 친구처럼 지내기를 그만두고 데이트를 시작하기로 마음 먹었다. 축하한다. 하지만 데이트라는 미지의 세계를 헤쳐 나가는 일은 힘겨운 작업이 될 수도 있다. 몇 차례의 거절은 데이트라는 게임의 일부이므로 두려워 할 필요가 없지만, 상습적으로 거절을 당한다면 어떤 남자라도 유쾌할 수는 없다. 다행히 여자가 남자에게 진심으로 관심이 있는지 없는지 알아보는 방법이 있다. 98퍼센트의 정확도를 자랑하는 이 방법을 우리는 브래드 피트 규칙이라고 부른다. 다음과 같다.

좋아하는 여자에게 전화를 걸어 데이트를 신청한다. 그녀가 "yes"라고 대답했다. 뭘 더 바라겠는가. 그녀도 이미 당신을 좋아하고 있다. 하지만 그녀가 이러저런 핑계를 대면서 데이트 신청을 거절한다면? 그때가 바로 브래드 피트 규칙을 써먹어볼 때다.

그녀에게 데이트 신청을 한 사람이 당신이 아니라 브래드 피트라고 상상해 보자. 그래도 여전히 그녀는 똑같은 핑계를 대며 데이트 신청을 거절했을까? 브래드 피트가 데이트 신청을 했는데도 공부가 밀렸다거나 친구랑 영화를 보러가기로 했다는 핑계를 댈 수 있을까? 천만에. 세상에 그런 여자는 없다. 브래드 피트와 데이트를 할 수만 있다면 많은 것을, 아니 어떤 것이라도 기꺼이 포기할 것이다.

물론 당신은 브래드 피트가 아니다. 그러나 당신에게 정말 관심이 있다면 그녀는 당신과의 데이트를 위해서도 다른 계획들을 기꺼이 포기할 수 있을 것이다.

물론 데이트를 할 수 없는 타당한 이유가 있을 수 있다. 정말로 야근을 해야 한다거나 누군가의 장례식에 참석해야만 할지도 모른다. 그러나 이런 경우에도 그녀가 당신에게 진심으로 관심이 있다면 적어도 이런 제안을 해올 것이다. "토요일 밤엔 시간이 안 되는데, 혹시 다음 주는 어때?".

계속 핑계만 둘러대고 다른 날 만나자는 제안도 하지 않는다면 당신은 거절 당한 것이다. 그녀는 당신에게 전혀 관심이 없다. 그녀에게 두 번 다시 데이트 신청을 하지 마라. 그래 봐야 꼴만 우스워지고 거세당한 미치광이(EMASCULATED MASS OF INANITY)가 된 기분이 들 뿐이다.

물론 실망은 금물이다. 당신의 매력을 알아보지 못한 그녀는 생각만큼 멋진 여자가 아닐 수 있다. 당신의 진가를 알아줄 또 다른 숙녀에게 다시 도전하라.

동을 가장하여 남자다운 면을 드러내지 못한다는 게 진짜 문제다.

자신 없는 태도를 감추기 위해 예의 바른 행동을 이용하는 남자가 한 둘이 아니다. 예의 바른 행동에 죄를 덮어씌우지 마라. 숙녀와 데이트 할 기회를 다른 남자들에게 빼앗기는 이유는 자신감과 당당함이 부족하기 때문이다. 남자들은 종종 '모 아니면 도'라는 잘못된 이분법으로 세상을 살아간다. 더러운 호색한 같은 얼간이건 얌전한 바른 생활 사나이이건 어느 한쪽도 전적으로 바람직하지 않다. 여자들이 애타게 찾고 있는 남자는 두 사람을 반반씩 섞어놓은 남자, 바로 엄청난 자신감이 넘치는 신사들이다.

생물학 개론

예로부터 모든 종(種)을 통틀어 여자는 짝을 고를 때 까다롭게 굴 수밖에 없었다. 생식기능의 차이 때문이다. 암컷의 관심을 끌고 싶은 수컷은 무리에서 두각을 드러내야 했다. 사슴은 잘 생긴 뿔로 암컷을 유혹했고, 신석기 시대의 남자들은 사냥 솜씨를 뽐내 여자들의 관심을 끌었다. 수컷은 가능한 모든 방법을 동원하여 자신이 다른 수컷들보다 "한 수 위"라는 것을 암컷에게 증명해야 했다.

오늘날의 남자들은 숙녀의 관심을 끌기 위해 공작의 깃털을 달고 돌아다닐 필요까지는 없으니 얼마나 다행인가. 공작의 깃털 대신 남자들에게 필요한 것이 있다면 재능과 자신감, 몇 가지 "끝내주는 기술"이다.

자신감 넘치는 신사되기

최종 결정은 남자가 내려라. 물론 현대 사회에서 남자와 여자는 동등한 파트너 관계다. 남자는 여자의 생각을 존중할 줄 알아야 하고, 어떤 문제에 대해 결정을 내릴 때는 두 사람이 합의하여 결정을 내려야 한다. 그러나 제아무리 페미니즘을 신조로 삼는 여자라 하더라도 매번 자신이 모든 것을 결정하고 싶어 하지는 않는다. 때로는 남자가 알아서 처리해주었으면 하고 바란다. 가끔 여자들이 더럽고 호색한 같은 얼간이들을 선택하는 이유가 뭔지 아는가? 다른 건 몰라도 이런 얼간이들은 한 마디 상의도 없이 자기 맘대로 일을 저지르는 데는 세계 최고이기 때문이다.

야망을 가져라. 신석기 시대의 여자들은 우두머리 수컷을 차지하고 싶어 했다. 대체로 우두머리 수컷은 무리의 남자들 중에서 어린 자식을 부양할 능력이 가장 뛰어났기 때문이다. 오늘날 구태여 매머드 한 마리를 통째로 잡아다줄 수 있는 남자라는 사실까지 증명할 필요는 없다. 그러나 어떻게든 여자에게 우두머리 수컷이라는 것을 보여줄 필요는 있다. 적어도 우두머리가 되려는 야망이 있다는 것을 보여줘야 한다. 회사원이라면 언젠가 17층의 전망 좋은 사장실을 차지하기 위해 열심히 일하고 있다는 것을 그녀에게 보여줘라. 소방대원이라면 언젠가 소방대장이 되는 꿈을 갖고 있다고 그녀에게 말하라.

멋진 기술이나 취미를 개발하라. 남자들은 종종 취미나 관심사에 대해 집착에 가까운 열정을 보인다. 남자들의 이러한 열정은 실제로 여자들에게 상당한 매력으로 다가간다. 여기서 말하는 남자들의 열정이란 영화 「스타워즈」의 캐릭터 인형을 수집할 때 들이는 열정과는 종류가 다르다. 내가 말하는 열정은 정말로 음악을 좋아해서 여자 친구가 새로운 밴드에 관심을 갖게 만들거나 그녀가 좋아할 만한 CD를 구워 줄 수 있는 열정이다. 그리고 목공에 대한 열정, 요리에 대한 열정, 기타 연주에 대한 열정이다.(오해 없기를. 여기서 말하는 기타 연주는 비디오 게임 "기타 히어로"에서 치는 기타가 아니라 진짜 기타로 하는 연주를 말한다.)

이런 기술이나 취미는 재미있고 개성적인 남자라는 인상을 줄 뿐만 아니라, 그녀가 자기 친구들 앞에서 은근히 당신을 자랑할 수 있는 즐거움도 준다. 여자들은 자기가 월척을 낚았다고 느끼고 싶어 한다. 자신의 남자가 남자들에게 존경받고 여자들에게 부러움을 사는 그런 남자이길 원한다. 코미디 영화 「나폴레옹 다이너마이트」의 주인공이 한 말은 옳았다. 여자들은 기술을 가진 남자를 좋아한다.

그녀의 남자라는 사실에 자신감을 가져라. 여자는 남자가 얼마든지 다른 여자를 선택할 수 있었지만 모두 뿌리치고 한 치의 흔들림도 없는 단호한 의지로 자신을 선택했다고 믿고 싶어 한다. 그러므로 그녀가 데이트 신청을 받아들였을 때 정말 데이트 신청을 받아 주리라고 기대하지 못했다는 기색은 절대로 내비치지 마라. 그녀가 두 번째 데이트 신청을 흔쾌히 승낙하고 키스까지 받아줬을 때도 꿈만 같다느니 어쩌니 하는 말은 입도 뻥긋하지 마라. 그녀가 당신을 두고 떠날까봐 불안하다는 이야기도 한두 번으로 끝내라.

대신 그녀가 받아 주리라는 것을 확신하고 있었다는 듯이 행동하라. 처음부터 그녀가 당신을 사랑하게 될 줄 알고 있었다는 듯이 행동하

라. 단 한 번도 그 사실을 의심한 적이 없었다고 말하라. 왜냐하면 당신은 남자이기 때문이다. 그녀가 당신에게 반하지 않을 이유가 없지 않은가. 거만해지라는 이야기가 아니다. 남자답게 당신이 갖고 있는 것에 대한 자신감과 당당함을 그녀에게 보여주라는 얘기다.

외모에 무한한 자신감을 가져라. 좋다. 당신은 꽃미남이 아니다. 아니, 좀 더 솔직히 말하면 약간 못생긴 편이다. 그렇다하더라도 스스로 못생겼다는 말은 절대로 하지 마라. 성격이 좀 괴팍하더라도 그 괴팍한 성격 덕분에 그 자리에 모인 남자들 중에서 가장 멋진 남자가 될 수도 있다. 괴팍하고 매력적이지도 않으며 며칠 굶은 사람처럼 비쩍 마르고 가난한 예술가 주위에 어째서 여자들이 벌떼처럼 모여드는지 아는가? 이유는 세 가지다. 멋진 기술을 갖고 있고, 신비스러우며, 자신의 외모를 너무나 자연스럽게 여기기 때문이다. 그는 사람들이 뒤에서 자신의 외모에 대해 수군거리는 것에는 전혀 관심이 없다. 당신은 어디까지나 세상에 단 하나뿐인 남자다. 그 사실을 세상에 당당히 알려라.

꽃을 건넬 때는 빅토리아 시대의 신사답게

꽃은 남자가 여자에게 사랑을 호소할 때 사용하던 가장 가슴 떨리고 낭만적인 소품이었다. 하지만 이제는 꽃을 주는 사람이나 받는 사람도 으레 하는 형식적인 선물로 여기는 듯하다. 여자에게 꽃을 줄 때는 세상의 모든 얼간이들처럼 형식적으로 건네지 말고 빅토리아 시대의 남자가 되어보라. 형식적인 제스처에 새로운 생기와 낭만을 불어넣고, 연애의 미묘함과 신비스러움, 재미까지 되살려줄 것이다.

1837년부터 1903년까지 영국의 빅토리아 여왕이 통치하던 시대는 꽃을 통해 주고받는 사랑의 언어가 활짝 피어난 시기였다. 신사들이 크기와 종류는 물론 포장과 전달 방법도 다양한 꽃에 사랑의 감정과 메시지를 담아 보내면, 여인들은 설레는 가슴으로 꽃다발 안에 들어 있는 은밀한 편지를 꺼내 그 뜻을 해석하며 상상의 나래를 펼쳤다.

월마트의 진열대에서 아무 꽃이나 덥석 집어 들기 전에 어떤 꽃이 좋을지 한 번 더 생각하고 고른다면 숙녀는 황홀해서 눈물을 흘릴지도 모를 일이다. 내 남자가 이렇게 진정한 신사에다 대책 없는 낭만주의사이라고는 상상도 못했을 것이다. 물론 꽃말을 제대로 기억하고 있는 사람은 거의 없다. 빅토리아 시대에도 꽃말은 통일된 적이 없었기 때문에 똑같은 꽃도 사람에 따라 의미가 달라졌다. 따라서 빅토리아 시대의 신사가 되려면 꽃을 보내는 사람과 받는 사람이 동일한 꽃말 사전을 갖고 있어야 한다.(남자는 사랑한다는 의미로 보낸 꽃다발을 여자는 헤어지자는 뜻으로 받아들인다면 어디 가서 억울함을 하소연하겠는가!) 밑에 나온 꽃말 목록은 사전으로 사용하고 숙녀에게는 책 뒤에 첨부한 꽃말 카드를 보내라.

남자를 위한 조언

꽃말의 의미

다음의 꽃말 목록을 이용하여 빅토리아 시대의 남자가 되어보자. 다음번 데이트 때는 그녀를 깨울 준비를 하라. 황홀한 꽃말에 취해 정신을 못 차릴 수 있으니.

앰브로시아 – 당신의 사랑에 화답합니다.
아지랑이 꽃 – 우리의 사랑은 순결합니다.
분홍색 동백꽃 – 당신이 그립습니다.
붉은색 동백꽃 – 당신은 내 가슴 속에서 타오르는 불꽃입니다.
하얀색 동백꽃 – 당신은 사랑스럽습니다.
분홍색 카네이션 – 죽어도 당신을 잊지 않겠습니다.
붉은색 카네이션 – 내 마음은 당신 때문에 찢어집니다.
하얀색 카네이션 – 내 사랑은 순결합니다.
붉은색 국화 – 당신을 사랑합니다.
수선화 – 당신은 짝사랑에 빠져 있습니다.
데이지 – 사랑은 모든 것을 이겨낼 수 있습니다.
물망초 – 나를 영원히 기억해주세요.
개나리 – 당신을 보고 싶어 기다릴 수가 없어요.
제라늄 – 제 탓입니다. 제가 다 망쳤습니다.
글록시니아 – 첫 눈에 반했습니다.
보라색 히아신스 – 미안해요. 저를 용서해 주세요.
연보라색 라일락 – 아직도 저를 사랑하나요?
하얀색 라일락 – 당신은 내 첫사랑입니다.
백합 – 당신은 아름다워요.
프림로즈 – 당신 없이는 살 수 없어요.
오렌지색 장미 – 항상 당신 생각뿐입니다.
핑크색 장미 – 날 믿어주세요.
붉은색 장미 – 당신을 열렬하게 사랑합니다.
붉은색 장미와 하얀색 장미 – 우리는 사랑 속에서 하나가 됩니다.
하얀색 장미 – 당신은 천사 같아요.
노란색 장미 – 저랑 친구 할래요?

> 스위트피 – 가야겠어요. 안녕.
> 붉은색 튤립 – 당신을 사랑하게 되었습니다.
> 노란색 튤립 – 당신 얼굴에 햇살이 가득합니다.
> 파란색 제비꽃 – 언제까지나 당신만을 사랑하겠습니다.
> 하얀색 제비꽃 – 모든 것은 운명에 맡기기로 해요.

꽃, 언제 주면 좋을까?

꽃은 특별하고 소중한 순간을 더 의미 있게 만들어준다. 사랑하는 여인의 마음을 기쁘게 할 꽃다발은 언제 건네야 할까?

그녀의 생일. 그녀를 위한 날이다. 꽃다발을 선물함으로써 특별한 날이 되게 하라. 불본 지나치게 화려한 꽃다발일 필요는 없다.

결혼기념일. 아내에게 어떤 꽃다발을 줘야할지 너무 고민할 필요 없다. 결혼식 때 받은 부케와 같은 종류의 꽃이면 훌륭한 선택이다. 따사롭고 아련한 기억이 되살아날 것이다. 게다가 남편이 결혼식 때의 부케를 아직도 기억하고 있다는 사실에 아내의 가슴은 설레고 남편의 낭만 점수는 껑충 뛴다.

밸런타인데이. 많은 여자들이 밸런타인데이에 선물은 필요 없다고 말한다. 거짓말이다. 선물이 필요 없다는 말은 꽃을 선물로 받고 싶다는 말이나 다름없다. 꽃이 지나치게 형식적인 선물이라는 느낌 때문에 콕 집어 이야기를 안 하는 것뿐이다.

엄마가 된 날. 아내가 아홉 달 동안의 힘든 시간을 이겨내고 당신의 아기를 출산한 날이다. 다른 것은 몰라도 이제 막 엄마가 된 아내에게 꽃다발은 꼭 건네야 한다. 꽃은 품에 안긴 그 아기처럼 새로운 생명을 상징한다. 훗날 엄마의 날이 돌아올 때마다 아내에게 꽃을 건네라. 아이를 키우느라 고생하는 아내에게 감사의 마음을 전하라.

미안하다는 말을 하고 싶을 때. 잘못한 일에 대해 용서를 받고 싶을 때도 사과의 말과 함께 꽃을 건네라. 말로만 미안해하지 않는다는 것을 보여줄 수 있다. 물론 진심어린 사과여야 한다. 아무리 아름다운 꽃을 한 아름 안긴다 하더라도 진심이 없는 사과는 역효과를 불러올 뿐이다. 거짓 눈물로 여자를 속이지 마라. 그런 행동은 사기나 다름없다. 주의사항 : 바람을 피우다 들킨 경우 꽃다발 같은 걸로 어떻게 해보겠다는 생각은 꿈도 꾸지 마라. 난봉꾼의 몸에서 나는 썩은 냄새를 덮어줄 수 있는 꽃다발은 세상 어디에도 없다.

특별한 데이트가 있는 날. 연애중인 연인이건 결혼한 부부건 두 사람의 사랑을 계속 불타오르게 하려면 이따금 특별한 데이트가 필요하다. 그런 낭만적인 외출을 계획할 때 빠져서는 안 될 게 꽃다발이다. 아름다운 꽃다발을 들고 그녀의 집 앞에 등장하는 것보다 특별한 밤을 위한 분위기 조성에 더 효과적인 것은 없다. 꽁꽁 얼어붙었던 그녀의 마음도 한순간에 녹아버릴 것이다.

깜짝 선물. 당신과 인생을 함께 하는 여자에게 특별한 이유가 있을 때만 꽃을 선물하라고 말하는 사람이 대체 누구인가? (필자는 제외해주기 바란다.) 그녀를 놀라게 하라! 집에 가는 길에는 습관적으로 꽃가게에 들러 당신의 여인을 위해 꽃을 집어 들어라.

헤어질 때도 신사답게

원래 곤경에 빠지기는 쉬워도 빠져나오기는 힘든 법이다. 연애도 마찬가지다. 대부분의 남자는 진정한 사랑을 찾기 전까지 결실 없는 만남을 몇 차례 겪는다. 가치관과 인생의 목표가 서로 다르다는 것을 알게 되고, 성격으로 인한 충돌까지 잦아지면서 각자를 위해 헤어지는 것이 최선의 선택이라는 게 분명해진다. 마지막까지 얼간이가 되지 않으면서 관계를 끝내려면 어떻게 해야 할까? 비록 나의 짝은 아니라는 게 분명해졌지만 여전히 그녀는 정중한 대접을 받을 자격이 있는 사람이다. 여자와 헤어질 때 신사답게 끝내는 법을 몇 가지 제안한다.

결심은 확고한가? 그만 만나자는 이야기를 하러 가기 전에 정말 헤어지고 싶은지 자신에게 한 번 더 물어보라. 일단 말을 내뱉은 다음에는 되돌릴 수 없다. 헤어지려는 이유가 분명한지도 한 번 더 확인하라. 그녀는 헤어지려는 이유를 알아야 할 자격이 있다.

그녀에게 직접 말하라. 다른 사람에게 전해 듣지 않게 하라. 신사는 여자를 직접 만나서 헤어지자고 말한다. 이메일이나 문자 메시지, 특히 페이스북을 통한 이별 통보는 무례하기 짝이 없는 남자들의 방식이다. 그녀는 직접 이야기를 들을 자격이 있다. 얼굴을 보면서 말하기는 너무 괴로울 것 같다고? 당연히 괴롭다. 하지만 남자는 힘든 일을 회피해서는 안 된다. 그녀에게 말하기 전에는 친구나 가족에게 먼저 이야기를 해서도 안 된다. 말이란 건 날개가 달려서 그녀의 귀에 들어가는 건 순식간이다. 당황하고 화가 난 그녀가 전화를 걸어 왜 헤어지려고 하는지 묻게 하는 것은 남자로서 가장 부끄러운 짓이다.

추억이 없는 장소를 골라라. 두 사람이 즐겨 가던 장소는 피하라. 친숙한 장소는 이별의 장소로 적당하지 않다. 두 사람 모두 자유롭게 이야기할 수 있는 장소를 골라라. 많은 남자들이 그런 장소로 레스토랑을 선택하지만 과연 좋은 선택인지는 모르겠다. 레스토랑에서는 식사 전이나 식사 후에 이야기를 해야 한다. 어느 쪽이건 헤어지자는 말을 꺼내기에는 적당하지 않다. 식사 전에 이야기를 꺼낸다면 잔뜩 화가 난 그녀와 어색하게 밥을 먹어야 한다. 반면에 식사가 끝날 때까지 미룬다면 굳게 결심했던 마음이 그 사이에 흔들릴 수도 있다. 레스토랑보다는 공원이나 커피숍을 추천한다.

중립적인 시기를 골라라. 최소한의 예의가 있다면 그녀의 생일, 휴가, 두 사람만의 기념일 등 특별한 의미가 있는 날은 피하라. 특히 밸런타인데이는 좋지 않은 날이다. 여자들은 그런 날 헤어지는 것을 남자한테 차이는 것으로 받아들인다.

솔직하고 간단하게 말하라. 왜 그녀와 헤어질 마음을 먹게 되었는지

저간의 사연을 구구절절 늘어놓지 마라. 얼간이 같아 보일 뿐이다. 최대한 정중하고 간단하게 그녀와 헤어지려는 이유만 말하라. 당신은 이미 그녀와 헤어지려는 이유를 알고 있기 때문에 요점만 간단히 말하는 게 그리 어려운 일은 아닐 것이다. 헤어지려는 이유를 분명하고 구체적으로 밝혀라. 그렇지 않으면 그녀는 당신의 비겁하고 애매한 태도가 무엇을 의미하는지 앞으로도 오랫동안 고민할 것이다. 이 결정이 결코 쉽지 않았음도 밝혀라. 그녀가 받을 충격을 조금은 완화시켜줄 것이다. 자신이 쉽게 버려진다는 느낌을 받고 싶어 하는 사람은 없다.

침착한 태도를 유지하라. 당신의 결정을 듣고 난 뒤 그녀는 눈물을 흘리기 시작할 수도 있다. 동요하지 마라. 바위가 되어라. 단, 연민을 지닌 바위가 되어라. 화를 내지도 말고 울지 말라고 소리치지도 마라. 사태만 악화될 뿐이다.

끝까지 가라. 일단 말을 꺼냈으면, 끝까지 가라. 애매한 표현을 사용하면 관계가 지속될 수 있을지도 모른다는 여지가 남는다. 분명하게 의사를 밝혀라. 예를 들어 "계속 친구로 남았으면 좋겠어."라는 말은 하지 마라. 관계를 유지할 수 있는 방법이 있을 거라는 잘못된 희망을 심어줄 수 있다. 바보가 아니라면 그런 말이 헛소리라는 것을 안다. 그보다는 이렇게 말하는 게 낫다. "넌 아닐지 모르겠지만, 내 마음은 확실해."

그녀가 내 사람인지 어떻게 알 수 있을까?

마음이 맞는 두 사람이 남편과 아내가 되어 가정을 일굼으로써 그들이 헤어지길 바라던 사람들을 비웃어주고 지지해준 친구들을 기쁘게 한다. 결혼보다 더 고귀하고 감동적인 일이 또 어디 있겠는가.

— 호메로스(고대 그리스 시인)

그녀가 당신이 찾던 바로 그 여자인지 아닌지 어떻게 알 수 있을까? 어떤 남자들은 배우자를 정하는 문제를 놓고 심각한 고민에 빠진다. 잘못된 선택으로 사랑 없는 결혼생활을 견디기도 싫고, 이혼으로 상처를 받는것도 두렵기 때문이다. 하지만 올바른 결혼 상대자를 찾기가 반드시 노벨상을 타는 일만큼 어렵진 않다. 어찌 보면 반려자를 찾는 선택이야말로 인생에서 가장 쉬운 결정일 수도 있다. 다음에 제시된 네 가지 지침은 인생의 반려자를 찾는 데 도움을 줄 것이다.

첫 만남부터 모든 것이 잘 맞는 여자. 최고의 연애는 처음부터 끝까지 모든 과정이 물 흐르듯 자연스러운 연애다. 즉 남자와 여자가 만나서 친하게 지내다가 본격적인 연애를 거쳐 결혼에 골인한다. 이런 커플은 연애기간에 다투는 일이 거의 없다. 헤어졌다 만나기를 반복하지도 않으며, 관계를 규정하기 위한 토론회도 가질 필요가 없다. 그렇다고 감정의 기복이 있는 커플은 결혼을 해서는 안 된다는 이야기가 아니다. 다만 연애기간에 기복이 심했던 커플은 결혼을 해서도 그럴 가능성이 높다는 이야기다. 그렇게 기복이 심한 관계를 받아들일지 말지는 두 사람의 관계가 얼마나 끈끈하게 이어져 있느냐에 달려 있다.

남자의 가족이나 친구와 잘 지내는 여자. 이 원칙에는 예외가 있다. 여자 친구가 당신의 동성 친구나 가족 중에서 특정한 한 사람과만 사사건건 충돌하는 경우가 있다. 성격이 정반대인 경우이므로 예외로 두자. 하지만 여자친구가 당신의 주변 사람들 대부분과 잘 어울려 지내지 못한다면 다시 생각해봐야 한다. 내가 지금 존재하는 것은 가족이 지금까지 나를 키워줬기 때문이다. 친구들과도 관심사와 가치관이 맞으니까 오랫동안 사귀어왔을 것이다. 이런 사람들을 여자 친구가 싫어하고 그들도 여자 친구를 탐탁지 않게 여긴다면 뭔가 문제가 있는 게 아닐까? 어쩌면 가족과 친구들 눈에는 보이는데 내 눈에만 보이지 않는 것이 있을지도 모른다. 사랑에 눈 먼 사람은 시야와 판단력이 흐려지기 쉽지만 가족과 친구들은 제3자의 관점에서 객관적으로 연인을 바라볼 수 있다. 물론 가족과 친구들이 싫어한다는 이유만으로 여자와 헤어지는 건 바보 같은 짓이다. 그녀가 내 사람이라고 확신한다면 주저 말고 함께 앞으로 나아가라. 그러나 다른 사람들의 객관적인 의견을 무조건 무시하지 말고 한번쯤 귀 기울여보는 것도 지혜로운 자세다.

지금 모습 그대로가 좋은 여자. 남녀관계에서 소소한 의견 차이나 충돌이 끊이지 않는 건 당연한 일이다. 그러나 본질적으로 그녀가 바뀌기를 바라는 부분이 있다면 이것은 위험신호일 수 있다. 연애 초기에는 머릿속이 온통 사랑의 화학물질로 가득해서 상대의 허물이 눈에 보이기 어렵고, 심지어 웬만한 허물은 사랑스럽기까지 하다. 그러나 몇 년의 세월이 흘러 사랑의 화학물질이 썰물처럼 빠져나가면 그토록 사랑스럽던 허물도 슬슬 눈에 거슬리기 시작한다. 사람은 잘 변하지 않는다는 것을 기억하라. 결혼이 무슨 마법을 부려 하루아침에 사람을 변하게 할 수는 없다.

가장 가까운 친구 같은 여자. 육체적 매력과 성적인 감정은 남녀관계에서 분명 중요하다. 그러나 남녀관계를 지탱해주는 핵심은 튼튼하고 깊은 우정이어야 한다. 40년 세월을 함께 살다보면 남자든 여자든 근육은 탄력을 잃어 처지고 주름살은 늘고 성욕은 감퇴한다. 나이 들고 머리도 희끗희끗해졌을 때 결혼생활을 유지해 주는 것은 두 사람의 우정이다. 그러므로 그녀가 세상에서 가장 가까운 친구라는 생각이 든다면 오랫동안 찾아 헤매던 그 사람일 가능성이 높다. 그녀와 모든 시간을 함께 보내고 싶은가? 야구장 나들이부터 연말 세금 정산까지 어떤 일이든 그녀와 함께 하면 더 즐거운가? 그녀에게라면 모든 일을 털어놓고 싶은가? 세상에서 나에 대해 가장 많이 아는 사람이 그녀이길 바라는가? 그렇다면 그녀가 당신의 주인이다.

질질 끌지 말고 당장 결혼 하라

최근 들어 결혼은 부당한 대우를 받고 있다. 많은 남자들이 결혼과 동시에 자신의 잠재력을 발견할 기회를 잃어버린다고 생각한다. 결혼에 딱히 반감이 없는 남자들마저도 될 수 있으면 결혼을 미루려는 태도를 보인다.

남자들은 왜 결혼을 미루려고 할까? 가장 큰 이유는 연애나 동거를 통해서도 결혼에 따르는 의무와 책임은 지지 않으면서 결혼을 통해 얻을 수 있는 모든 것들(특히 섹스)을 얻을 수 있다고 착각하기 때문이다. 하지만 결혼의 진정한 장점은 실제로 결혼을 한 커플들만이 알고 있다. 섹스 하나만 놓고 봐도 결혼한 부부는 연애나 동거를 하는 커플이 알 수 없는 섹스의 장점을 누리고 있다.

진지한 고민 없이 일단 저질러보자며 결혼에 덤벼드는 남자들도 어리석지만, 진심으로 사랑하는 여자를 만났고 그녀가 내 여자라고 확신하면서도 여전히 결혼을 미루는 남자는 더 어리석다. 결혼은 해보지 않으면 도저히 발견할 수 없는 정말 중요한 것들을 선사한다. 좀 더 어른스럽고 남자답게 결혼을 생각해봐야 하는 이유 6가지를 소개한다.

결혼을 통해 얻을 수 있는 것들

결혼은 인간이 성장할 수 있는 마지막 기회이자 최고의 기회이다.
— 조셉 바르트(몰타 의사, 1746~1818)

더 만족스러운 성생활. 사람들은 대체로 결혼을 하면 성적 만족도가 줄어들 거라 지레 짐작하지만 현실은 정반대다. 주말마다 클럽에 들러 자기 집으로 데려갈 여자들을 찾아 헤매는 독신 친구들보다 결혼한 남자가 더 자주 섹스를 하고 만족도도 더 높다. 결혼한 부부의 섹스는 동거 커플의 섹스보다 만족스럽다. 기혼남은 두 사람 중 한 명이 육체적, 정서적으로 자신의 성생활에 만족하지만, 동거 커플은 38퍼센트만 만족한다. 결혼 후의 섹스는 서로 신뢰가 쌓여 있고 솔직한 분위기 속에서 이루어지기 때문에 배우자에게 자신의 성적 취향을 솔직하게 표현할 수 있다. 이런 성관계는 더 큰 만족감으로 이어진다.

더 부유한 삶. 결혼한 남자들이 더 부자다. 기혼 남성은 독신 남성보다 10~40퍼센트 이상 더 많은 소득을 올린다. 기혼 남성은 미혼인 동료보다 진급도 빠르고 인사고과에서도 높은 평가를 받는다. 대부분의 고용주는 결혼한 직원이 미혼 직원보다 회사에 더 헌신적이고 책임감이 강하다는 인식을 갖고 있다.

더 건강한 삶. 결혼한 남자들이 더 건강하다. 결혼한 남자는 독신 남성이나 동거 중인 남자보다 건강하고 오래 산다. 통계를 통해 살펴보자.

- 기혼 남성은 미혼 남성보다 질병에 감염되거나 심장질환이나 암에 걸릴 확률이 낮다.
- 기혼 남성은 흡연과 음주를 덜 하고 운동은 더 많이 한다.
- 기혼 남성은 미혼 남성보다 요통과 두통, 정신적 고통에 덜 시달린다.
- 미혼 남성은 기혼 남성보다 병원에서 보내는 시간이 많고, 수술 후에 사망할 확률도 더 높다.
- 현재 48세인 기혼 남성 열 명 가운데 아홉 명이 최소 65세까지 생존한다. 반면 48세 때 독신이었던 남자가 65세 때까지 살아 있는 경우는 열 명 중 여섯 명 뿐이다.
- 평균적으로 기혼 남성은 미혼 남성보다 10년 이상 더 오래 산다. 무려 10년이나 더……

더 크게 웃는다. 결혼한 남자들이 미혼 남성들보다 더 행복하다. 어느 조사에 따르면, 기혼 남성의 40퍼센트가 자신의 생활에 만족한다고 대답한 반면, 미혼 남성은 25퍼센트만 만족한다고 답했다. 기혼 남성이 미혼 남성보다 행복하게 웃는 이유는 부분적으로는 더 만족스러운 성생활 때문일 것이다. 그러나 그보다 더 중요한 이유가 있다. 결혼은 무엇과도 비교할 수 없는 동지애를 불러일으킨다. 그래서 사람들은 결혼을 하면 자기 자신보다 더 큰 가치를 위해 헌신한다. 자신이 아닌 더 큰 가치를 위한 헌신, 이것이 행복의 근원이다.

진정한 동지를 얻는다. 스웨덴 속담 중에 "기쁨은 나누면 두 배가 되고, 슬픔은 나누면 절반이 된다."는 말이 있다. 살아보니 이만큼 맞는 말도 없는 듯하다. 기본적으로 결혼이란 가장 친한 친구와 늘 함께 하는 것이다. 헬스클럽에 가는 일부터 시장에 물건을 사러 가는 일까지 아내가 옆에 있으면 열 배쯤 더 재미있다.

고민거리 때문에 잠 못 이루는 한밤중에도 아내는 함께 있다. 퇴근해서 집에 돌아와 하루 종일 쌓인 울분을 내려놓을 때도 아내는 함께 있다. 회사에서 중요한 발표를 앞둔 날 아침 식탁에서 응원의 말을 건네는 사람도 아내다. 아무리 의리 있는 친구라 하더라도 친구는 가족이 아니다. 친구는 변한다. 친구에게 데이트가 있을 때 당신은 2순위로 밀린다. 당신이 큰 싸움에 휘말렸을 때 친구는 가급적 끼어들지 않으려 한다. 그러나 남편과 아내는 영원히 함께 하기로 서약을 한 사이다. 어떤 어려움이 닥쳐도 항상 나를 지지해주는 이가 있다는 게 얼마나 든든한지 아는가?

기억하라. 노력하는 만큼만 행복한 결혼생활이 지속된다. 이혼율이 50퍼센트에 육박하고 있다. 많은 남자들이 결혼을 위험한 도박이라 여기는 것도 무리는 아니다. 그러나 결혼은 복권도, 러시안 룰렛도 아니다. 아직 결혼하지 않은 남자들은 이혼하는 50퍼센트에 들지 않게 해달라고 기도하지만, 이혼은 누구는 잘 걸리고 누구는 면역력이 있어 잘 안 걸리는 질병이 아니다. 가장 어리석은 생각은 "사랑이 식는다."는 생각이다. 사랑은 식지 않는다. 둘 중 하나 혹은 둘 다 관계를 지속하려는 노력을 멈추고 포기할 뿐이다. 그녀와 정말 결혼하고 싶은가? 그녀도 결혼을 유지하기 위해 열정적으로 헌신할 자세가 되어 있는가? 만약 그렇다면 행복한 결혼 생활을 누릴 가능성은 거의 100퍼센트다.

그녀의 부모님께 허락받기

꿈꾸던 여자도 찾았으니 이제 청혼하는 일만 남았다. 그러나 그 전에 해야 할 일이 한 가지 더 있다. 바로 예비 장인에게 결혼 승낙을 받는 일이다. 안타깝게도 서구 사회에서 이 전통은 서서히 사라져가고 있다. 어떤 사람들은 이런 전통을 성차별주의, 혹은 남성우월주의의 잔재라 하기도 하고, 심지어는 여성을 소유물로 취급하던 시절을 들먹이기까지 한다.

내 생각은 다르다. 예비 장인에게 정중히 승낙을 받아오는 것과 장인이 가진 소유물을 넘겨받는 것에는 분명한 차이가 있다. 결혼은 단지 사랑하는 여자와의 결합일 뿐만 아니라 그녀 가족과의 결합이기도 하다. 여자의 가족에게 두 사람의 결혼을 축복해달라는 부탁을 하는 것은 그들과 처음부터 좋은 관계를 맺기 위해 필요한 과정이다. 또한 여자의 가족에게 결혼에 대한 진지한 자세와 신사로서의 태도를 보여줄 수 있는 매우 예의 바른 행동이다.

하지만 여자의 아버지께 허락을 구하는 일은 분명 쉬운 일이 아니다. 제아무리 배짱이 두둑한 남자라도 긴장할 수밖에 없다. 다음의 조언은 스트레스를 덜 받으면서 이 통과의례가 견딜만한 경험이 되도록 도와줄 것이다. 물론 두 번 다시 되풀이하고 싶지 않은 경험이겠지만.

1. 여자 친구에게 먼저 알려라. 무슨 일이든 실행에 옮기기 전에는 반드시 여자 친구가 나와 같은 생각을 갖고 있는지 확인하라. 우선, 그녀도 평생 당신과 함께 평생을 같이 할 결심을 굳혔는지 확인하라. 그녀도 결혼을 원하고 있는가? 어렵게 그녀의 아버지로부터 승낙을 받았는데 그녀가 마음을 바꿔버려서는 안 되지 않는가. 둘째, 아버지를 뵙고 승낙을 받는 일에 대해 여자 친구는 어떻게 생각하는지 물어보라. 예로부터 이런 만남은 예비 사위와 예비 장인 사이에 일대일로 이루어졌다. 그러나 오늘날에는 아버지와 어머니를 모두 만나기를 원하는 여성도 있고, 아버지가 돌아가시고 안 계시거나 폭력적인 아버지인 경우에는 어머니만 만나기를 원할 수도 있다. 여자 친구의 생각을 물어보고 그녀의 의사를 존중하라.
2. 결혼 승낙을 받으러 가기 전에 미리 그녀의 아버지와 만날 수 있

는 자리를 마련하도록 노력해보라. 가능하면 결혼을 결심하기 훨씬 이전에 여자 친구의 부모님을 자주 만나라. 미리 얼굴을 익혀두면 나중에 그녀의 아버지 앞에 앉아 따님과 결혼하고 싶다는 말을 꺼내기가 훨씬 쉬워진다. 물론 이런 일이 항상 가능한 것은 아니다. 상황이 허락할 경우에만 하라.

3. 여자 친구의 아버지와 일대일로 만나라. 여자 친구의 아버지가 어떤 유형의 분인가에 따라 일대일로 만나는 방법도 여러 가지로 달라질 수 있다. 아버지를 모시고 저녁식사를 함께 할 수도 있고, 술집이나 커피숍에 갈 수도 있다. 함께 식사를 하면 서로 편해지는 게 인지상정이다. 그러나 이런 방법이 여의치 않으면 집을 방문하여 둘이서만 따로 이야기를 할 수 있는지 여쭤 보라. 그녀의 아버지가 먼 지방에 머물고 계시는 경우, 주말이나 공휴일에 집에 돌아오시는지 확인한 다음 약속을 하는 방법도 있다. 이마저도 불가능할 때는 전화로 허락을 구할 수도 있다.

4. 우선 여자 친구에 대한 감정을 표현하는 것으로 대화를 시작하라. 그녀를 얼마나 사랑하고 존중하는지 말씀드려라. 그녀가 내게 얼마나 소중한 의미를 지니는 사람인지 말씀드려라. 구체적으로 그녀의 어떤 점을 좋아하는지 말씀드려라. 그녀의 아버지는 그녀를 키운 분이다. 그녀를 칭찬하는 것은 그 아버지를 칭찬하는 것이기도 하다.

5. 이제 본론으로 들어갈 차례다. 따님과 결혼하고 싶다는 바람을 말씀드려라. 결혼이 진지하고 중대한 문제임을 알고 있다는 확신을 드려라. 남은 인생을 그녀와 함께 보낼 수 있다면 세상에서 가장 행복한 남자가 될 것이라고 말씀 드려라.

6. 그녀를 평생 책임지고 보살펴주겠다고 약속 드려라. 그녀의 아버지가 되어 생각해보라. 아버지는 딸이 갓난아기였을 때부터 지켜봐온 남자다. 기저귀를 찰 때부터 그녀를 보살펴왔고, 그녀에게 가장 좋은 것만 주려고 노력해온 남자다. 아직도 어린 아이로 보이기만 하는 딸을 데려가겠다는 남자가 자신만큼 잘 돌봐줄 수 있는 사람인지 아닌지 알고 싶은 것은 당연하지 않겠는가. 그녀를 항상 신의와 존경과 사랑으로 대하겠다는 다짐을 보여드려라.
7. 허락을 구할 시간이다. 정중히 결혼 승낙을 구하고 그녀에게 청혼할 때 도와달라고 부탁드려라.

외도 없는 결혼생활을 위해

결혼이 불행해지는 것은 사랑이 부족해서가 아니라 우정이 부족하기 때문이다.
— 프리드리히 니체(독일 철학자, 1844~1900)

외도로 인해 지금까지 소중하게 쌓아온 삶과 사랑을 놓쳐버리는 순간, 제아무리 아름다운 연애와 청혼, 기사도 정신도 휴지조각이 되고 만다. 미국 남성의 25퍼센트는 혼외정사를 경험한다.(이보다 높은 수치를 보이는 연구결과도 있다.) 당신은 그 25퍼센트에 속할 것인가, 아니면 아내에게 충실할 것인가?

많은 사람들이 불륜을 자연재해에 비유한다. 자연재해를 예측할 수 없듯이 불륜도 예측할 수 없기 때문이다. 아닌 게 아니라 불륜이 일어나는 원인은 논리적으로 설명이 불가능하다. 그러나 한 가지는 분명하다. 남자는 불륜이 일어날 조짐을 감지할 수 있다. 그리고 막을 수도 있다.

외도 없는 결혼생활은 불가능한 꿈이 아니다. 그러려면 많은 노력이 필요할까? 물론이다. 하지만 전혀 새삼스러운 일이 아니다. 사랑하는 여자와 결혼하기로 결심했을 때 당신이 했던 약속이 바로 그런 노력을 기울이겠다는 약속이었으니까.

아내와 연애를 하라. 매주 하루는 아내와 "데이트 하는 밤"으로 정하라. 무슨 일이 있어도 이 날만은 아내와 밖으로 나가라. 화려한 데이트가 아니어도 좋다. 신선한 느낌을 유지할 수만 있다면 무엇을 하든, 어디를 가든 상관없다. 최근 조사에 따르면 색다른 경험을 통해 아내와 처음 사귈 때의 가슴 설렘을 다시 느낄 수 있다고 한다. 새로운 레스토랑을 찾아보거나 새로운 취미를 함께 시작해보라. 취미 강좌를 함께 듣는 것도 좋은 방법이다.

낭만적인 남자가 되어라. 여자들과 이야기를 나눠보면 그들이 남편에게 바라는 낭만은 그리 대단한 게 아니다. 낭만적인 편지 한 장, 혹은 이메일 몇 줄 쓰기, 혹은 꽃 한 송이. 이 정도야 누구나 할 수 있고 돈이 많이 드는 일도 아니다. 이런 작은 행동은 낮에 아내를 생각하고 있었다는 사실을 말해주고, 당신이 아내에게 헌신적인 남자라는 이미지도 굳혀준다.

애정을 행동으로 보여줘라. 애정표현을 많이 하는 부부일수록 배우자에게 더 충실하다는 연구결과가 있다. 일상 속에서 자연스럽게 아내에게 애정표현을 하라. 안아주고 예상치 못한 순간에 뽀뽀를 해주고 사랑한다고 말하라. 함께 외출할 때는 손을 잡고 다녀라. 잠자리에서뿐만 아니라 평소에도 아내를 다정하게 껴안아줘라. 이런 작은 행동 하나하나가 모여 남녀관계에서 필요한 육체적 일체감을 강화해준다.

정기적으로 성관계를 가져라. 아내와의 성생활에 싫증을 느껴 방황하는 남편들이 많다. 결혼 후에 침실은 차가운 냉장고가 되기 십상이다. 정신없이 바쁜 하루를 보낸 남편과 아내는 너무 피곤한 나머지 섹스에 대한 생각을 떠올릴 기운조차 없다. 아내와의 섹스를 무조건 우선순위에 올려두자. 기상천외한 체위를 연구할 필요도 없고 속옷에 달콤한 초콜릿을 매달 필요도 없다. 그냥 해라. 성관계가 잦아질수록 아내에게 느끼는 정서적, 육체적 매력은 더 강해질 것이다.

대화 시간을 마련하라. 매일 시간을 정해놓고 아내와 의미 있는 대화를 나눠라. 자녀가 있다면 자녀들을 재운 다음에 대화를 나눠라. 오늘 어떤 일이 있었는지, 요즘 어떤 생각을 하는지, 앞으로 어떤 계획이 있는지 이야기를 나눠라. 대화는 아내와의 유대감을 깊게 해준다.

함께 할 수 있는 일을 만들어라. 남편이 아내를 두고 집밖으로 겉도는 가장 큰 이유는 갈수록 아내와 관심사가 달라지고 있다는 느낌 때문이다. 한때는 두 사람 뿐이었던 단순한 관계 속에 일이 끼어들고 자녀 문제가 끼어들면서 남편과 아내의 삶에 겹치는 부분이 줄어들기 시작한다.

이런 상황을 피하려면 공동의 관심사나 취미를 개발하라. 함께 댄스 교실에 나가고 마라톤 훈련을 하고 똑같은 책을 읽어라. 무엇이 됐건 두 사람이 모두 좋아하고 함께 참여할 수 있는 일을 찾아라.

명예와 책임의식을 가져라. 아내를 배신하지 않겠다고 맹세한 신성한 결혼 서약을 잊지 마라. 예전에는 약속을 지키는 사람인가 아닌가로 신사인지 아닌지를 판단했다. 안타깝게도 오늘날에는 약속을 중요하게 생각하는 사람들이 많지 않다. 어렵고 재미없는 일에 대해서는 약속을 지키지 못하는 것을 당연하게 여긴다. 잘못된 세태를 따르지 마라. 명예를 지키는 진실한 남자가 되어라.

CHAPTER FIVE

05
아버지

THE FATHER

아버지가 된다는 것은 아이가 좋아하는 장난감이
나에게도 가장 좋은 선물인 척 해주는 것이다.
― 빌 코스비(미국 코미디언, 1937~   )

아버지가 되는 것은 아마도 한 남자의 인생에서 가장 남자다운 일일 것이다. 아버지 역할을 해내려면 수백 가지의 남자다운 기술과 자질이 필요하다. 아버지는 리더십과 남자다운 관용, 용기를 모두 보여주어야 한다. 아버지는 낚시하는 법과 요새 짓는 법, 심지어 딸아이의 머리 땋는 법까지 알고 있어야 한다.(머리 땋기는 매듭 묶기와 마찬가지로 대단히 남자다운 일이다.)

세상에는 좋은 아버지가 필요하다. 여러 연구에 따르면 아버지와 자란 아이는 그렇지 않은 아이보다 학교 성적이 우수하고, 자신감이 넘치며, 친구들과도 잘 지낸다. 아버지와 사이가 좋은 남자 아이들은 그렇지 못한 남자 아이들에 비해 행동 장애를 일으키는 경우가 적다. 그러나 지난 40년간 남자들은 아버지로서의 의무를 소홀히 해왔다. 많은 남자들이 집안일에 신경을 꺼버린 동안 자녀 양육은 온전히 여자들 몫이 되었다. 남자들은 몸만 가정에서 멀어진 게 아니라 정서적으로도 가족과 멀어졌다. 남자들은 집에서 아이들과 시간을 보내며 아이들의 인생에 관여하기보다는 사무실에서 일을 하거나 친구 집에서 카드 게임을 하며 시간을 보내길 더 좋아한다. 우리가 이 책을 쓰려고 한 이유 중의 하나가 바로 이것이다. 너무나 많은 아버지들이 아들에게 남자답게 사는 법이 무엇인지 가르쳐주지 않고 있다.

책 한두 권 읽는다고 아버지가 갖추어야 할 모든 기술과 자질을 터득할 수는 없다. 애초에 아버지가 되기 위해 알아야 할 모든 것을 한 권의 책 속에 집어넣겠다는 생각 자체부터 말이 안 된다. 아버지가 되는 법은 책이 아니라 스스로 시행착오를 겪는 과정을 통해서만 배울 수 있다. 그럼에도 우리는 이제 막 아버지가 된 사람들에게 도움이 될 만한 몇 가지 조언이 필요하다고 생각했다. 그래서 이 책을 썼다. 아직 아버지가 되지 않는 미래의 아버지들도 알아두면 좋을 정보들도 포함했다. 시어도어 루스벨트는 아버지를 이렇게 회상했다. "아버지는 내가 아는 남자 중에 최고의 남자였습니다. 힘과 용기, 온화함과 다정함, 이타심을 갖춘 분이었습니다. 어렸을 때 이기적이고, 버릇없고, 게으르고, 비겁하고, 정직하지 못한 행동을 하면 아버지는 우리를 엄하게 혼내셨습니다." 당신도 이렇게 기억되는 아버지가 되라. 아버지는 아이들에게 남자답게 사는 법을 물려줄 의무가 있다. 이 사실을 잊지 마라.

임신한 아내 보살피기

남녀평등은 거의 모든 분야에서 장족의 발전을 이루었지만, 여전히 여자들만 할 수 있는 일이 하나 있다. 바로 임신이다. 남자는 임신을 하는 게 어떤 기분인지, 소중한 2세를 낳는 기분이 어떤 건지 알래야 알 수가 없다. 그렇다고 임신과 출산 과정에서 남자는 팔짱만 끼고 있어야 한다는 이야기가 아니다. 남편과 아내는 한 팀이지 않은가. 아내에게 힘이 되는 예비 아빠의 역할을 훌륭히 해내려면 남편이 할 일은 너무나 많다.

아내의 임신소식에 적절한 반응을 보여라. 설령 계획하지 않았던 아기라 하더라도 아내의 임신 소식에 떨떠름한 반응을 보여서는 안 된다. 임신 소식을 듣자마자 한숨을 내쉬거나 얼굴을 찡그리거나 왜 피임기구를 사용하지 않았느냐고 따지지 마라. 아내가 자신감을 갖도록 격려해주고, 힘들고 고생스러운 아홉 달 동안 늘 아내 곁에 있을 거라는 확신을 줘라. 더 많이 노력하여 멋진 아빠가 되겠다고 다짐하라.

임신에 관한 책을 읽어라. 아는 것이 힘이다. 아내가 겪고 있는 일을 많이 알면 알수록 아내를 더 많이 이해할 수 있고 적절한 도움도 줄 수 있다. 임신 관련 서적은 무수히 많지만 그 중 「임신한 당신이 알아야 할 모든 것 What to expect when you're expecting」은 고전이다. 임신 단계 별로 아내가 겪고 있는 일들을 자세히 알려줄 것이다.

진찰을 받는 날은 병원에 함께 가라. 세 가지 목적이 있다. 첫째, 임신 기간 중에는 항상 곁에 있겠다는 약속을 지킬 수 있다. 둘째, 아내의 현재 상태를 정확히 알고 있어야 효과적으로 아내를 도울 수 있다. 셋째, 아기 사진을 볼 수 있다. 아직은 기껏해야 튀어나온 혹처럼 보이겠지만 아기의 심장소리를 듣는 것만으로도 아빠와 아기 사이에는 유대감이 형성된다. 회사나 학교에서 아무리 바쁘더라도 아내가 진찰을 받는 날은 반드시 시간을 내라.

아내가 입덧을 이겨내도록 도와라. 진통과 출산시의 고통을 제외하면 입덧이야말로 임신에서 가장 고약한 부분일 것이다. 임산부의 75퍼센트가 입덧을 한다. 입덧 증상으로는 두통, 졸음, 메스꺼움, 구토가 있다. 임신 1개월 후부터 대부분의 임산부에게 나타나는 입덧 증상은 보통 임신 12-14주까지 지속되며, 더러 임신 기간 내내 입덧을 하는 임산부도 있다. 이름과는 달리(입덧의 영어 표현은 morning sickness), 입덧은 아침에만 생기지 않는다. 오히려 하루 종일 입덧 증상을 겪는 임산부가 대다수다. 아내가 이 힘든 시기를 잘 넘기도록 도우려면 다양한 입덧 치료법을 꾸준히 시도해보는 게 중요하다. 매일 새로운 방법을 시도해보고 어떤 방법이 효과가 있고 어떤 방법이 효과가 없는지 확인하라. 아내의 입덧을 가라앉힐 수만 있다면 무슨 일인들 마다하겠는가. 하룻밤에도 수십 번씩 들락거리며 아내가 먹고 싶다는 것은 무엇이든 사다줘라. 아내가 먹고 싶은 것을 사다줘라. 다음은 입덧에 효과가 있는 몇 가지 방법이다.

- 비타민 B6 보충제. 비타민 B6 보충제가 입덧 증상을 완화해준다

는 연구 결과가 있다.

- 배 멀미 방지용 팔찌. 신축성 있는 고무 밴드에 오돌토돌하게 튀어나와 있는 플라스틱 돌기가 손목 이곳저곳을 눌러준다. 이 기능이 메스꺼움을 줄여준다고 알려져 있다.

- 진저에일. 생강을 첨가한 진저에일이나 기타 맑은 탄산음료의 거품은 메스꺼움을 줄여준다. 유명 회사의 인기 브랜드 제품들은 대부분 진짜 생강을 사용하지 않는다. 진짜 생강이 들어 있는 진저에일을 원한다면 작은 회사에서 생산된 제품을 구입하라.

- 크래커. 입덧이 심하면 식욕이 떨어지고, 속이 비면 메스꺼움이 더 심해진다. 크래커는 위에 부담을 주지 않으면서 아침부터 시작되는 입덧을 늦춰주는 효과가 있다. 아침에 아내가 잠자리에서 일어나기 전에 크래커 한 두 조각을 먹여라.

- 생강차 혹은 박하차. 생강과 마찬가지로 박하도 입덧 때문에 생기는 메스꺼움을 줄여주는 것으로 알려져 있다.

- 유연한 사고를 가져라. 어제는 냄새도 맡기 싫다고 했던 음식이 오늘은 유일하게 먹고 싶은 음식이 될 수 있다. 유연한 사고를 가져라. 아내의 울렁거리는 속을 진정시킬 수만 있다면 무엇이든 대령하라. 기쁜 마음으로 달려 나가 아내가 원하는 모든 음식을 사다줘라.

- 몸을 항상 깨끗이 씻어라. 임신한 여성들은 냄새에 극도로 민감하다. 예전에는 좋아하던 냄새도 임신을 하면 구토를 유발하는 경우가 있다. 그러므로 남편은 매일 이를 닦고 샤워를 해야 한다. 안 그러면 아내는 남편이 곁에 있을 때마다 견디기 힘들어 할 것이다.

아내의 스트레스를 덜어줘라. 임신은 육체적, 정신적으로 무척 힘든 일이다. 불필요한 부담으로 아내를 힘들게 하지 말자. 남편이 청소나 요리, 장보기 같은 집안일을 평소보다 더 많이 해주면 그만큼 아내의 휴식시간은 늘어난다. 하지만 이렇게 집안일을 책임질 때는 일을 제대로 해야 한다. 아내가 애지중지하는 블라우스를 세탁기에 넣고 돌리다가 망가뜨리기라도 한다면 아내의 스트레스는 도리어 늘어날 것이다.

인내심을 가져라. 임신을 하면 여성의 호르몬은 완전히 파괴된다. 어떤 날은 기분이 날아갈 듯한 얼굴로 생글거리다가도 어떤 날은 남편이 입을 열기만 해도 사납게 쏘아붙이고, 어떤 날은 아무런 이유도 없이 눈물을 펑펑 쏟는다. 인내심을 가져라. 호르몬 때문이다. 성생활에 영향을 받아도 이해심을 발휘하라. 임신 기간 중 여성의 성욕은 오락가락하기 일쑤다. 대체로 처음 3개월간은 성욕이 급격히 감퇴했다가 이후 3개월간 정상으로 돌아오고, 다시 마지막 3개월간은 잠잠해진다. 참아라, 친구여. 참아라.

아름답다고 말하라. 사랑한다고 말하라. 임신 기간 동안 여자의 몸은 큰 변화를 겪는다. 몸매가 망가질까봐 걱정하는 아내에게 여전히 아름답다고 말하라. 여전히 사랑한다고 말하라. 매일 하루도 빠짐없이 아내만을 사랑하겠다고 다짐하고 또 다짐하라.

위급한 상황에서 출산하기

성미 급한 아기가 의사를 기다리지 못하고 세상 밖으로 나오려 하거나 악천후로 예비 엄마를 제시간에 병원에 데려갈 수 없는 상황이 벌어진다면 어떻게 할까? 남편이라면 그런 상황에 대비해야 한다. 이제부터 아기 받는 법을 배워보자.

1. **당황하지 마라.** 아내는 지금 엄청난 스트레스를 받고 있다. 이러지도 저러지도 못하고(HAVY CAVY) 멍하니 서 있거나 안절부절못하며 집 안을 돌아다니면 아내에게 도움이 되지 않는다. 남편이 침착해야 아내의 스트레스가 줄어든다.

2. **상황을 판단하라.** 분만 시에는 자궁근육이 주기적으로 수축과 이완을 반복하고, 그때마다 진통이 온다. 아내가 고통스러운 표정을 지으면 진통이 오고 있다고 보면 된다. 진통이 2분미만 간격으로 오면 이미 아기가 나오고 있는 것이다. 만약 질 밖으로 아기의 머리가 보이기 시작했다면 병원에 가기엔 너무 늦은 셈이다.

3. **도움을 요청하라.** 출산에 관한 책 한두 권 읽었다고 해서, 여덟 살 때 강아지가 새끼 낳는 것을 유심히 지켜봤다고 해서 출산 전문가라도 된 양 착각하지 마라. 당장 119에 전화하라. 설령 응급차가 도착하기 전에 아기가 머리를 내밀기 시작했다 하더라도 어떻게 아기를 받

아야 하는지 119의 응급요원에게서 전화로 설명을 들을 수 있다.

4. **산모가 편안한 자세를 취하게 하라.** 텔레비전이나 영화에서 아기 낳는 장면을 많이 본 사람은 무조건 산모를 드러눕게 할 것이다. 사실 이 자세는 아기를 낳을 때 가장 편안하고 효과적인 자세라고 할 수 없다. 공간이 충분하다면, 산모가 바닥에 손과 무릎을 대고 엎드리게 하라. 이 자세는 산모의 등에 가해지는 압박을 줄여준다. 선 자세나 쪼그려 앉은 자세로 아기를 낳는 것이 편안하다는 산모들도 있다. 이런 자세는 분만 시에 중력의 도움을 받을 수 있다. 뭐가 됐든 산모가 가장 편안해하는 자세를 취하는 게 중요하다. 만약 일어서거나 쪼그려 앉은 자세에서 아기를 낳을 경우 세상에 나오자마자 머리부터 땅바닥으로 자유 낙하를 할 수 있다. 주의 깊게 지켜보다가 아기가 나오는 순간, 놓치지 말고 아기를 받아라. 택시 뒷좌석처럼 공간이 충분하지 않은 곳에서는 등을 기대게 하는 전통적인 방식으로도 충분하다.

5. **손을 깨끗이 씻고, 아기가 나오는 순간에 대비하라.** 지저분한 손으로 아기나 엄마를 만지면 아기와 엄마 모두 질병에 감염될 수 있으므로 위험하다. 아기를 받기 전에 반드시 항균비누와 뜨거운 물로 손과 팔을 씻어라. 또 분만과정에서는 주변이 더럽혀지게 마련이다. 깨끗한 침대 시트나 샤워 커튼을 산모 밑에 깔아준 다음 깨끗한 수건을 손에 들고 대기하라. 마침내 아기가 나오면 수건으로 닦아주고 포근히 감싸줘라. 택시 안이라면 수건 대신 남편의 셔츠를 이용할 수 있다.

6. **지켜보고 인도하라.** 본능이란 때로 놀라우리만큼 경이롭다. 대부

분의 아기는 특별한 도움 없이도 스스로 세상 밖으로 나온다. 분만 과정에서 아내에게 힘을 주라는 둥, 호흡을 하라는 둥 소리 지르지 마라. 아내는 스트레스만 더 쌓이고 힘을 주지 않아도 될 때 힘을 주게 된다. 아내가 원할 때 힘을 주도록 내버려둬라. 질 밖으로 머리가 보이기 시작하면 아기는 한쪽으로 몸을 튼다. 얼마나 놀라운 본능인가. 엄마의 자궁을 탈출하기 위해 가장 좋은 자세를 찾고 있는 것이다. 아빠는 아기의 머리 밑에 손을 받치고 천천히 밖으로 인도하기만 하면 된다. 빨리 꺼내려고 아기를 잡아당기면 안 된다. 천천히 아기의 어깨를 빼내라. 한 번에 하나씩 하는 거다. 마침내 아기가 세상 밖으로 몸을 내밀면 아기를 받을 준비를 하라. 아기의 몸은 무척 미끄럽다.

7. 아기를 문질러라. 깨끗한 수건으로 부드럽게 아기를 문질러 체액과 피를 닦아낸다. 수건으로 아기를 문지르면 아기의 몸에 자극을 주어 숨을 쉬게 하는 효과도 거둘 수 있다. 아기의 코와 입에 묻어 있는 체액도 깨끗이 닦아낸다. 빨대가 있으면 아기의 콧구멍 속에 집어넣고 체액을 뽑아낸 다음 손가락을 콧구멍 입구에 대어 숨을 제대로 쉬는지 확인한다. 아기를 뒤집어놓고 엉덩이를 찰싹 때릴 필요는 없다. 이런 관습은 병원 대기실에서 아빠가 된 기념으로 피우던 축하 담배와 함께 오래전에 사라졌다. 이제는 살과 살이 맞닿도록 아기를 엄마의 배 위에 올려놓고 수건이나 셔츠로 몸을 잘 덮어주는 것으로 충분하다.

8. 탯줄을 자르거나 묶지 마라. 이 일은 전문가가 도착해서 처리해줄 때까지 기다리는 게 좋다.

9. 태반을 받아라. 출산하고 나서 15~30분이 지나면 엄마는 태반을 배출할 것이다. 이 자루 모양의 태반이 지난 다섯 달 동안 아기에게 영양을 공급해줬다. 태반이 나오기 시작하면 서둘러 빼내려고 잡아당기지 말고 자연스럽게 미끄러져 나올 때까지 기다려라. 태반이 제대로 빠져 나오지 않을 때는 산모의 배를 마사지 해주면 효과가 있다.

10. 최대한 빨리 응급처치를 받게 하라. 지금쯤 응급차가 도착했을 것이다. 만약 아직도 응급차가 도착하지 않았다면 최대한 빨리 엄마와 아기를 병원으로 데려가서 탯줄을 자르고 기본적인 검사를 받도록 한다.

11. 훌륭한 산파에게 박수를! 직접 아기를 받고 아빠가 되었다. 물 한 번 끓이지도 않고 거뜬히!

기저귀 갈기

신생아는 하루 종일 똥오줌을 싸는 기계다. 작은 몸속에 그렇게 많은 배설물이 들어있다는 게 믿기지 않을 정도다. 신생아는 보통 두 시간에 한 번씩 기저귀를 교체한다. 세상에, 하루에 무려 열두 번인 셈이다. 시간이 갈수록 기저귀 가는 횟수가 조금씩 줄어든다고는 하지만 기저귀와의 전쟁은 쉽게 끝날 일이 아니다. 안타깝게도 첨단과학은 아직 스스로 씻을 줄 아는 아기를 만들어내지 못했다. 덕분에 아기를 씻기고 기저귀 공장이 되어버린 집안을 치우는 일은 오롯이 아빠와 엄마의 몫일 수밖에 없다. 남편이 직장에 나가고 아내가 가정을 돌보는 경우에는 아내가 기저귀를 갈아야 한다. 남편이 돌아올 때까지 냄새 나는 기저귀를 그대로 내버려둘 순 없다. 하지만 직장에 가지 않을 때는 남편이 기저귀를 갈아주는 게 당연하다. 물론 빨래집게로 코를 막고서.

1. **피해가 어느 정도인지 확인한다.** 뭔가 코를 찌르는 냄새가 나기 시작하면 당신의 조그만 똥 싸는 기계가 기저귀를 갈아달라는 신호다. 피해가 어느 정도인지 확인할 때는 모든 상황에 대비하는 게 좋다. 아주 작고 앙증맞은 덩어리 하나가 기다리고 있으면 다행지만, 물기 많고 위험한 폭발물이 기저귀의 제한 구역을 벗어나 있을 수도 있다. 후자의 경우 일단 아기를 욕조 근처로 옮겨라.

2. **새 기저귀를 챙긴다.** 새 기저귀 하나와 아기물수건 5~6개를 꺼내 옆에 갖다 놓는다.

3. **마스크를 쓰고 자세를 잡는다.** 이유식을 먹이고 있는 아기라면 아침에 먹은 게 올라올 만큼 응가 냄새가 강렬할 수 있다. 반면 모유를 먹이는 아이의 응가 냄새는 상대적으로 덜 지독하다. 남자 아기라면 항상 몸을 옆으로 살짝 틀어서 눕혀 놓도록 한다. 안 그랬다간 녀석의 작은 '물뿌리개'에서 나오는 노란 물줄기 세례를 받을 수 있다.

4. 더러워진 기저귀에서 아기의 엉덩이를 **빼낸다**. 기저귀를 빼기 위해 아기의 엉덩이를 들어 올릴 때는 두 발목을 쥐고 천천히 허공으로 들어올린다. 그런 다음 기저귀의 깨끗한 부분을 이용해서 아기의 엉덩이에 묻어 있는 응가를 닦아준다.

5. 엉덩이를 닦아준다. 아기의 엉덩이가 땅에 닿지 않게 한 상태에서 아기용 물수건으로 엉덩이 부분을 닦아준다. 앞에서부터 뒤쪽으로 닦는 게 좋다. 뒤에서 앞으로 닦게 되면 성기로 균이 들어가 요로 감염에 걸릴 위험이 있다. 한군데도 남김없이 싹싹 닦아준다. 사용한 물수건은 기저귀 위에 올려두고 여전히 아기의 두 발을 허공에 들고 있는 상태에서 기저귀를 벗겨낸다.

6. 더러운 기저귀는 **채워서 버린나**. 위험한 배설물과 사용한 물수건이 놓인 기저귀를 접는다. 그런 다음 접착력 있는 탭(찍찍이) 부분을 이용하여 농구공처럼 둥글게 말아 기저귀 전용 쓰레기통에 던져 넣는다.

7. 새 기저귀를 입힌다. 기저귀가 제 기능을 하려면 앞뒤 방향이 맞게 제대로 입혀야 한다. 기저귀를 거꾸로 돌려 입히면 다음에는 훨씬 더 일이 복잡해진다. 탭이 달려 있는 쪽이 기저귀의 뒤쪽이므로 아기를 탭이 있는 면 위에 눕힌다.

8. 발진이 있는지 확인한다. 기저귀 때문에 발진이 생겼으면 발진 부위에 연고를 발라준다.

9. 엉덩이를 뽀송하게 말려준다. 발진을 예방하려면 아기의 엉덩이는 항상 뽀송하게 말라 있어야 한다. 보통 발진 예방을 위해 "베이비 파우더"를 가장 먼저 떠올릴 텐데 파우더 가루가 아기의 폐에 들어가면 위험하므로 분말 제품을 사용할 때는 특히 주의해야 한다. 파우더보다는 옥수수가루가 좋다.

10. 기저귀의 앞을 닫고 뒤쪽의 탭을 붙인다. 기저귀가 헐거우면 다리에서 벗겨질 수 있다. 반대로 너무 세게 조여도 아기 다리에 피가 잘 안 통할 수 있다는 점을 잊지 마라. 대부분의 1회용 기저귀에는 다리 주변에 주름장식이 없다. 반드시 주름장식이 튀어 나와 있는 기저귀를 선택하라. 그래야 기저귀가 새지 않는다.

11. 기저귀 교체 성공! 아기와 하이파이브를 나눠라.

우는 아기 달래기

훌륭한 아빠가 되는 것은 면도와 비슷하다. 면도는 오늘 아무리 멋있게 하더라도 내일 또 해야 한다.

— 리드 마크햄

당신도 아빠가 되기 전에는 다른 남자들과 마찬가지로 한 폭의 평화로운 그림을 머릿속에 그렸을 것이다. 항상 생글생글 웃고 있는 아기를 품에 안고서 도리도리 까꿍을 하고 있을 줄 알았으리라. 그러나 새벽 3시, 또 다시 집안이 떠나가도록 울어대기 시작하는 아기의 울음소리에 잠이 깨는 순간 옛날에 그렸던 평화로운 그림은 피곤한 현실로 바뀐다. 아기 침대 앞에 선 초보 아빠는 울고 있는 아기를 내려다보며 한숨을 내쉰다. "창밖으로 내던져버리는 방법 말고, 이 조그만 녀석을 조용히 시킬 수 방법은 정말 없을까?" 약간의 요령을 익힌 다음 조금만 연습을 하면 지칠 줄 모르고 울어대는 아기도 달래지 말란 법은 없다. 아빠와 엄마도 사람인데 밤에는 눈 좀 붙여야 낮에 멀쩡한 정신으로 살아갈 수 있지 않겠는가.

아기는 왜 울까?

겉으로는 그렇게 보일 수도 있지만, 심심해서 우는 아기는 없다. 아기들은 반드시 뭔가 원하는 게 있을 때 운다. 태어난 지 1년 6개월밖에 안 된 녀석이 우는 것 말고 달리 어떻게 의사 표현을 하겠는가. 따라서 아기를 달래기 위해서는 우선 아기가 왜 우는지 알아내야 한다.

아기가 지금 무엇을 원하고 있는가에 따라 울음에도 미묘한 차이가 있다. 하지만 아기와 어느 정도 시간을 보낸 사람이 아니고서는 그 미묘한 차이를 구분해내기는 힘들다. 그 경지에 오르기 전까지는 숱한 시행착오를 겪으며 이 울음기계의 심기를 건드리는 게 무엇인지 알아갈 수밖에 없다. 다음은 아이들이 우는 몇 가지 이유와 처방이다.

배고파요. 방금 잠에서 깼거나 기저귀에 한 가득 실례를 해놓았다면 십중팔구 배가 고픈 것이다. 엄마에게 데려가거나 우유병 젖꼭지를 물려준다.

피곤해요. 우는 중간 중간 수없이 하품을 해댄다면 무척 피곤한 게 틀림없다. 자리에 눕히고 잠시 재워라.

불편해요. 어른과 마찬가지로 아기도 더위와 추위를 느낀다. 어른과 다른 점이 있다면 아기는 혼자서 온도조절장치를 조절할 수 없고 기저귀를 벗을 수 없다는 점이다. 아기는 오줌이 꽉 차 있거나 응가가 마려울 때도 불편함을 느낀다. 너무 덥거나 추우면 방안의 온도를 조절하고 기저귀를 더럽혔다면 갈아준다.

아파요. 아기가 마치 훌쩍거리는 것처럼 운다면 어디 아프지는 않은지 의심하라. 열은 없는지, 그 밖의 다른 증상은 없는지 확인하고, 혹시 증상이 심각하다면 당장 병원으로 데려가야 한다.

시끄러워요. 아기에게 이 세상은 감당하기 힘들 만큼 시끄러운 곳일 수 있다. 자궁 안처럼 심심한 공간에서 자란 아기의 뇌는 백지와 같아 세상의 모든 것을 받아들인다. 조용한 곳으로 데려가 불안함을 달래줘라.

외로워요. 아기에게 이 세상은 거대하고 혼란스런 곳이다. 잠에서 깼을 때 주변에 아는 얼굴이 하나도 없다면 아기는 외로움을 느낄 것이다. 그렇다고 신생아가 헤비메탈 음악을 들으며 외로움을 달랠 수는 없지 않은가. 초기에는 아기가 울면 안아주고 함께 놀아줘라. 그런 다음 차츰 아기에게 가는 횟수를 줄여서 스스로 울음을 그치게 하거나 울다가 잠이 들도록 가르친다.

> **남자를 위한 조언**
>
> ## 우리 아기가 콜릭 현상*을 보인다면?
>
> (*콜릭현상: 영아산통. 배안의 장기들이 제자리를 잡느라 아기가 이유 없이 계속 우는 현상—옮긴이)
>
> 아기가 특별한 이유 없이 자지러질 듯 계속 울어댄다면 콜릭 현상을 의심해보라. 콜릭 현상을 보이는 아기는 몇 시간씩 반복적으로 맹렬하게 울어댄다. 이런 아기는 보통 두 주먹을 꼭 쥐거나 두 다리를 배 안쪽을 향해 구부리고 운다. 콜릭 현상을 보이는 아기를 달래는 방법에는 어떤 것들이 있을까?.
>
> **아기 예수처럼 단단히 감싼다.** 버리타(또띠야에 고기와 콩 등을 싸서 먹는 스페인 음식—옮긴이)를 만들 때처럼 담요로 아기를 단단히 감싸라. 이렇게 하면 아기는 따스함과 안정감을 느낀다. 입맛에 따라 검은 콩과 살사 소스를 곁들여도 좋다.
>
> **흔들어준다.** 아기를 안고 천천히 흔들어줘라. 팔이 아프면 윗몸 일으키기로 팔을 단련하라. 정 힘들면 첨단과학의 도움을 받자. 자동 흔들의자에 아기를 앉혀라.
>
> **잡음을 이용한다.** 언뜻 말이 안 된다고 생각할 수 있지만, 아기는 어느 정도 소음이 있어야 잠을 잘 수 있다. 자궁 안은 몸속 이곳저곳을 흘러 다니는 체액으로 무척 시끄러운 곳이었다. 따라서 어느 정도의 소음에 아기는 익숙해 있다. 담요로 감싼 아기를 흔들면서 "쉬이이~"같은 소리를 내라. 이 방법이 효과가 없다면 진공청소기를 돌리거나 아기를 세탁기 옆으로 데려가라. 그래도 안 되면 한밤중에 아기를 차에 태우고 드라이브를 가는 방법도 있다.
>
> **고무젖꼭지를 입에 물려줘라.** 아기는 뭔가를 빨고 있을 때 편안함을 느낀다. 고무젖꼭지를 입에 물려줘라. 거짓말처럼 울음을 뚝 그칠 것이다.

짜증나요. 때로는 유난히 보채고 다루기 힘든 아기들이 있다. 그럴 때는 고무 젖꼭지를 입에 물려주거나 차분한 음악을 들려줘라. 아기를 차 뒷좌석에 태우고 드라이브를 하면 효과가 있다는 부모들도 있다. 차를 타고 드라이브를 해본 사람이라면 짐작하겠지만 움직이는 자동차 안에 있으면 아기는 엄마의 자궁 안에 있는 착각을 할 수 있다.

직장과 가정 사이에서 균형 유지하기 — 힘내라, 슈퍼 아빠!

그 어떤 성공이나 업적도 아이들을 키우는 중요함에 비할 수 없다.
— 시어도어 루스벨트(미국 26대 대통령. 1858~1919)

우리보다 앞선 세대의 남자들은 생활비를 벌어 집안의 생계를 책임지면 가장의 역할을 다 한 것으로 생각했다. 자녀 양육은 집안에 있는 여자들의 책임이었다. 오늘날은 어떤가. 남자는 생활비를 벌어오는 것 외에 자녀 양육에도 적극적인 역할을 하도록 요구받고 있다. 그러나 두 가지 역할을 제대로 해내려면 어지간한 슈퍼맨이 아니고선 지쳐 나가떨어지기 십상이다. 기업의 전사(戰士)와 멋진 아빠라는 두 마리 토끼를 모두 잡을 수 있는 방법은 없을까? 몇 가지 제안을 해본다.

저녁식사는 가족과 하라. 가족이 함께 식사를 할 경우 자녀의 학교성적은 더 올라가고 마약에 빠질 가능성은 줄어든다는 연구 결과가 있다. 가능하면 저녁은 집에서 가족과 함께 먹어라. 저녁시간을 가족과 보내느라 회사 일이 밀려 다음날 아침 일찍 출근해야 한다면, 기꺼이 그렇게 하라. 식사를 하면서 아이가 요즘 어떻게 지내는지 이것저것 물어보고, 혹시 더 일찍 귀가하는 날은 아이와 함께 저녁을 준비하자.

한 달에 한 번씩 아이들과 데이트를 하라. 매달 한 번씩 아이들과 데이트 하는 날을 정하라. 이때 큰 애와 작은 애의 데이트 날짜를 따로따로 잡아라. 아이들과 일대일로 시간을 갖는 것은 훌륭한 양육 방법이다. 물론 아이들이 서로 질투를 하지 않는지 계속 확인하는 것도 잊지 말자.

주말과 휴일에는 일을 줄여라. 가능하면 휴일은 가족을 위해 쓰도록 노력하라. 물론 주말에는 다음 주에 대비하여 할 일이 많겠지만, 아이들에게도 작은 역할을 맡겨 아빠를 돕게 한다면 일과 가정이라는 두 마리 토끼를 모두 잡을 수 있다.

휴가를 이용하라. 미친 듯이 일만 하고 휴가는 덜 쓰는 미국인들이 갈수록 늘고 있다. 이런 남자가 되지 마라. 2주간의 휴가를 전부 다 써라. 가족과 함께 국토 여행을 떠나거나 국립공원으로 캠핑을 떠나라. 물론 노트북이나 스마트폰은 집에 두고서. 보통 가족여행은 유년시절의 추억 중에서 가장 멋진 추억으로 기억된다. 일중독자 아빠 때문에 아이들이 소중한 추억을 만들 기회를 뺏기지 않게 하라.

하루쯤 아이를 아빠의 일터로 데려가라. 이는 그 무엇보다도 아이와 정서적으로 가까워질 수 있는 좋은 기회다. 아빠가 무슨 일을 하는지 직접 볼 수 있고, 왜 하루 종일 집에서 자기랑 놀아줄 수 없는지 조금씩 이해할 수 있기 때문이다.

아이의 학교활동에 꼭 참여하라. 아이가 학교에서 축구시합에 출전한다면 반드시 가서 응원하라. 마감이 코앞에 닥친 업무가 있다면 싸들고 가서 하프타임 때 처리하는 일이 있더라도 아이의 시합은 놓치지 마라. 자신을 응원하는 아빠가 스탠드에 있는 것과 그렇지 않은 것은 아이에게 큰 차이가 있다.

일주일에 하루는 가족의 밤을 만들어라. 이 날은 무슨 일이 있어도 가족과 함께 보내고 다른 약속은 이 날을 피해서 잡아라. 가족과 함께 보드게임을 하거나 비디오를 봐도 좋고, 밖에 나가서 아이스크림을 사먹어도 좋다.

잠들기 전에 아이의 이불을 덮어주고 동화책을 읽어줘라. 잠들기 전에 책을 읽어주는 것은 아주 어린 나이의 아이들에게만 필요한 일은 아니다. 아이가 크더라도 잠들기 전에 아빠가 책 읽어주는 것을 전통으로 이어가라. 아이가 크면 「애벌레는 너무 배가 고파요」 대신 「보물섬」을 읽어주면 된다.

오뚝이처럼 다시 일어나는 아이로 키우려면

망가진 남자를 고치는 것보다 애초에 강한 아이로 키우는 것이 훨씬 쉽다.
— 프레데릭 더글러스(미국 노예해방 운동가. 1817~1895)

과거와 달리 요즘 아이들은 실패를 딛고 씩씩하게 일어설 줄을 모른다. 당연히 진짜 세상에 맞서는 법도 모른다. 버릇없는 젊은이들도 갈수록 늘고 있다. 원하는 바를 얻지 못하면 징징거리기나 하고, 손가락 하나 까딱하지 않으면서 세상의 좋은 건 다 누리려 한다. 아이들이 겁쟁이가 되기 전에 바로 잡을 수 있는 사람은 바로 아버지다. 다음은 강하고 씩씩하고 자립심 강한 아이로 키우는 여섯 가지 방법이다.

1. **아이의 손을 놓아라.** 요즘 부모들은 아이가 집에서 1km만 벗어나면 큰 사고라도 날 것처럼 안절부절못한다. 이런 과보호 풍조를 부추기는 것은 각종 언론이다. 24시간 뉴스 방송과 낸시 그레이스 같은 뉴스 앵커들은 하루 종일 유괴 사건을 떠들어댄다. 이런 방송을 보고 있으면 아늑한 집을 벗어나면 온통 위험으로 가득한 세상이 펼쳐져 있을 것 같다. 하지만 현실은 언론이 조작하는 모습과 다르다. 당신의 아이가 낯선 사람에게 끌려갈 확률은 100만분의 1이상이다. 또 성폭력의 90퍼센트 이상은 평소에 아는 사람들에 의해 저질러진다. 아이가 걸어서 집에 올 때 사고가 날 확률보다 학교에서 아이를 차에 태우고 집으로 돌아오다 교통사고로 사망할 확률이 더 높다.

아이를 응석받이로 키우지 마라. 열쇠와 자물쇠로 가두지 마라. 아이가 외출할 때마다 따라나서지 마라. 이런 아이는 발전도 없고 자립심도 기를 수 없다. 스스로 힘든 상황을 이겨내는 법을 가르쳐라. 낯선 사람을 멀리 하는 법을 가르쳐라. 혼자서 자전거를 타고, 동네를 돌아다니고, 심부름을 하고, 학교에 걸어갈 수 있도록 아이의 손을 놓아줘라.

2. **위험한 일을 경험하게 하라.** 오늘날 모든 것은 아이들의 안전과 재미를 최우선으로 고려해 만들어진다. 혹시 최근에 놀이터에 가본 적 있는가? 그랬다면 예전과는 달라진 놀이터 풍경을 눈치 챘을 것이다. 요즘 놀이터에서는 시소와 회전목마를 구경할 수 없다. 심지어 그네

도 없다. 하나같이 플라스틱으로 코팅하고, 거의 땅에 찰싹 달라붙을 만큼 키가 낮은 놀이 기구들 뿐이다. 어떤 놀이터에는 이런 경고문까지 붙어 있다. "뛰지 마세요." 농담이 아니다. 이런 변화를 주도하는 사람들은 아이들이 다치면 법적 책임을 지게 될까 염려하는 시 공무원들이다. 하지만 아이들이 다니는 길에서 모든 위험 요소를 없애려고 노력하는 부모들도 똑같이 잘못하고 있다. 지금 당장이야 과보호로 감싸면 아이가 안전할 수 있겠지만 인생을 길게 놓고 봤을 때 이는 아이를 더 나약하게 만들 뿐이다. 안전에 관한 가르침은 스스로 시행착오를 겪으며 얻어야 한다. 위험한 도구를 다루고 위험한 상황에 대처하는 법을 배우지 못하고 자란 아이는 부모의 품을 떠날 나이가 되었을 때 진짜 세상과 맞서는 방법을 몰라 당황한다.

3. 아이의 친구가 되지 마라. 오늘날 많은 부모는 자녀의 가장 좋은 친구가 되기 위해 많은 노력을 기울인다. 기본적으로 잘못된 양육방법이다. 아이들과 건강하고 친밀한 관계를 유지하며 지내는 게 즐겁기 때문에 가장 친한 친구가 될 수 있다고 믿고 싶겠지만, 부모가 아이들과 친구가 되려고 노력하는 진짜 이유는 아이들이 싫어하는 부모가 되기 싫기 때문이다. 부모가 된다는 것은 아이들의 인기를 얻기 위한 경쟁이 아니다. 때로는 아이들이 싫어하는 규칙을 정하기도 해야 한다. 지금 당장은 엄격한 사랑이 아이와 부모에게 고통스럽겠지만, 길게 보면 큰 도움이 된다. 자녀에게 필요한 건 친구가 아니라 권위 있는 존재다. 아이들은 속으로는 누군가 한계를 정해주고 틀을 제시해주길 바란다. 가장 친한 친구끼리는 평등하지만 부모와 자녀는 평등한 관계가 아니다. 설령 아이의 가장 친한 친구가 된다 하더라도 언젠

가는 부모의 말에 복종하고 부모의 뜻을 존중하게 만들어야 할 때가 온다. 하지만 그때는 이미 늦다. 아이들은 자기 친구에게 그러듯 부모의 충고를 가볍게 무시해 버릴것이다.

4. 무조건 아이 편을 들지 마라. 아버지 눈에는 아이의 좋은 점만 보이는 게 당연하다. 하지만 다른 사람이 내 아이의 단점을 지적한다고 해서 지나치게 아이를 변호하지 마라. 선생님이나 친구들이 아이의 잘못된 행동을 지적할 때는 어떤 의도 같은 게 있어서 그러는 게 아니다. 그들은 객관적인 외부의 관찰자일 뿐이다. 그들은 아이에 대해 부모가 미처 몰랐거나 알고 있어야 할 중요한 정보를 줄 수도 있다. 사람은 누구나 신뢰를 얻기 위해 노력한다. 아이도 아버지의 신뢰를 얻기 위해 노력해야 한다. 덮어놓고 아이에게 신뢰를 주지 마라.

5. 스스로 노력해서 얻게 하라. 어릴 때부터 일의 소중함과 책임의식이 뭔지 가르쳐라. 이런 것은 어릴 때 배우지 못하면 어른이 돼서 배우기는 더 힘들다. 아이가 원하는 대로 무엇이나 사주지 마라. 아이에게 몹쓸 짓을 하는 셈이다. 아이의 짜증을 달래느라 진을 빼느니 장난감을 사주는 게 훨씬 편하겠지만, 그 순간 아이의 뇌리에는 징징거리기만 하면 무엇이든 손에 쥘 수 있다는 생각이 박힌다.

갖고 싶은 것은 아이가 스스로 일해서 얻게 하라. 이는 아이가 평생 살아가면서 갖춰야 할 꼭 필요한 기술을 가르치는 셈이다. 아이는 일의 소중함, 돈 관리, 책임감, 솔선수범 같은 소중한 교훈을 얻게 될 것이다.

1900년대 초반에는 아이들도 공장과 탄광에서 하루에 6시간씩 일을 했다. 물론 비참한 현실이었지만, 당시의 아이들이 하는 일에 비하면 오늘날 부모들이 아이들에게 맡기는 일의 양은 너무 적다. 더 이상 탄광에서 일할 필요까지는 없지만 적어도 침대를 청소하고 잔디를 깎는 일 정도는 아이가 하도록 시켜야 한다.

6. **칭찬은 구체적으로 하라.** 모든 사람이 상을 받는다면 상이란 게 무슨 의미가 있을까? 모든 사람이 똑같이 칭찬을 듣는다면 굳이 1등을 하기 위해 노력하는 게 무슨 의미가 있을까? 이런 상황에서는 칭찬의 의미가 사라진다. 정말로 칭찬을 받을 자격이 있는 사람도 칭찬에 별 의미를 부여하지 않게 된다. 부모는 누구나 자신의 아이가 특별하다고 믿는다. 이것은 잘못이 아니다. 하지만 아이에게 불필요한 칭찬을 많이 하는 것은 잘못이다. 칭찬을 남발하면 아이가 나약해진다. 칭찬을 남발하면 칭찬은 힘들여 얻는 것이 아니라 당연히 받는 것이라는 잘못된 메시지를 아이에게 전하게 된다. 이는 아이의 경쟁심을 약하게 만든다. 이런 아이들의 사고는 자신이 어떤 일이든 잘 할 수 있고 하는 일 마다 칭찬을 받을 것이라는 쪽으로 굳는다. 이런 아이들이 어른이 되면 한 가지 일에 마음을 붙이지 못하고 어느 분야에서 자신의 "무한한" 재능을 발휘해야 할지 몰라 영원히 방황하게 된다.

사람은 잘 할 수 있는 일이 있고 못하는 일이 있는데도 뭐든지 잘 한다고 칭찬을 하면 아이는 진정한 능력과 강점을 갈고 닦는 데 어려움을 겪게 된다. 그러므로 칭찬을 남발하지 말고 특정한 성취에 초점을 맞춰 하라. 예를 들어 수학시험을 잘 봤을 때 "우리 아들은 정말 똑똑해!"라고 칭찬하지 말고 "수학을 정말 잘하는구나!"라고 칭찬하라.

자전거 타는 법 가르치기

자전거 타기는 모든 아이들이 거쳐야 하는 통과의례다. 수없이 팔꿈치를 긁히고 무릎도 여러 번 까져야 하지만 자전거 타기는 한번 배워두면 죽을 때까지 잊어버리지 않는 기술이다. 자전거 타기를 가르치는 일은 세상의 모든 아버지만이 누릴 수 있는 영광이다. 아이가 혼자서 자전거를 탈 수 있게 해줌으로써 여섯 살짜리 아이가 누릴 수 있는 세상에서 가장 짜릿한 자유를 선물해주자. 그것은 부모가 붙잡고 있던 손으로부터의 해방감이다.

세 발 자진거부터 시작하사. 아이가 누세 살이 되면 세 발 자전거를 사주자. 세 발 자전거를 통해 가장 기본적인 자전거 테크닉인 핸들 조정과 페달 굴리기를 배울 수 있다. 세 발 자전거는 집안에서도 탈 수 있기 때문에 원목 마루 위에서 안전하게 자전거의 기초를 익힐 수 있다.(물론 마루에서 타도된다는 엄마의 허락이 있어야 가능하지만)

보조바퀴 단계로 넘어가자. 아이가 핸들 조정과 페달 굴리기에 익숙해지면 보조바퀴를 달아주자. 보조바퀴를 통해 두 가지 기술을 더 배울 수 있다. 균형 잡기와 제동 기술이다. 아이의 키에 맞는 자전거를 고른 다음 보조바퀴를 달아줘라. 바퀴의 높이를 조절하면 보조바퀴를 가장 효과적으로 이용할 수 있다. 보조바퀴가 땅에 닿으면 초보 자전거 운전자는 안정감을 느끼므로 처음 출발할 때는 바퀴가 계속 땅에 닿으며 굴러가도록 기울기를 조절한다. 아이가 보조바퀴에 익숙해지면 높이를 조절하여 보조바퀴가 땅에서 떨어지도록 해준다. 이렇게 하면 자전거가 한쪽으로 기울게 되어 균형 잡는 법을 배울 수 있다.

혼자 타기에 도전하라. 균형을 유지하고 브레이크를 잡는 데 익숙해졌으면 보조바퀴를 떼고 아이 혼자 타게 해보라. 이것은 커다란 도약이다. 기뻐하라. 하지만 방심은 금물이다. 자전거 타기에 충분히 넓은 공간을 가진 평지를 찾는다. 빈 주차장이면 안성맞춤이다. 자전거를 탈 때는 제일 먼저 헬멧을 씌운다. 아빠는 안장 뒷부분을 잡아준다. 아이가 페달을 밟기 시작하면 안장을 잡은 채 자전거를 따라 달린다. 잘하고 있다고 격려하면서 시선은 계속 앞을 바라보라고 말하라. 균형을 잡았다고 생각되면 잡고 있던 안장에서 손을 뗀다. 놀라서 중심을 잃을 수 있으니 아이에게는 손을 놓았다는 말은 하지 말자.

브레이크를 밟는다. 출발은 쉽게 할 줄 알아도 자전거를 세울 때는 쩔쩔매는 아이가 많다. 처음 자전거 타는 법을 가르칠 때는 옆에 바짝 붙어서 아이가 자전거를 세우려고 할 때마다 도와주는 것이 좋다. 그러나 수없이 넘어진다 하더라도 결국은 아이 혼자서 자전거 세우는 법을 배우게 해야 한다.

응급조치를 해준다. 아빠가 손을 놓은 후 아이가 중심을 잃고 휘청거리다가 쓰러지면 일단 아무리 웃음이 터져 나오려고 해도 이를 악물고 참아라. 그런 다음 아이가 다친 데는 없는지 살펴보라. 뼈가 부러지거나 땅에 긁힌 상처가 없으면 엉덩이의 먼지를 털어주고 다시 자전거를 타게 한다. 가벼운 상처를 입었다면 집안으로 데려가 반창고를 붙여줘라.

다시 도전하게 하자. 첫 번째 도전에 실패한 아이는 자신감을 잃기 십상이다. 넘어졌던 순간이 머리에서 떠나지 않고 계속 떠오르면서 자전거 타기는 갈수록 두려워진다. 「배트맨」에 나오는 지혜로운 대사를 아이에게 들려주자. "우리는 왜 자꾸 넘어질까? 그래야 일어나는 법을 배울 수 있기 때문이지." 아이가 용기를 내어 다시 도전하기로 했다면 혼자 탈 수 있을 때까지 지금까지 했던 과정을 반복하라.

끝까지 자전거를 타지 않겠다고 버틴다면, 「E.T.」나 「구니스」처럼 자전거를 타는 아이들만이 맛볼 수 있는 멋진 세상이 펼쳐지는 영화를 보여줘라. 아이는 당장 자전거에 다시 올라타고 숨겨진 보물을 찾아 떠날 것이다.

아이를 즐겁게 해줘라

세상 어디를 가든 아이들의 불평은 항상 똑같다. "심심해요!" 아이들의 애처로운 칭얼거림에 대처하는 방법은 크게 두 가지다. 첫 번째 방법은 우리 어머니가 즐겨 사용했던 방법이다. "숙제랑 방 청소는 다했나 보구나?" 이 한 마디면 모든 상황은 그것으로 종료된다. 두 번째 방법은 멋진 아빠가 되어 아이와 함께 재미있게 놀아주는 것이다. 다

> **남자를 위한 조언**
>
> ## 딸아이 머리 땋아주기
>
> 아내가 외출 중이거나 혼자 아이를 키우는 싱글 대디의 경우, 딸아이가 머리를 땋아 달라고 하면 어떻게 할까? 머리 땋기가 보기에는 어려워보여도 막상 몇 번 해보면 금세 아내 뺨치는 전문가가 될 수 있다.
>
> 1. 우선 머리카락에 엉킨 부분이 없어야 한다. 머리카락이 엉킨 채 머리를 땋기란 거의 불가능하다. 엉킨 머리카락은 빗으로 빗어 곧게 펴준다.
> 2. 머릿결을 정확히 세 갈래로 나눈다.
> 3. 오른쪽 가닥을 가운데 가닥 위로 교차시킨다.
> 4. 왼쪽 가닥을 가운데 가닥(원래는 오른쪽 가닥이었던) 위로 교차시킨다.
> 5. 새로운 오른쪽 가닥(맨 처음에 가운데 가닥이었던)을 가운데 가닥(맨 처음 왼쪽 가닥이었던) 위로 교차시킨다.(항상 오른쪽과 왼쪽에 있는 가닥을 번갈아 가며 가운데 가닥 위쪽으로 교차시킨다.)
> 6. 머리 끝부분이 5센티미터 정도 남을 때까지 위의 과정을 반복한다. 가운데 가닥을 오른쪽이나 왼쪽으로 수평하게 당겨주면 더 단단하게 땋을 수 있다.
> 7. 땋은 머리의 끝부분을 머리 밴드로 묶는다.
>
> 하나 또는 두 갈래로 땋는 방법도 이와 똑같다. 머리카락을 정확히 두 갈래로 나눈다. 오른쪽 가닥을 세 가닥으로 나누고 땋는다. 왼쪽 가닥도 오른쪽 가닥과 똑같은 과정을 반복한다.

음에 소개하는 세 가지 놀이는 돈이 들지도 않을뿐더러 플레이스테이션의 늪에 빠진 아이를 구해낼 수 있다. 당연히 멋진 아빠라는 이미지도 굳힐 수 있다. 그러나 아이에게 가르쳐주기 전에 아빠가 먼저 기술을 잘 익혀두는 게 좋다.

물수제비 뜨기

오랫동안 집안에만 있어 정서가 불안한 아이에게는 호수로 데리고 나가는 것만큼 좋은 치료제가 없다. 야생동물 구경하기와 오리에게 먹이 주기, 물수제비 뜨기 등 호수에는 마음껏 할 수 있는 놀이가 널려 있다. 특히 물수제비 뜨기는 아이와 친해질 수 있는 좋은 방법이다. 물 위로 돌을 던지면서 인생에 대한 이야기를 해줄 수 있기 때문이다. 물수제비 뜨기를 해본지 오래됐거나 한 번도 안 해본 사람은 다음 설명을 참고해서 연습해보길 권한다.

적당한 돌을 골라든다. 물수제비 뜨기의 성공여부는 돌에 달려 있다. 평평하고 크기는 손바닥만 하며 두껍든 얇든 두께가 일정한 돌이 가장 이상적이다. 무게는 테니스 공 정도가 좋지만 던지는 데 불편함을 느끼지 않을 정도면 된다. 다만 공기역학적으로 봤을 때 너무 무거운 돌은 쉽게 물속으로 가라앉는다. 반면 너무 가벼운 돌은 스폰지를 물 위에 던지는 셈이다.

돌을 엄지와 중지 사이에 끼우고 엄지를 돌 위쪽에 얹어놓는다. 검지는 돌의 가장자리에 걸어둔다.

정면에서 약간 비튼 자세로 호수를 향해 선다. 손에 돌을 든 채 마치 옆으로 공을 던지는 사이드암 투수처럼 팔을 뒤로 뺀다. 돌을 던질 때 손목을 뒤집듯 잡아챈다. 손에서 돌을 놓기 직전에 재빨리 손목을 튕긴다. 이렇게 하면 돌에 회전이 먹어서 호수 위를 통통 튀어 다니게 된다. 팔이 최대한 땅과 가까운 위치에서 돌을 던지면 물수제비 성공 가능성은 더 높다.

돌을 던질 때는 밑으로 던진다는 기분으로 한다. 물과 부딪힐 때 돌

표면은 최대한 수면과 평행해야 한다. 물 위에서 돌이 최대한 많이 튀어 다니게 하려면 돌과 물이 부딪히는 각도가 10도가 되어야 한다. 이 각도는 2002년에 로켓을 만들던 과학자들이 휴식 시간에 물수제비에 대한 연구를 해서 밝혀낸 각도다.

최대한 빠른 속도로 던져라. 속도가 성공의 열쇠다. 이때 손목을 많이 비틀어 돌에 회전을 주어라. 이제 돌멩이가 물 위를 건너 뛰어다니는 모습을 감상하면 된다.

아이가(혹은 당신이) 처음 몇 번 실패했다 하더라도 계속 시도하라. 인생의 모든 일이 그렇듯 물수제비 뜨기도 연습이 필요하다. 연습하는 시간을 아이와 대화를 나누면서 더 가까워지는 시간으로 활용하라.

종이비행기 접기

여러 번 복잡하게 접은 초호화 항공기가 더 멋있어 보일지는 모르지만, 종이비행기는 대체로 간단하게 접은 게 성능이 더 좋다. 다음은 오랜 세월에 걸쳐 성능이 입증된 종이비행기 접는 법이다. 직선으로 가장 먼 거리를 날아갈 수 있는 비행기를 만들어 보자.

1. 사각형 종이를 준비한다. 공책도 좋고 프린트 용지도 좋고 뭐든 상관없다. 그중에서 하나만 고르라면 프린트 용지가 종이비행기 무게에 가장 적당하다.
2. 세로 방향으로 반을 접는다. 정확히 반이 되어야 하므로 모서리가 딱 맞는지 확인하라. 일단 종이를 반으로 접어 가운데에 주름이 생기면 엄지로 그 주름을 여러 차례 문질러 날카롭게 만든다.

3. 접은 것을 편 다음 종이를 뒤집는다. 오른쪽 위 모서리를 가운데 주름을 향해 접는다. 그러면 삼각형 모양이 생긴다. 다시 한 번 모서리를 딱 맞춘다.
4. 반대편도 똑같이 반복한다. 왼쪽 위 모서리를 가운데 주름을 향해 접는다.
5. (2번에서 만들어진) 삼각형의 오른쪽 대각선 모서리를 가운데 주름을 향해 접는다. 모서리를 맞추고 주름을 날카롭게 만든다.
6. 반대편도 똑같이 반복한다. 삼각형의 왼쪽 대각선 모서리를 가운데 주름을 향해 접는다.
7. 가운데 주름을 따라 반으로 접는다. 이제 일종의 직삼각형 모양이 되었을 것이다.
8. 한쪽 대각선 모서리를 가운데 주름을 향해 반으로 접는다.
9. 반대쪽 모서리도 가운데 주름을 향해 반으로 접는다.
10. 비행기의 아래쪽, 비행기 코에서 12센티미터 떨어진 곳을 1센티미터 가량 찢어 작은 틈을 벌린다. 이 틈 옆을 또 1센티미터쯤 찢어 틈을 또 만든다. 이 틈은 손잡이 역할을 하게 된다. 이 틈을 위로 접어 올린다. 이렇게 하면 날아가는 도중 비행기의 양 날개가 벌어지지 않는다. 이제 아이와 함께 하늘 높이 날아가는 모험을 즐길 준비가 끝났다. 즐거운 시간을 보내길.

연 만들기와 날리기

아이들은 연날리기를 정말 좋아한다. 직접 만들 수 있게 되면 훨씬 더 재미있어 할 것이다. 직접 연을 만들면 아이들뿐 아니라 아빠도 이득이다. 40달러나 준 연이 나뭇가지에 걸려 못 쓰게 된다고 생각해보라. 하지만 직접 만들면 손해 보는 것이라고 해봐야 종이봉투와 나무 작대기 몇 개 정도가 전부다.

준비물:
- 나무 작대기 두 개(하나는 90센티미터, 다른 하나는 1미터 정도 되어야 한다. 무게는 하늘에 뜰 수 있을 만큼 가벼워야하고 부러지지 않을 만큼 견고해야 한다. 지름 0.5cm 정도의 대나무나 얇은 땜나무를 추천한다.)
- 종이봉투
- 마스킹 테이프(종이테이프)
- 정원용 꼰 실
- 다용도 칼

만드는 법:
1. 먼저 연살을 만든다. 90cm짜리 나무 작대기를 1m짜리 나무 작대기 위에 십자모양으로 얹어놓는다. 위치는 1m짜리 나무 작대기의 맨 위에서부터 20cm 되는 지점이다. 그 상태에서 두 개의 나무 작대기를 정원용 꼰 실로 묶은 다음 종이테이프로 감아 더 튼튼하게 고정한다.
2. 다용도 칼로 두 개의 나무 작대기 끝 부분에 각각 V자형의 홈을 판다. 이 홈은 연살 둘레를 감는 실을 끼울 자리다.
3. 정원용 꼰 실을 밑에서부터 시작하여 각각의 V자형 홈에 통과시켜 끝까지 둘둘 꿴다. 실이 팽팽해질 때까지 이 과정을 반복한다. 밑 부분에서 마무리하고 매듭을 묶는다. 실이 홈 밖으로 튀어나

오지 않도록 각각의 나무 막대기 끝을 종이테이프로 감싼다. 이제 연살이 완성됐다.

4. 종이봉투를 잘라서 탁자 위에 평평하게 펼쳐 놓는다. 그 위에 연살을 놓고 연살 둘레를 따라 종이봉투를 자른다. 자를 때 종이로 연살을 덮고 종이테이프를 붙일 수 있게 외곽에 몇 cm 여유를 두고 자른다. 연 날개가 완성됐다.

5. 종이봉투로 만든 연 날개의 끝 부분을 연살 위로 접은 다음 그 위에 종이테이프를 붙인다.

6. 꼬리를 달아라. 꼬리는 실용적인 기능과 미관상의 기능을 모두 갖고 있다. 꼬리의 가장 중요한 기능은 연을 하늘에 떠 있게 해 주는 것이다. 미관상으로도 꼬리를 달면 연이 더 근사해 보인다. 창의력을 발휘하여 나만의 멋진 연 꼬리를 만들어보자. 장식용 주름종이를 이용할 수도 있고 그냥 180cm 길이의 정원용 끈 실에 짧은 천 조각을 매달 수도 있다. 이렇게 만든 꼬리를 연 밑에 매단다.

7. 이제 브라이들(목줄)을 만들 차례다. 정원용 끈 실을 150센티미터 가량 잘라둔다. 연 날개의 정면에 구멍을 내 두 개의 연살이 만나는 지점을 드러낸다. 정원용 끈 실의 한쪽 끝을 그 구멍에 통과시켜 두 개의 연살이 만나는 부분에 묶는다. 연 바닥에서 2.5센티미터 정도 되는 곳의 연 날개에 또 다른 구멍을 낸다. 정원용 끈 실의 다른 쪽을 구멍에 통과시킨 다음 연살에 묶는다.

8. 브라이들(목줄) 고리를 만든다. 20센티미터 가량의 실로 고리 모양을 만든다. 고리의 끝을 오버핸드 매듭(overhand knot)으로 묶는다. 남는 줄은 잘라 버린다.

9. 목줄 고리를 묶줄의 가운데에 연결한다. 목줄 위에 간단한 풀매듭으로 묶으면 된다.
10. 실감개의 끈 실 끝부분을 오버핸드 매듭으로 목줄 고리에 묶는다. 이제 연줄이 완성됐다.

다음 주 과제 : 벤저민 프랭클린의 전기 실험 따라 하기.

아이와 '성'에 관한 대화를 나눠라

생명은 어떻게 탄생할까? 새의 암컷과 수컷은 어떻게 새끼를 낳을까? 아이와 성(性)에 대해 이야기하라. 남자들은 대부분 자녀와 성 문제에 관해 이야기하기를 껄끄러워한다. 하지만 마우스 한 번만 클릭하고 텔레비전 채널 몇 번만 돌려도 낯 뜨거운 그림들이 쏟아져 나오는 세상에서 부모가 자녀와 성에 관해 대화를 나누는 것은 중요하다. 심야의 텔레비전 방송이나 학교 친구들에게 듣는 이야기는 성에 대한 그릇된 인식을 심어줄 수 있기 때문이다. 자녀를 올바른 지식을 가르쳐야 하는 아버지의 역할을 용기 있게 떠맡기 바란다.

대화는 한 번으로 끝내지 마라. 이런 대화는 아이의 유년 시절 내내 지속적으로 이루어져야 한다. 따라서 한 번에 모든 것을 다 이야기해야 한다는 부담은 갖지 마라. 아이를 앞혀놓고 딱딱하게 강의를 한다고 생각하면 안 된다. 대화를 나누다가 성에 관한 이야기가 나오면 자연스럽게 조언을 하면 된다. 성에 관한 대화는 가급적 일찍 시작하여 유년 시절과 십대 시절까지 지속적으로 이어가는 게 좋다.

나이에 맞는 정보를 활용하라. 걸음마를 배우기 시작한 자녀가 아기는 어디서 나오는지 물었을 때 성관계나 콘돔, 데이트 중에 일어나는 성폭행 같은 설명까지 일일이 늘어놓을 필요는 없을 것이다. 그런 내용은 아이가 더 크면 해주는 게 적절하다. 어느 정도의 정보를 아이에게 주는 게 적절한지 모르겠다면, 아이의 질문에 질문으로 대답하는 방법을 활용해보자. 예를 들어 여덟 살짜리 자녀가 "섹스가 뭐예요?"라고 묻는다면 "너는 섹스가 뭐라고 생각하는데?"라고 되물어보라. 아이의 대답을 듣고 나면 어느 정도의 정보를 주는 게 적절한지 판단이 설 것이다.

먼저 이야기를 꺼내라. 아이가 먼저 이야기를 꺼낼 때까지 기다리지 마라. 용기를 내서 아버지가 먼저 아이의 성교육 기회를 만드는 게 좋다.

성에 관한 부모의 생각을 분명히 밝혀라. 성에 관한 가치관은 가정마다 다르다. 금욕적인 삶을 강조하는 집이 있는가 하면, 안전한 성관계라면 허용하는 집도 있다. 성에 대한 부모의 가치관을 자녀에게 분명히 밝혀라. 그래야 아이들이 인생을 살아가면서 혼란스러워하지 않는다.

정확한 사실을 가르쳐라. 이 주제에 대해 미리 공부를 해두는 게 좋다. 그래야 아이들이 질문을 하기 시작했을 때 올바른 대답을 해줄 수 있다. 모르는 질문을 했을 때 얼렁뚱땅 거짓으로 대답하지 마라. 그러면 아이들에게 혼란만 키워줄 뿐이다. 성에 관한 책들이나 아이들에게 어떻게 성에 관한 이야기를 꺼내는지 알려주는 책들이 많이 나와 있으니 미리 읽어두면 좋다.

엄마와 아빠가 섹스를 한다는 사실을 숨기지 마라. 모든 아이들은 자기 부모가 섹스를 한다는 사실을 믿고 싶어 하지 않는다. 아이의 기대를 깨기 싫다고 부부끼리 결혼식 제단 앞에서 순결서약이라도 한 것처럼 행동하지 마라. 잠자리에서 일어난 은밀하고 노골적인 일까지 전부 들려줄 필요는 없지만, 아이들의 질문에 대답할 때 부부관계를 통해 얻은 경험이라는 것까지 감출 필요는 없다. 서로 헌신하기로 한 사람과의 섹스는 역겹고 부끄러운 행위가 아니라 자연스럽고 건강한 관계의 일부라는 점을 아이들에게 알려주는 게 중요하다.

언제라도 질문을 받아줘라. 아빠는 언제라도 질문을 받을 준비가 되어 있다고 아이에게 말하라. 아이가 이 사실을 분명히 알도록 수시로 분명하게 말해두자. 성에 대한 궁금증이 생길 때 놀이터의 친구나 인터넷에 물어보는 것보다는 아빠에게 물어보는 편이 훨씬 낫다.

편하게 이야기하라. 아이들은 상대방의 두려움을 귀신같이 알아챈다. 성에 대해 이야기하는 것을 껄끄러워하는 기색을 비추면 아이는 불편한 분위기를 곧바로 감지하고 아빠와 함께 성에 대해 이야기하는 게 나쁜 일이라는 인식을 갖게 된다. 결국 아이는 식은땀을 흘리지 않고도 '질'이라는 단어를 편안히 내뱉을 수 있는 사람을 찾아가게 될 것이다. 아이가 질문을 했을 때 차분하고 편안하게 대답하라.

아들에게 통과의례를 선사하라

성인이 되는 과정에서 여자 아이들은 남자 아이들보다 빨리 성숙해지고 소녀에서 여자로 넘어가는 시기를 더 자연스럽게 넘긴다. 반면 남자 아이들은 특별한 계기가 없는 한 20대는 물론이고 30대까지 청소년기가 연장되기도 하고, 안타깝지만 죽는 날까지 청소년기에 머무는 남자들도 있다.

고대 문화에서는 남자 아이들이 일정한 나이가 되면 부모의 품 안에서 어리광을 피운다는 건 생각할 수 없었다. 통과의례를 거쳤기 때문이다. 통과의례는 유년시절과 단절하고 어른이 된다는 선언이었다. 이러한 통과의례는 공들여 준비한 마을 행사로 한 자리에 모인 마을 사람들은 어른으로 다시 태어나는 소년의 새 출발을 축하해줬다.

하지만 통과의례의 전통은 오늘날 거의 자취를 감췄다. 소년들은 남자로 성장해가는 여정에서 뚜렷한 전환점이나 도움을 줄 스승을 만날 수 있는 기회를 잃었다. 남자 아이들은 언제를 기점으로 어른이 된다고 생각할까? 차를 구입했을 때, 대학을 졸업했을 때, 직업을 갖거나 결혼을 했을 때, 혹은 달콤한 허니넛 대신 일반 시리얼을 먹기 시작했을 때 등 대답은 가지각색일 것이다. 문제는 전통적인 통과의례가 사라지면서 젊은이들이 어른과 아이의 어느 쪽에도 속하지 못한 채 표류하는 느낌으로 살아간다는 것이다.

물론 통과의례라는 의식을 치른다고 해서 한 순간에 어른이 될 수는 없다. 그렇다 하더라도 통과의례는 중요하다. 아이가 자신을 소년이 아닌 남자로 인식하고 남자는 책임을 짊어질 줄 알아야 한다는 것을 깨닫기 시작하는 최초의 순간이기 때문이다. 오늘날 많은 젊은이들이 여전히 아이처럼 행동하거나 언제 남자가 되어야 할지 모른 채 방황하는 것도 그들의 인생에 통과의례라는 중요한 계기가 빠져 있기 때문이다. 아버지의 역할은 아들이 어른과 아이의 경계에서 방황하지 않도록 어른을 향해 가는 아들의 여정에 의미 있는 전환점을 마련해주는 것이다.

아들을 위한 통과의례

마을 사람들이 모두 모여 아들의 통과의례를 축하해주던 관습은 사라졌지만, 가족은 그 자체로 또 하나의 지역사회의 역할을 한다. 따라서 부모는 아들을 위한 독창적이고 가족적인 통과의례를 생각할 수 있다 어떤 통과의례가 될 것인지는 부모가 얼마나 멋진 아이디어를 내느냐에 달려 있다. 다음은 대표적인 몇 가지 통과의례다.

보이스카우트에 보내라. 이는 가장 쉬운 선택이다. 왜냐하면 "통과의례"는 보이스카우트의 취지이기 때문이다. 보이스카우트에서는 소년의 기술과 책임감, 능숙도 향상에 초점을 두고 가르친다. 아빠는 대장,

> **남자를 위한 조언**
>
> ### 통과의례는 언제가 적당할까?
>
> 통과의례의 종류를 결정하기 전에 우선 아들이 통과의례를 거치는 시기는 언제쯤이 적당할지 결정해야 한다. 가장 적당한 시기는 고등학교를 졸업하고 나서일 것이다. 이때쯤이면 열여덟 살이다. 사회에서도 열여덟 살이 되면 법적 성인으로 분류한다. 또한 그 나이는 인생의 새로운 출발을 앞두고 있는 때이므로 통과의례를 통해 앞으로 살아갈 인생의 방향을 정하는 데 도움을 줄 수도 있다.

아들은 스카우트 단원으로서는 최고의 영예인 이글 스카우트가 된다면 더욱 기억에 남을 통과의례가 될 것이다.

혼자서 터득해야 할 일의 목록을 작성하라. 보이스카우트처럼 정해진 틀을 원하지 않는다면 아들이 달성해야 할 일들을 아버지만의 방식대로 만들 수 있다. 아이가 모든 기술을 완벽하게 터득하면 축하 파티를 열고 메달을 수여해 통과의례를 기념하자.

종교 의식의 중요성을 강조하라. 종교 의식은 여전히 많은 사람들이 선호하는 몇 안 되는 통과의례의 가운데 하나이다. 하지만 자칫 지나치게 형식적인 통과의례가 될 수 있다. 종교 의식을 통해 진정으로 어른이 되기 시작했다는 느낌을 갖는 아이들도 있지만, 어떤 아이들은 일정한 때가 되면 누구나 으레 겪는 행사 정도로 받아들이기 때문이다. 종교 의식을 어른이 되기 위한 하나의 통과의례로 엄숙하게 받아들일 수 있도록 아이에게 분명히 이해시킬 필요가 있다. 예를 들어 종교 의식 날짜가 다가오면 매주 한 번씩 자리를 마련하여 신념이니 여러 가지 사회문제에 대한 생각을 아들에게 들려주고 신의를 지닌 남자가 되려면 무엇이 필요한지 조언하라.

아들과 함께 장기간의 배낭여행을 떠나라. 아들을 데리고 캠핑 여행을 몇 차례 다녀온 다음, 아들이 모든 일을 책임지는 여행을 떠나라. 불 피우기, 텐트 치기, 길 찾기, 요리하기 같은 일을 아들에게 맡겨라. 그동안 살아오며 배운 남자다운 지혜를 여행하는 동안 하나도 남김없이 아들에게 물려주자.

여행을 보내라. 진정한 통과의례가 되려면 지금까지의 삶과 결별하는 기간이 필요하다. 견문을 넓히는 외국 여행이나 아웃워드 바운드(Outward Bound) 같은 단체가 인솔하는 여행에 아들을 참가시키는 방법이 있다.

어떤 길을 택하든 모든 과정을 소중한 의미로 채우는 게 중요하다. 형식에 치중하지 말고 진심을 담아라. 모든 과정이 끝나고 나면 아들을 대할 때 예전과 다른 태도를 보여주는 게 좋다. 예전보다 아들을 더 존중하고, 그만큼 책임감도 더 많이 요구하라.

CHAPTER SIX

06

야외 활동가

THE OUTDOORS-MAN

구름에 뒤덮인 하늘 아래 석양이 질 때, 눈 녹은 물웅덩이가 고인 들판을 가로지른다. 그 순간만큼은 어떤 부자도 부럽지 않고, 나는 최고의 희열에 휩싸인다……남자는 숲에서 나이를 벗어던진다. 남자는 숲에서 늘 어린 아이가 된다.

―랄프 왈도 에머슨(미국 사상가. 1803~1802)

오늘날 많은 남자들은 이유를 알 수 없는 초조함과 불만족, 우울함에 시달린다. 그들은 남자의 정신을 치유하는 데 좋다는 건 다 해본다. 식단을 조절하고 비타민을 챙겨먹고 운동을 꾸준히 하고 정신과 의사의 상담도 받아본다. 하지만 그 어떤 것도 위로가 되지 못한다. 무엇이 문제일까? 그들의 치유법엔 남성의 활력을 유지하기 위해 필요한 가장 중요한 것이 빠져 있다. 바로 거대한 자연 속에서 보내는 시간이다.

시어도어 루스벨트에서 랄프 왈도 에머슨까지 위대한 인물들은 대자연을 사랑했다. 하지만 현대 남성들은 자연 속에서 보내는 야외 활동을 취미의 일부로 여긴다. 하이킹이나 낚시, 사냥 같은 야외 활동은 해도 그만 안 해도 그만인 오락이자 레크리에이션이 되었다.

남자라면 누구나 자연 속에서 시간을 보내야 한다. 야외 활동은 결코 취미의 일부가 아니라 완벽한 남자를 만드는 데 없어서는 안 되는 요소다. 대자연은 남자를 병들고 나약하게 만든 문명사회의 때를 벗겨내고 남자의 영혼을 새롭게 태어나게 해준다.

1. 자연은 예측 불가능한 탐험의 기회를 제공한다. 남자들의 하루는 대부분 빡빡한 일정과 틀에 박힌 일과의 반복이다. 아침에 일어나 샤워하고 출근하여 일을 하다 집에 돌아와 잔다. 매일 똑같은 길로 차를 몰고 다니고, 똑같은 사무실에서 일하고, 똑같은 침대에서 잠을 잔다. 남자들의 가슴 속에서는 어딘가로 떠나 탐험을 하고 싶은 욕망이 꿈틀거린다. 오늘 무슨 일이 일어날지 전혀 알 수 없는 곳에서 하루를 시작하고 싶어 한다. 지금까지 구경도 해본 적 없는 것들을 발견하고 싶어 한다. 바위를 기어오르고 산줄기를 타고 강을 건너보라. 다시 아이로 돌아간 기분이 들 것이다.

2. 자연은 남자의 본모습과 본래의 자아를 일깨워준다. 현대 남성들은 온갖 종류의 규칙과 기대감, 제약 속에서 살아간다. 최대한 감정을 감추고 서류더미 속에 파묻혀 항상 공손하게 행동해야 하고 교통법규를 지켜야 하며 터무니없는 질문으로 회의 시간을 길어지게 만드는 멍청한 부장의 목을 조르고 싶은 것도 참아야 한다. 건드리기만 해도 터질 것 같은 폭발물처럼 신경은 항상 곤두서 있고, 본래의 형태를 잃고 공장에서 가공되어 똑같은 틀에 찍혀 포장된 상품에 둘러쌓여 살아가며, 귀에 들리는 소리라곤 자동차 소리부터 핸드폰 벨소리까지 인공적인 소리들뿐이다. 이러고도 정신병에 걸리지 않는 것이 오히려 신기할 정도다.

예의 바른 행동은 남자들의 의무이다. 하지만 자신의 본성을 완전히 억눌러서는 안된다. 때로는 통제되지 않은 본성을 분출할 때도 있어야 한다. 정기적으로 문명사회에서 벗어나 자연과 소통하는 시간을 가져야 한다. 진짜 흙을 만져보라. 진짜 불 옆에 앉아보라. 진짜 나무를 깎아보라. 계곡에 흐르는 진짜 물소리와 나무 잎사귀를 흔드는 진짜 바람 소리를 들어보라.

3. 자연은 더 넓은 시각에서 인생을 바라볼 수 있는 기회를 준다. 도시에 사는 사람들은 진정 중요한 것을 놓치며 살기 쉽다. 매일 자신을 둘러싼 작은 세상 속에 갇혀 살기 때문이다. 그 속에서 진정으로 조용한 시간을 갖기란 거의 불가능하다. 차 안에서는 음악이나 라디오를 듣고, 일터에서는 업무에 집중하며, 귀가해서는 밤늦도록 텔레비전을 보다가 잠이 드는 일상이 반복될 뿐이다. 그러나 자연 속에서는 조용하고 규격화되지 않은 공간을 만날 수 있다. 그곳에서 차분히 골치 아

픈 문제들을 생각할 수 있고, 자신의 삶을 돌아볼 수도 있으며, 앞으로의 계획을 세울 수도 있다. 별빛과 나무 아래에서는 정말로 중요한 일이 무엇인지 더 잘 보인다. 산봉우리와 굽이치는 강물, 붉게 타오르는 석양 앞에 서면 우리를 괴롭히는 고민이 사실은 별 게 아니라는 것을 알게 된다.

4. 자연은 우리 몸에 활력을 불어 넣는다. 남자는 가끔씩 거리의 오염된 공기와 빌딩 속의 탁한 공기에서 벗어나야 한다. 도시에 갇힌 폐(肺)는 제대로 숨을 쉴 수 있는 산과 숲의 깨끗한 공기를 갈망한다. 등산은 몸에 활력을 불어넣어 준다. 어떤 운동이든 우울함과 스트레스를 줄이는 데 좋지만 야외에서 하는 운동은 특히 큰 도움이 된다. 햇살 속에서 육체 활동을 하고 감탄을 자아낼 만큼 멋진 경관을 감상하다 보면 정신은 재충전되고 다시 한 번 세상에 나가 맞서 싸울 용기를 얻게 될 것이다.

다음에 나오는 제안과 조언은 대자연 속에서 남자다운 활력을 되찾고자 하는 사람을 위한 것이다.

캠핑, 최대한 가볍게 떠나라

산은 바라보는 것만으로도 남자의 정신 건강에 좋다.

― 조지 웨리(산악인)

많은 사람들이 자연 속에서 보내는 시간이 남자의 인생에 필요하다는 사실에 공감한다. 아마 당신도 한번쯤은 자연 속에서 보내는 삶을 절실히 떠올린 적이 있을 것이다. 하지만 실행에 옮기기가 힘들다. 시간도 없고 결심도 금세 흐지부지 되어버리기 때문이다. 당신만 그런 것은 아니다. 최근 한 연구에 따르면, 미국인들은 20년 전보다 밖에서 보내는 시간이 25퍼센트나 줄었다. 사람들은 텔레비전과 컴퓨터 앞에서 떨어질 줄을 모른다. 캠핑을 계획하고 실행에 옮기는 일은 생각만 해도 번거롭다.

무슨 일이든 머릿속(brain canister)으로 생각했을 때는 성가실 것 같지만 실제로 해보면 전혀 그렇지 않은 경우가 많다. 캠핑이 바로 그렇다. 캠핑은 가장 경제적이고 손쉽게 자연으로 탈출할 수 있는 방법이다. 몇 가지만 잘 준비한다면 훨씬 더 간단하게, 그리고 훨씬 더 자주 캠핑을 떠날 수 있다. 다음은 최대한 번거로움을 줄이면서 가볍게 캠핑을 떠날 수 있는 다섯 가지 방법이다.

1. **인터넷에서 캠프장 정보를 구하라.** 사람들이 캠핑 여행을 자주 가지 않는 이유 중의 하나는 어디에서 캠핑을 해야 할지 모르기 때문이다. 다행히 지금은 인터넷 덕분에 캠프장 정보를 예전보다 쉽게 구할

수 있다. 모든 주(州)는 웹사이트를 통해 주립공원에 대한 정보를 제공하고 있으므로 관심을 끄는 공원의 사이트에 들어가 정보를 얻을 수 있다. 공원을 선택할 때는 꼭 확인할 것들이 있다. 바로 편의시설이다. 공원에 따라 화장실이나 물 펌프, 샤워부스 같은 편의시설을 갖춘 곳도 있지만 그렇지 않은 곳도 있다. 또 바로 옆에 호수가 있어 낚시하기에는 좋지만 하이킹 코스는 부족한 공원도 있다. 자신의 캠핑 목적에 맞는 장소를 잘 선택해야 한다.

거리도 중요한 고려 대상이다. 캠프장이 출발지에서 너무 먼 거리에 있으면 장시간 운전을 해야 하기 때문에 캠핑을 시작하기도 전에 지쳐버리고 만다. 주말여행의 경우, 편도 세 시간 이상 걸리는 곳은 후보에서 제외하라.

어떤 캠핑장이 좋은지 잘 모르겠다면 근처에 있는 캠핑 장비 판매 매장에 들러보라. 그런 매장에서 일하는 직원들은 대개 열성적인 야외활동 애호가들이므로 적절한 조언을 구할 수 있을 것이다.

2. 캠프장은 출발 전에 예약하라. 주립공원에 갈 때는 예약을 하는 게 좋다. 인기 있는 공원은 순식간에 예약이 끝나므로 요세미티처럼 유명한 국립공원은 반드시 사전예약이 필요하다. 몇 시간 동안 운전해서 겨우 도착했는데 텐트를 칠 곳이 없다면 낭패 아닌가. 국립공원은 대부분 인터넷으로 예약이 가능하다. 인터넷 예약이 안 되는 곳은 전화로도 가능하다.

3. 캠핑 장비는 커다란 가방 하나에 보관하라. 캠핑 준비를 번거롭다고 느끼는 이유 중의 하나는 캠핑 장비를 찾기 위해 다락을 뒤지거나

필요한 장비를 사기 위해 출발 직전까지 등산용품 매장을 들락거려야 하기 때문이다. 평소 캠핑 장비를 커다란 가방 하나에 보관해두면 이런 번거로움을 말끔히 해소할 수 있다. 언제든 자연으로 뛰쳐나가고 싶은 충동이 들 때는 캠핑 장비가 들어있는 가방 하나만 집어 들고 떠나면 된다. 물론 캠핑의 종류나 장소, 계절에 따라 필요한 장비가 조금씩 달라질 수 있다. 하지만 다음 장비들은 항상 필요한 기본 장비들이다.

- 텐트
- 매트리스
- 랜턴
- 여분의 건전지
- 방수포
- 모기약
- 침낭
- 비상약품
- 손전등
- 작은 양복 솔
- 성냥
- 쓰레기봉투
- 취사도구 (취사도구는 생략할 수 있다. 아래 5번 참고)
- 물통

4. 여행을 떠나기 직전에 챙겨도 되는 물건들. 다음 물건들은 캠핑 장비를 보관하는 커다란 가방에 넣어두지 않고 여행 직전에 챙겨도 된다.

- 자외선 차단제
- 간이 의자
- 음식
- 장작 (캠프장에서 장작을 구하기가 어려울 경우)
- 아이스박스
- 주머니칼
- 옷
- 칫솔

5. 손이 많이 가는 요리는 피하라. 캠핑에서 빼놓을 수 없는 즐거움 중의 하나는 캠프파이어 옆에서 직접 만든 요리를 먹는 순간이다. 하지만 캠핑을 가서 요리를 하려면 이것저것 취사도구가 필요하다. 이는 준비해야 할 캠핑 장비가 늘어난다는 것을 의미한다. 게다가 설거지를 해야 하는 번거로움까지 따른다. 따라서 요리는 일주일 이상 걸리는 캠핑 때만 하기로 하고, 주말을 이용하여 떠나는 캠핑의 경우에는 취사도구나 설거지가 필요 없는 두 끼 식사만 준비할 것을 권한다. 다음은 금요일 오후에 출발해서 일요일 오후에 돌아오는 캠핑 때 우리 부부가 가져가는 단골 메뉴다.

금요일 저녁 식사: 호일로 포장한 음식. 햄버거 고기, 통조림에 든 야채, 버섯 스프, 양념을 호일에 싸서 출발 전에 아이스박스에 넣어둔다. 조리할 때는 호일로 싼 음식을 모닥불 위에 올려놓은 다음 포크를 들고 기다리기만 하면 된다.

토요일 저녁 식사: 핫도그. 핫도그는 장비가 전혀 필요 없이 소시지에 막대기를 꽂고 모닥불 위에 굽기만 하면 끝이다. 캠프파이어 때 핫도그보다 쉽고 맛있게 먹을 수 있는 음식도 찾기 힘들 것이다.

우리 부부는 디저트로 스모어(s'more: 캠프용 간식. 구운 마시멜로를 초콜릿과 함께 크래커 사이에 끼워 먹음—옮긴이)를 먹는다. 간식으로는 에너지바나 씨리얼바, 감자칩을 먹는다. 그릇과 프라이팬은 물론 설거지도 전혀 필요 없다.

저녁 식사 메뉴로 냉동식품이나 캠핑용 건조식품도 생각해볼 수 있다. 무게도 가볍고 물을 끓일 냄비 하나만 있으면 충분하므로 번거롭지도 않다. 더 간단한 캠핑 요리를 원한다면 뒤에 나오는 "꼬챙이만 있으면 해먹을 수 있는 다섯 가지 음식"을 참고하기 바란다.

텐트 설치하기

자연 속에서는 텐트가 당신의 집이다. 편안하고 즐거운 캠핑을 위해서는 신경 써서 집을 잘 지어야 한다.

텐트 설치할 장소 고르기

야영을 위해 고른 장소가 아무리 거칠고 형편없는 곳이라 하더라도 정이 드는 것은 시간문제다. 당신에게는 그곳이 문명의 중심지가 된다. 아무리 볼품없다 하더라도 집은 집이다.

— 헨리 데이비드 소로(미국 사상가. 1817~1862)

캠핑을 할 때 가장 중요한 결정은 텐트를 설치할 장소를 고르는 일이다. 텐트를 설치할 장소를 고를 때는 반드시 고려해야 할 사항이 있다.

첫째, 안전을 생각하라. 물이 넘칠 수 있는 저지대나 늪지대는 물론 산 정상처럼 번개가 칠 수 있는 고지대도 피하는 게 좋다. 또 커다란 고목의 나뭇가지가 드리워진 곳에도 텐트를 설치하지 마라. 죽은 나뭇가지는 언제든 부러질 위험이 있고, 그 밑에 있는 사람을 덮칠 수 있다. 그래서 사람들은 예로부터 죽은 나뭇가지를 "과부 제조기"라 불렀다.

둘째, 물을 구하기 쉬운 곳에 설치하라. 대부분의 캠핑장은 수도 시설을 갖추고 있어 마시고 요리하고 씻을 수 있는 물을 쉽게 구할 수 있다. 하지만 강이나 호수에서 물을 길러 식수로 쓸 계획이라면 마시기 전에 깨끗한 물인지 꼭 확인해야 한다. 깨끗한 물이 아니라면 끓이거나 걸러낸 다음 마셔라. 정수제와 함께 마시는 방법도 있다.

텐트 설치하기

집터를 골랐으면 이제 집을 지어 보자. 텐트를 설치하는 방법은 텐트의 종류에 따라 다르므로 자세한 내용은 텐트 각각의 사용 설명서를 참고하기 바란다. 여기서는 가장 일반적인 텐트 설치에 대해 알아보자.

방수포를 깐다. 텐트 설치 전에 먼저 방수포를 까는 것은 좋은 생각이다. 방수포를 깔면 비가 와도 텐트 바닥이 젖지 않고, 비가 오지 않더라도 새벽에 텐트 바닥에 습기가 차는 것을 막아준다.

텐트의 방향을 잡는다. 방수포 위에 텐트를 펼친다. 바람이 약하게 불면 바람이 부는 쪽을 향해 텐트를 설치한다. 이렇게 하면 통풍이 잘 되어 텐트 안이 시원하고 텐트에 습기가 차는 것을 막아준다.

반대로 바람이 강하게 불면 바람을 등지게 설치하라. 안 그러면 텐트 문을 열었을 때 텐트가 풍선처럼 부풀어 오르거나 텐트 안으로 비가 들이칠 수 있다.

구석에 텐트 말뚝을 박는다. 특히 바람이 불 때는 방수포 위에 텐트를 펼쳐 놓고 구석마다 말뚝을 박는 게 좋다. 안 그러면 당신의 나일론 오두막이 날아가 버릴 수 있다.

텐트를 설치한다. 요즘 나오는 텐트는 대부분 설치하기가 쉽다. 장대를 올바른 고리에 끼워 넣기만 하면 된다. 텐트 설치가 끝나면 레인 플라이(Rain fly : 텐트 덮개)를 친다. 설사 비가 오지 않더라도 이슬이 텐트 지붕에 고이는 것을 막아준다.

화장실 만들기

야영장 주변에 화장실이 없다면 임시 화장실을 만들어야 한다. 임시 화장실은 질병을 막아주고 배설물로 인한 땅의 피해를 최소화할 수 있다. 가장 쉽게 만들 수 있는 야외 화장실은 참호형 화장실이다.

삽으로 발 크기 만한 폭에 1미터 정도 깊이의 구덩이를 판다. 볼일을 보고 나면 흙을 뿌려서 배설물을 덮어라. 자연에서는 이렇게 "물을 내린다." 파리가 당신의 화장실을 고급 레스토랑으로 착각하지 않게 하려면 반드시 "물을 내려라." 물을 내리면 사방에 냄새가 퍼지는 것을 막아주어 제대로 된 소나무와 야생화 향기를 맡을 수 있다.

남자와 불

모닥불을 피우는 일은 세상의 어떤 일보다 재미있다.
— 찰스 더들리 워너(미국 작가, 1829~1900)

남자와 불의 인연은 태곳적까지 거슬러 올라간다. 불은 원시시대의 남자에게 온기를 제공하고, 야생동물의 공격으로부터 보호해줬다. 칠흑 같은 밤에는 빛이 되어주었고 음식을 조리할 장소를 제공해주었다. 그때만큼 남자의 생존에 필수적이지는 않지만, 불은 여전히 남자를 끌어당기는 매력적인 존재다. 붉게 타오르는 불꽃은 전설 같은 이야기에 영감을 불어넣어주고, 행복한 대화를 이끌어낸다. 불꽃 주변에 옹기종기 모인 남자들 사이에서는 동지애가 샘솟고 불꽃은 여인에게 사랑을 고백할 때 낭만적인 배경이 되어준다. 어떤 캠핑도 불이 없으면 완전할 수 없음은 물론이다. 그러나 꼭 이런 이유가 아니더라도 남자들은 불 피우는 법을 알고 있어야 한다. 언제든 기회가 왔을 때 거뜬히 불을 피울 수 있도록 연습해 두자.

성냥 없이 불을 켤 때나 커다란 라이터로 불을 켤 때 가장 중요한 것은 불쏘시개를 꺼트리지 않고 가져와 모닥불에 붙이는 것이다. 부싯깃과 불쏘시개를 이용하여 모닥불을 피우는 방법을 알아보자.

불 피울 자리 만들기

불을 피울 때는 안전이 최우선이다. 한 순간 방심하면 국립공원을 새

까맣게 태워버린 방화범이 되고 만다. 야영장에 방화구역이 있다면 그곳에서 불을 피워라. 하지만 방화구역을 찾아보기 힘든 험준한 자연 속에서 야영을 하는 경우라면 누구의 도움도 없이 혼자 불을 피워야 한다. 우선 나무나 잡목, 그 밖의 식물이 있는 곳에서 떨어진 장소를 골라라. 불 피울 자리는 잔디가 아니라 맨 땅이어야 한다. 근처에 맨 땅이 보이지 않으면 직접 풀이나 나뭇가지를 뽑아 맨 땅을 만들어라. 특히 바싹 마른 풀이나 나뭇가지가 불에 더 잘 타므로 특별히 신경 써서 뽑아낸다.

주변 정돈이 끝나면 불 피울 자리를 만들어 보자. 맨 땅의 가운데 지점으로 흙을 끌어 모아 7~10cm 정도로 두툼하게 쌓는다.

나무 모으기

모닥불을 피우기 위해서는 기본적으로 세 가지 재료가 필요하다. 바로 부싯깃, 불쏘시개, 그리고 땔나무다.

부싯깃. 훌륭한 모닥불은 항상 좋은 부싯깃에서 시작된다. 부싯깃은 불이 쉽게 붙고 순식간에 활활 타오른다. 마른 나뭇잎, 나무껍질, 풀, 그리고 이끼 등은 좋은 부싯깃 감이다. 영리한 야영객들은 집에서 출발할 때 마른 면직물을 가져간다. 특히 주변의 나뭇잎이나 풀이 모두 젖어 있을 때는 집에서 가져간 마른 면직물이 유일한 희망이다. 젖은 부싯깃은 불이 붙지 않으니까.

불쏘시개. 불길을 계속해서 살리려면 부싯깃보다 부피가 더 큰 물건이 있어야 한다. 부싯깃의 불을 곧장 장작에 붙이려고 했다가는 겨우 붙었던 불마저 꺼트리기 십상이기 때문이다. 이럴 때 불쏘시개가 필요하다. 주로 쓰이는 불쏘시개는 작은 나뭇가지다. 연필 굵기 만한 나뭇가지를 구해보자. 부싯깃과 마찬가지로 불쏘시개도 마른 나뭇가지여야 불이 붙는다. 주변에 젖은 나뭇가지밖에 없을 때는 다용도 칼로 축축한 껍질을 깎아낸 다음 불을 붙여보자.

땔나무. 땔나무를 넣으면 불길을 계속 유지할 수 있다. 땔나무라고 하면 사람들은 흔히 벽난로에 넣는 커다란 나무를 떠올리지만, 그렇게까지 클 필요는 없다. 너무 크면 오히려 나무에 불이 붙는 시간만 오래 걸린다. 손목 굵기 정도의 나무가 적당하다.

불을 피우기 위해 나무를 모을 때는 쉽게 부러지는 나무가 좋다. 그리고 마른 나무가 가장 잘 탄다. 휘어지는 나뭇가지는 너무 젖었거나 덜 자란 나무이므로 미련 없이 버리자. 이런 나무로 불을 붙이려고 시도하면 매캐한 연기만 날뿐 불은 붙지 않는다. 부싯깃이나 불쏘시개와 달리 땔나무는 약간 축축해도 상관없다. 일단 불이 붙으면 축축한 부분은 금세 마를 것이다. 물론 젖은 땔나무보다 마른 땔나무가 더 좋은 것은 말할 필요도 없다.

불 피우기

불을 피우는 데는 몇 가지 방법이 있다. 아마도 가장 효과적인 방법은 원뿔형의 천막 모양 불 피우기다.

1. 모닥불을 피울 자리 한 가운데에 부싯깃 묶음을 가져다 놓는다.

2. 부싯깃 묶음 위에 불쏘시개로 원뿔형 천막을 만들고 바람이 불어오는 쪽으로 구멍을 낸다. 이렇게 하면 바람의 영향으로 불꽃이 쉽게 불쏘시개에 옮겨 붙는다.
3. 천막 안으로 계속 불쏘시개를 집어넣는다. 처음엔 작은 나뭇가지에서 시작하여 차츰 연필 크기의 나뭇가지로 크기를 키워간다.
4. 불쏘시개 주변에 땔나무를 쌓아올려 더 큰 원뿔형 천막을 만든다.
5. 성냥으로 불을 켤 때는 부싯깃 밑에서 켠다. 이 위치에서 켜면 불길이 위로 향하기 때문에 불쏘시개에서 땔나무로 잘 옮겨 붙을 수 있다.
6. 언젠가는 천막이 무너질 것이다. 그럴 때는 땔나무를 더 가져다 집어넣는다.

성냥 없이 불을 피우는 다섯 가지 방법

성냥이나 라이터만 있으면 세 살짜리 애들도 듀라플레임(duraflame : 미국의 인조 땔나무 상품—옮긴이)에 불을 붙일 수 있다. 남자다운 남자라면 성냥이나 라이터가 없는 상황에서도 불을 피울 수 있는 방법을 알고 있어야 한다. 성냥 없이 불을 피우는 방법은 생존에 필수적인 기술이다. 「손도끼(Hatchet)」(88년 뉴베리상을 수상한 게리 폴슨의 아동 소설—옮긴이)에 등장하는 꼬마 아이처럼 경비행기를 타고 알라스카의 황무지 위를 날아가다가 불시착했다고 상상해보라. 혹은 야영장에서 곰 한 마리와 난투극을 벌이다가 배낭을 잃어버렸다고 상상해보라. 평생 불 피우는 기술을 써먹을 기회가 없을 수도 있지만, 언제 어디서든 불을 피울 수 있는 방법을 알고 있다는 것은 멋진 일이다. 이만큼 뿌듯한 만족감을 주는 기술도 흔치 않다.

마찰을 이용하여 불 피우기

겁이 많은 사람에게는 이 방법이 적합하지 않다. 아마도 성냥 없이 불을 피우는 방법 중 가장 어려운 방법일 것이다. 마찰을 이용해 불을 피우는 데는 몇 가지 테크닉이 있다. 우선 나무 불판과 드릴용 막대를 어떤 나무로 하느냐가 중요하다.

드릴용 막대는 불을 피우기 위해 불판과 위에 올려놓고 회전을 통해 마찰을 일으키는 나무 막대기다. 충분한 마찰을 일으키면 불씨가 생기고 이 불씨로 불을 피울 수 있다. 나무 불판과 드릴용 막대로 사용하기에 가장 좋은 나무는 미루나무, 향나무, 사시나무, 버드나무, 삼나무, 사이프러스, 호두나무 등이다.

나무를 이용하여 마찰을 일으키려면 바싹 마른 나무가 효과적이다. 젖은 나무라면 우선 말려야 한다.

인내심이 남다른 사람, 아무리 고생스러워도 혼자 힘으로 불씨를 만들어보고 싶은 사람은 다음에 소개하는 불 피우기 방법을 시도해보자.

발화용 나무공이(fire plough)

1. 나무 불판을 준비한다. 나무 불판에 홈을 판다. 이 홈은 드릴용 막

대를 위한 도로라고 보면 된다.

2. 문지른다. 드릴용 막대의 끝부분을 불판의 홈에 끼우고 위 아래로 문지르기 시작한다.

3. 불을 피운다. 불판의 끝에 부싯깃을 놓는다. 그 상태에서 드릴용 막대를 앞뒤로 움직이다 보면 불씨가 생긴다. 불꽃이 하나라도 일면 얼른 몸을 숙여 불씨가 꺼지지 않도록 입으로 부싯깃을 천천히 불어 준다.

보우 드릴(bow drill)

마찰을 이용한 불 피우기 방법 중 가장 효과적인 방법이다. 불을 피울 만큼 충분한 마찰을 얻는 데 필요한 속도와 압력을 유지하기가 가장 쉽기 때문이다. 보우 드릴 방법은 드릴용 막대와 불판 외에 소켓(socket)과 활이 추가로 필요하다.

1. **소켓을 준비한다.** 소켓은 활과 드릴용 막대를 회전시킬 때 드릴용 막대의 위에서 압력을 가하며 내리 누를 때 사용한다. 돌은 물론 나무도 소켓 기능을 할 수 있다. 단 소켓으로 사용하는 나무는 드릴용 막대로 사용하는 나무보다 더 단단해야 한다. 특히 수액이나 기름이 들어 있는 나무는 드릴용 막대와의 사이에서 윤활유를 만들어내기 때문에 소켓용으로 가장 적합하다.

2. 활을 만든다. 활의 길이는 사람의 팔 길이 정도 되어야 한다. 살짝 곡선 형태를 지닌 잘 휘어지는 나무가 좋다. 활시위는 구두끈, 밧줄, 가죽 등 어떤 것이든 상관없다. 쉽게 끊어지지 않으면 된다. 활시위까지 만들었으면 불을 피울 준비는 끝났다.

3. 불판을 준비한다. 불판에 V자형으로 홈을 파고 그 옆에 오목하게 구멍을 판다. 그런 다음 홈 아래쪽에 부싯깃을 놓는다.

4. 드릴용 막대를 활시위에 끼운다. 드릴용 막대를 활시위에 끼워 고정시킨다. 그런 다음 한쪽 끝은 불판의 홈에 끼우고 반대쪽 끝을 소켓으로 내리누른다.

5. 톱질하듯 드릴용 막대를 움직인다. 활을 이용하여 드릴용 막대를 앞뒤로 움직인다. 보우 드릴은 아주 원시적인 기계이므로 드릴용 막대를 최대한 빨리 움직여야 한다. 불씨가 피어오를 때까지 전속력으로(FULL CHISEL) 움직여라.

6. 불을 피운다. 불씨를 부싯깃에 붙이고 입으로 살살 불어준다. 마침내 당신 힘으로 불을 피웠다.

부싯돌과 쇠붙이를 이용하여 불 피우기

부싯돌과 쇠붙이는 비상용품계의 터줏대감이다. 캠핑 여행을 떠날 때는 항상 부싯돌과 쇠붙이를 챙겨라. 성냥은 젖으면 무용지물이지만,

부싯돌과 쇠붙이는 젖은 상태에서도 불똥을 일으킬 수 있다. 천 조각을 함께 가져가면 더 좋다. 부싯돌과 쇠붙이가 일으킨 불똥을 천 조각에 옮겨 붙이면 불길을 세게 일으키지 않고도 계속해서 연기만 피우며 불똥을 잡아둘 수 있다. 천 조각이 없을 때는 버섯이나 자작나무 조각을 사용해도 좋다. 부싯돌과 쇠붙이가 없을 때는 규암과 다용도 칼의 칼날을 이용하여 즉석에서 불꽃을 일으킬 수 있다.

1. **부싯돌**(혹은 규암)**과 천 조각을 손에 쥔다.** 엄지와 검지 사이에 돌을 쥔다. 이때 돌 모서리가 5~7cm정도 밖으로 삐져나오게 쥔다. 그런 다음 엄지와 돌 사이에 천 조각을 쥔다.

2. **부딪혀라.** 쇠붙이의 뒷면을 움켜쥐거나 다용도 칼의 뒷면을 이용하여 돌을 몇 차례 때린다. 쇠붙이에서 튄 불똥이 천 조각에 옮겨 붙으면 불이 붙기 시작할 것이다.

3. **불을 피운다.** 천 조각을 접어 부싯깃에 갖다 대고 불길이 일어날 때까지 천천히 불어준다.

렌즈를 이용하여 불 피우기

성냥 없이 불 피우기 중 가장 쉬운 방법이다. 어릴 때 확대경을 이용하여 플라스틱 장난감 병정을 흐물흐물하게 녹여본 적이 있는 사람이라면 고개를 끄덕거릴 것이다. 아, 어렸을 때 확대경으로 장난감 병정을 녹여본 적이 없다고? 그럼 방법을 알려주겠다.

준비물이라고 해봐야 햇빛을 한 점으로 모을 수 있는 렌즈가 전부다. 확대경이나 안경(근시교정용 오목렌즈는 제외. 돋보기나 원시교정용 안경만 가능하다) 쌍안경 렌즈까지 모두 사용할 수 있다. 렌즈에 물을 조금 묻히면 햇빛을 더 강하게 모을 수 있다.

1. 렌즈의 각도를 맞춘다. 빛줄기가 최대한 한 지점에 모이도록 렌즈와 태양의 각도를 조절한다.

2. 부싯깃을 준비한다. 렌즈를 통해 빛줄기가 모이는 지점에 부싯깃을 놓아두면 금세 불이 붙는다.

렌즈를 이용한 불 피우기의 유일한 단점이라면 해가 떠 있을 때만 가능하다는 점이다. 달이 뜬 밤이나 날이 궂을 때는 일찌감치 포기하는 게 좋다.

수세미와 건전지를 이용한 불 피우기

성냥은 없는데 수세미랑 건전지만 있는 상황이 있을 수 있냐고? 모르시는 말씀. 맥가이버한테 물어보라. 그는 시도 때도 없이 그런 상황에 부딪힌다. 게다가 수세미와 건전지를 이용한 불 피우기는 집에서도 쉽게 할 수 있고 재미도 있다.

1. 수세미를 펼친다. 길이는 15cm, 폭은 1cm 정도의 수세미를 펼친다.

2. 건전지를 수세미에 문지른다. 한 손에는 수세미, 다른 손에는 건전지를 쥔다. 어떤 건전지든 좋지만 기왕이면 9볼트짜리 건전지가 가장 좋다. 건전지의 표면을 수세미로 문질러라. 수세미가 타기 시작하면서 불이 붙을 것이다. 그러면 불이 붙은 수세미에 입김을 살살 불어준다.

불붙은 수세미를 부싯깃에 옮겨 붙인다. 수세미의 불꽃은 금세 꺼지므로 어영부영하면 처음부터 다시 해야 한다.

남자를 위한 조언

꼬챙이만 있으면 해먹을 수 있는 5대 음식

앞서 말했듯이 취사도구나 설거지가 필요 없는 음식으로 끼니를 때우면 캠핑의 번거로움이 크게 줄어든다. 그러므로 이른바 '꼬챙이 요리'를 배워두면 좋다. 직접 피운 불과 간단한 식량, 나무 꼬챙이 하나만 있으면 완벽한 요리가 가능하다. 타오르는 불 속에서 바로 꺼낸 음식보다 더 맛있는 음식은 세상에 없다. 게다가 이런 음식으로 뱃속(DUMPLING DEPOT)을 채울 때면 마치 진짜 원시시대로 돌아간 듯한 짜릿한 쾌감까지 맛볼 수 있다.

꼬챙이 고르기

꼬챙이는 우리가 사용할 유일한 취사도구이니만큼 기왕이면 근사한 꼬챙이로 골라보자. 꼬챙이의 길이는 모닥불에서 거리를 두고 앉아서도 요리를 할 수 있을 만큼 길어야한다. 모닥불에서 최대한 멀리 떨어져야 요리하는 도중에 살갗이 불에 그슬리는 불상사를 방지할 수 있다. 또 튼튼해야한다. 그렇지 않으면 꼬챙이가 아래로 늘어지면서 매달려 있던 음식이 모닥불 속으로 다이빙하고 만다. 까다롭게 꼬챙이를 골랐으면 부드럽고 쉽게 음식을 끼울 수 있도록 끝부분을 날카롭게 깎는다.

미식가를 위한 야생 꼬챙이 요리 5선

1. 모든 종류의 고기. 소시지 같은 튜브 모양의 음식은 꼬챙이에 찔릴 때 고통스런 비명을 지르겠지만, 꼬챙이에 꽂을 수 있는 고기라면 무엇이든 불 위에서 조리가 가능하다. 스테이크나 돼지갈비 살, 닭 가슴살을 꼬챙이에 꽂아라. 야생에서 자신이 직접 잡은 고기를 이용한다면 "남자다운 남자 점수" 30점을 추가로 얻을 수 있다. 처음엔 칼을 이용하여 고기에 구멍을 낸 다음 꼬챙이에 꽂는다. 거듭 말하지만 꼬챙이는 튼튼해야 한다. 소시지 정도는 불의 신에게 바칠 수 있다 해도, 핏물 뚝뚝 떨어지는 먹음직스러운 소고기 안심을 모닥불 속으로 떨어트릴 수는 없지 않은가.

2. 마시멜로. 굳이 설명이 필요 없는 음식이다. 최고의 꼬챙이 디저트라 해도 과언이 아니다. 이 별미를 맛보는 방법은 딱 한 가지다. 바깥쪽이 황갈색으로 노릇노릇해지고 살짝 바삭바삭해질 때까지, 그리고 안쪽은 뜨겁고 쫄깃해질 때까지 굽는 것이다. 마시멜로를 순식간에 시커먼 숯덩이로 만들고 싶지 않다면 마시멜로를 끼운 꼬챙이를 불속에 직접 넣어서는 안 된다. 이는 원시시대의 미개한 남자들이 먹던 방식이다. 문명인이라면 마시멜로의 예민한 성질을 이용하여 노릇노릇해질 때까지 앞뒤로 뒤집어가며 익힌 다음 비스킷 사이에 끼워 먹는다.

3. 비스킷. 꼬챙이와 불만 있으면 맛있는 비스킷을 만들 수 있다는 사실을 아는 남자는 거의 없다. 아이스박스에 차갑게 보관해두었던 비스킷 반죽을 꺼내 일부를 떼어낸다. 0.5cm 두께로 납작하게 만들어 꼬챙이 끝에다 돌돌 말고 떨어지지 않도록 손으로 꾹꾹 눌러준다. 마시멜로를 구울 때처럼 황갈색이 될 때까지 이리저리 뒤집어가며 천천히 굽는다. 다 구워지면 그대로 먹어도 되고 소시지나 버터, 잼을 올려놓고 함께 먹어도 좋다. 담요에 덮인 돼지고기 맛을 느끼고 싶다면 핫도그 위에 비스킷 반죽을 씌워 꼬챙이에 꽂고 구우면 된다.

4. 구운 치즈. 구운 치즈는 어머니의 손맛을 느낄 수 있는 정겨운 음식이다. 따라서 어머니 같은 대자연의 품속에서 간편하게 해먹기에는 그만이다. 우선 끝이 두 갈래로 갈라진 나무 꼬챙이를 두 개 구한다. 꼬챙이는 식빵의 균형을 안정적으로 잡아줄 수 있을 만큼 충분히 길고 넓어야 한다. 식빵 두 조각에 버터를 바르고 그 중 하나를 첫 번째 꼬챙이 위에 올려둔다. 그 위에 치즈 몇 장을 얹고 나머지 식빵을 덮은 다음 굽는다. 밑에 있는 식빵이 노릇노릇해지면

두 번째 꼬챙이를 샌드위치의 위에 올린 다음 조심스럽게 뒤집어 반대쪽도 굽는다.

5. 달걀. 달걀 요리법은 셀 수 없이 많다. 이제 달걀 요리 목록에 꼬챙이 요리법을 추가 해보자. 다용도 칼의 뾰족한 칼날 끝으로 깨지지 않게 달걀 양쪽 끝에 아주 작은 구멍을 하나씩 낸다. 아주 얇은 꼬챙이를 조금 더 큰 구멍에 집어넣어 반대쪽 좁은 구멍으로 빼낸 다음 달걀을 수평 상태로 유지한 채 불 위에서 굽는다. 달걀을 꼬챙이에서 빼기 힘들어지고 흰자가 더 이상 구멍으로 흘러나오지 않으면 조리가 끝난 것이다. 식사기도를 하자.

국경의 개척자들처럼 날씨를 예측하라

매력적인 여성 캐스터들과 알 로커(미국 NBC방송의 유명 기상캐스터 — 옮긴이)같은 캐스터가 등장하기 훨씬 오래 전, 그리고 인터넷 일기예보는 꿈도 꿀 수 없었던 그 시절, 남자들은 스스로 날씨를 예측했다. 당시 국경의 개척자들은 이곳저곳 쑤시는 몸과 구름이나 바람 같은 자연 현상을 단서로 내일의 날씨는 물론 다음 주 날씨까지 예측했다. 텔레비전이 없는 곳에서 캠핑 중이거나 깜빡하고 블랙베리폰을 집에 두고 왔을 때 19세기 미국의 개척자 대니얼 분처럼 날씨를 예측할 수 있는 능력은 매우 중요하고 남자다운 기술이다.

"선원들은 밤하늘이 붉으면 기뻐하고 아침하늘이 붉으면 긴장한다."

셰익스피어와 성경, 그리고 전 세계를 누비는 선장들의 말은 옳았다. 이 방법은 실제로 날씨를 예측할 때 매우 높은 정확도를 자랑한다. 해 질녘에 하늘이 붉으면 건조한 공기를 머금은 고기압이 밀려들어 먼지를 위로 밀어 올린다. 파장이 긴 붉은 계열의 빛은 대기를 통과하지만 짧은 파장의 색은 금세 산란된다. 반면에 해 뜰 무렵의 붉은 하늘은 건조한 공기가 물러가고 대신 습기 찬 저기압이 몰려오고 있다는 신호다.

구름을 보라

권운(卷雲 : 새털구름). 새털구름은 하늘 높이 걸려 있는 긴 줄무늬 구름이다. 말(馬)의 꼬리를 닮은 새털구름이 낮게 걸려 있으면 날씨가 나빠지고 있다는 신호다.

적운(積雲 : 뭉게구름). 뭉게구름은 뭉게뭉게 피어있는 구름으로 천사들이 하프를 연주할 때 이용하거나 케어베어(축하카드에 등장하는 곰 캐릭터─옮긴이)들이 자동차로 이용하기도 한다. 뭉게구름이 거대한 솜사탕처럼 하얀 색이 되면 화창한 날씨를 기대해도 좋다. 반대로 뭉게구름의 색깔이 어두워지고 음산하면 천둥번개가 친다.

층운(層雲 : 층구름). 층구름을 보고 있으면 마치 하얀 담요가 하늘의 일부를 덮고 있는 듯한 착각을 불러 일으킨다. 층운이 하늘 중간에서 높은 곳까지 걸려 있으면 36시간 내에 비가 올 가능성이 높다.

겨울밤의 구름. 겨울밤 하늘에 구름이 떠 있으면 날씨가 따뜻해질 징조다.

달을 보라

달 주위를 둘러싼 둥근 띠. 이따금 권층운은 달 주위에 둥그런 띠, 즉 달무리를 만들기도 한다. 이런 착시 현상은 구름 속의 빙정(氷晶)이 빛을 굴절시켜 일어난다. 권층운은 종종 온난전선에 앞서 발생하므로 달무리가 보이면 36시간 내에 비나 눈이 온다.

커다란 피자처럼 둥실 떠 있는 달. 그녀에게 사랑을 고백하라는 신호다.

식물을 관찰하라

솔방울. 습도가 높으면 솔방울은 닫혀 있다. 비가 올지 모른다는 신호다. 반대로 날씨가 건조하면 솔방울이 열려 있다.

식물. 습도가 높을 때 식물의 잎은 종종 돌돌 말려 있다. 비가 올지 모른다는 예보다. 한편 식물은 기압이 낮을 때 노폐물을 배출한다. 근처에서 퇴비 냄새가 나면 우비를 챙겨라.

동물을 관찰하라

소. 확실히 이 친구들은 흐린 날 우울해진다. 소떼가 풀밭 위에 드러누워 샐쭉한 표정으로 「호밀밭의 파수꾼」을 읽고 있으면 곧 비가 온다.

새. 날씨가 화창할 때 새들은 하늘 높이 날아오른다. 그러나 전깃줄이나 나뭇가지 위에 떼 지어 앉아 있으면 녀석들이 당신을 해코지할 음모를 꾸미는 중이거나 기압이 떨어지면서 날씨가 나빠지고 있다는 신호다. 따라서 열두 시간 안에 비가 오지 않으면 히치콕의 영화 「새」에서처럼 녀석들의 공격이 시작될 것이다.

벌. 벌들이 벌집을 떠나지 않고 주변에 머물고 있으면 곧 비가 온다.

나침반 없이 길을 찾아라

사람에겐 먹을 것과 뛰어놀 공간, 기도할 장소와 더불어 아름다운 자연도 필요하다. 자연은 몸과 마음을 치유하고 응원하며 힘을 북돋기 때문이다. 자연과 늘 가까이 하라. 때로는 모든 것을 버리고 떠나라. 산에 올라 일주일 동안 숲 속에서 지내라. 당신의 영혼을 깨끗이 씻어라.

— 존 뮤어(미국 자연보호 선구자. 1838~1914)

GPS는 말할 것도 없고 지도와 나침반조차 발명되지 않았을 때 남자들은 하늘과 자연 환경을 나침반 삼아 세상을 돌아다녔다. 그러나 과

남자를 위한 조언

생선 손질하기

삶의 리듬을 되찾고 싶다면 낚시를 가라. 쏴아 흘러가는 물소리와 새들의 경쾌한 지저귐 속에서 낚싯대를 드리우다 보면 참선을 하듯 마음에 평화가 찾아온다. 그러나 고기를 낚는 순간의 짜릿한 흥분과 함께 이 평화는 산산조각 난다. 선택은 두 가지다. 잡았던 고기를 놓아주고 다시 참선의 세계로 들어가느냐, 아니면 요리의 세계로 들어가느냐. 요리의 세계로 들어가기로 했다면 가장 먼저 해야 할 일은 생선 씻기다. 손이 좀 가는 일이지만, 자연에서 직접 얻은 것을 먹기 위해 손질할 때의 만족감은 무엇에도 비하기 힘들다.

생선을 씻는다. 생선을 썰기 전에 우선 흐르는 물에 생선을 깨끗이 씻는다. 수돗가에서 씻으면 안 될까? 물론 된다. 하지만 산자락의 맑은 개울물에서 생선을 씻으면 남자 점수가 추가된다.

지느러미를 잘라낸다. 칼로 생선의 양쪽 지느러미를 잘라낸다.

비늘을 벗겨낸다. 날이 무딘 칼, 혹은 날카로운 칼의 등을 이용하여 생선의 비늘을 벗겨낸다. 생선의 몸과 칼의 각도는 90도로 유지하고, 꼬리에서 머리 방향으로 훑듯이 비늘을 벗겨낸다. 생선 몸이 반들반들해질 때까지 계속 훑어준다.

내장을 제거한다. 아가미에서 항문 방향으로 생선의 배 중간 부분을 가른다. 생선의 턱을 붙잡고 배 안쪽에서 아가미와 내장을 들어낸다. 콩팥을 파낼 때는 숟가락을 이용할 수도 있다. 생선의 등뼈에 달라붙은 검붉은 줄이 콩팥이다.

헹군다. 내장을 모두 깨끗이 긁어냈으면 텅 빈 배 안을 깨끗이 헹군다.

등지느러미를 제거한다. 등지느러미를 양쪽에서 자르고 펜치를 이용하여 제거한다. 생선은 통째로 조리할 수도 있고, 머리와 꼬리는 제거하고 조리할 수도 있다. 어디까지나 개인의 기호에 달려 있다. 저녁 식탁에서 녀석이 눈을 동그랗게 뜬 채 쳐다보고 있어도 식사에 그다지 방해가 되지 않는다면 통째로 조리하라.

학기술에 지나치게 의존하는 오늘날의 남자들은 지도나 GPS 같은 도구의 도움 없이는 한 치 앞의 길도 찾지 못한다. 과학기술은 정확하긴 하지만, 정작 가장 필요할 때 우리를 배신할 수 있다. 갑자기 GPS가 고장이 나버린다면 어떻게 하겠는가?

철석같이 믿었던 방향 탐지기가 고장 났다고 해서 안절부절못하는 남자는 되지 말자. 진정한 남자는 기지와 요령만 있으면 세상 어디에서든 길을 잃지 않는다. 나침반? 그 따위 속 썩이는 기계 따위는 전혀 아쉽지 않다.

북극성을 이용하여 방향 찾기

주의 : 아래의 내용은 지구의 북반구에서만 효력이 있다.

북극성은 지난 수백 년 동안 길 잃은 선원들의 길잡이 역할을 해왔다. 일단 북극성을 발견하면 현재의 위치를 쉽게 알 수 있고 예정된 진로로 방향을 잡을 수 있기 때문이다.

북극성을 찾으려면 우선 큰 곰 자리의 국자모양 부분인 북두칠성과 국자 모양인 작은 곰 자리를 찾아야 한다. 그런 다음 국자 모양 북두칠성에서 주걱에 해당하는 부분을 바라본다. 이 주걱의 휘어진 곡선을 연장시키면 역시 국자 모양인 작은곰자리에서 손잡이 부분의 맨 끝에 위치한 가장 밝게 빛나는 별에 가 닿는다. 이 별이 바로 북극성이다. 이제 동서남북을 찾는 일은 식은 죽 먹기다.

태양을 이용하여 방향 찾기

그림자 막대. 막대를 땅 속에 꽂고 태양을 향하도록 기울인다. 막대의 그림자가 생기지 않을 것이다. 기다려라. 지루하면 땅속에서 화살촉을 파내든가 회색곰과 레슬링을 하면서 시간을 보내라. 막대의 그림자 길이가 적어도 15cm 정도 되면 그림자는 동쪽을 가리킬 것이다. 그림자와 직각이 되게끔 가상의 직선을 그어본다. 그 곳이 북쪽과 남쪽이다.

시계. 이 방법은 시곗바늘이 있는 아날로그시계로만 가능하다. 우선 시간이 표준시에 맞춰 져 있는지 확인한다. 서머타임에 맞춰져 있으면 표준시간으로 되돌려 놓는다. 시계를 벗어 수평하게 든다. 그런 다음 짧고 곧은 나뭇가지를 구해 시계와 직각이 되게 놓는다. 이때 나뭇가지의 끝은 시침 끝에 놓는다. 시계와 나뭇가지를 함께 움직여 나뭇가지의 그림자가 시침과 일치하는 지점을 찾는다. 그 지점에서 시침과 시계의 숫자 12 사이의 중간 지점이 남쪽이다.

이밖에도 영화를 보면 이끼는 나무의 북쪽 방향에서만 자란다면서 이를 이용해 길을 찾는 장면이 자주 나오는데 천만의 말씀이다. 이끼는 나무의 모든 방향에서 자란다.

남자가 알아야 할 네 가지 매듭

텐트에 방수 덮개를 묶을 때나 계곡에 빠진 친구를 구할 때 몇 가지 기본적인 매듭을 알고 있으면 안전하고 정확하게 일을 마칠 수 있다. 하지만 제대로 매듭을 맬 줄 아는 남자는 찾아보기 힘들다. 언뜻 보면 탄탄하게 묶은 매듭 같지만, 그들이 묶은 매듭은 사실 고리 모양으로 얼기설기 엮어놓은 밧줄 덩어리에 불과하다. 휴가지에 도착했을 때 자동차 지붕 위에 묶어놓았던 카누가 온데간데없이 사라져버린 꼴을 보고 싶지 않다면 매듭 묶는 법을 정확히 익혀두는 게 좋다. 다음은 남자라면 누구나 알고 있어야 할 네 가지 기본적인 매듭이다.

스퀘어 매듭(Square Knot)

영국 친구들은 "옭매듭(reef knot)이라고도 부른다. 스퀘어 매듭은 튼튼하고 여러 가지 용도로 두루 쓰이는 다목적 매듭이다. 선원들은 돛을 묶을 때 스퀘어 매듭을 사용한다. 당신도 매일 스퀘어 매듭으로 신발끈을 묶는다. 두 가닥의 로프를 서로 묶을 때는 사용해서는 안 되지만, 무언가를 한 가닥의 로프에 묶을 때는 스퀘어 매듭이 유용하다.

1. 로프의 양쪽 끝을 한 손에 하나씩 쥔다.
2. 로프의 왼쪽 끝을 오른손에 든 로프 위로 교차시킨다. X자 모양이 된다.

3. 오른쪽에 와 있는 로프의 왼쪽 끝으로 오른손에 든 로프를 감는다. W자 모양이 된다.
4. 오른쪽 끝의 로프를 왼손에 든 로프 위로 교차시켜 매듭을 만들고 세게 잡아당긴다.

보울라인 매듭(Bowline Knot)

보울라인 매듭은 로프의 끝에 안정적인 고리가 만들어지기 때문에 고리에 물건을 매달더라도 풀리거나 당겨지지 않는다. 보울라인 매듭은 계류용 로프(선박을 육지에 매어둘 때 사용하는 로프)를 기둥에 묶을 때 사용하기 좋은 매듭이다. 보울라인 매듭은 풀리지 않기 때문에 계곡이나 구멍 속에 떨어진 사람을 끌어 올릴 때도 사용할 수 있다.

1. 로프의 끝부분에 작은 고리를 만든다.
2. 로프의 반대쪽 끝을 고리 안으로 통과시켜 위로 당겨 올린다. 이 로프가 휘감을 대상에 적합한 크기의 고리가 만들어질 때까지 잡아당긴다.
3. 고정된 로프의 뒤로 감는다.
4. 처음에 통과한 고리 속으로 다시 밀어 넣어 세게 잡아당기면 매듭 모양이 된다.

보울라인 매듭 묶는 법을 쉽게 기억할 수 있는 방법이 있다. 로프의 끝부분을 토끼라고 상상해보자. 고리는 토끼굴이고, 고정 로프는 나무다. 굴에서 나온 토끼가 나무를 한 바퀴 돌더니 다시 굴로 들어가면 끝이다!

당김 매듭(Taut-Line Knot)

당김 매듭은 조절이 가능한 매듭으로 필요에 따라 길이를 늘이거나 줄일 수 있다. 당김 매듭은 특히 텐트를 칠 때 효과적이다. 당김 매듭을 이용하면 가이 라인(guy line : 텐트를 고정하거나 방수 덮개를 설치할 때 사용하는 줄)을 조이거나 헐겁게 할 수 있다.

1. 로프의 한쪽 끝을 텐트 말뚝에 감는다.
2. 로프의 끝을 고정 로프의 밑으로 감은 다음 로프가 교차하는 지점과 말뚝 사이의 가운데에 생긴 구멍 안으로 집어넣는다.
3. 로프의 끝을 감아 다시 한 번 구멍으로 집어넣는다.
4. 로프의 끝을 두 개의 고리 앞으로 가져온 다음 고정된 로프의 뒤쪽으로 감아 세 번째 고리를 만들 준비를 한다.
5. 세 번째 고리를 만들면서 로프의 끝을 고리 안으로 넣고 옆으로 잡아당긴다.

8자 매듭(Figure Eight Knot)

8자 매듭은 보울라인 매듭과 마찬가지로 마감매듭이다. 8자 매듭은 등산이나 암벽 등반을 할 때 필수적이다. 정확하게 묶는 법을 익혀두지 않으면 얼음에 뒤덮인 히말라야의 크레바스 아래에서 굶주린 설인(雪人)의 간식거리가 될 수도 있다.

1. 로프의 한쪽 끝을 로프 위로 교차시켜 고리를 만든다.
2. 로프의 오른쪽 끝으로 고리의 왼쪽에 있는 로프를 감는다.
3. 로프의 끝을 고리의 위쪽으로 통과시킨다.
4. 제대로 됐다면 완성된 매듭의 모양이 8자가 되어야 한다.

CHAPTER SEVEN

07

리더

THE LEADER

리더란 상황에 따라 원칙을 융통성 있게 적용할 줄 아는 사람이다.
―조지 패튼(미국 군인. 1885~1945)

우리는 각자의 삶에서 리더로 살아가고 있다. 직장과 지역사회, 가정에서 우리는 저마다 리더의 역할을 맡고 있다. 많은 사람들은 리더가 되면 다른 사람을 지배할 수 있다고 생각한다. 그러나 다른 사람을 지배하려고 하면 할수록 그들에게 미치는 영향력은 오히려 줄어든다는 사실을 깨닫게 된다. 리더란 권위를 가진 사람이라고 생각하는 사람들도 있다. 이 역시 잘못된 생각이다. 사회의 맨 밑바닥에 있는 남자라 할지라도 얼마든지 리더가 될 수 있다. 남자는 누군가 당장 해야만 하는 일이 눈앞에 있을 때 자신의 지위가 낮다는 이유만으로 모른 척 고개를 돌리지 않는다. 다른 사람을 대신해 눈앞의 일을 처리하고 그에 따르는 책임을 진다. 우월함이나 지위, 특권은 진정한 리더십과는 아무런 관계가 없다. 진정한 리더는 자신을 믿고 따르는 사람들이 스스로 잠재력을 깨달아 발휘하도록 만든다. 다시 말해 리더십이란 한 사람의 권력이 아니라 많은 사람의 위대함을 이끌어낼 수 있는 능력이다.

안타깝게도 오늘날 많은 남자들이 게으름 때문이든 무관심 때문이든 리더로서의 책임감을 벗어던지고 있다. 마땅히 자신이 져야 할 책임을 다른 사람의 어깨 위에 떠맡긴 채 책임에서 벗어나 홀가분한 삶을 살아간다. 세상은 지금 그 어느 때보다도 도덕적인 남자들의 리더십을 절실히 필요로 한다. 당신은 리더가 되어달라는 부탁을 받았을 때, 기꺼이 그 시험대에 오를 준비가 되어 있는가?

리더의 다섯 가지 덕목

결정을 내릴 때 가장 바람직한 것은 옳은 결정을 내리는 것이다. 그 다음은 잘못된 결정을 내리는 것이다. 가장 나쁜 것은 어떤 결정도 내리지 않는 것이다.
— 시어도어 루스벨트(미국 26대 대통령, 1858~1919)

1950년 미 국방부가 펴낸 「군 장교*Armed Forces Officer*」라는 얇은 책자에는 훌륭한 리더와 남자가 되는 법이 나와 있다. 이 책의 저자는 유능한 리더의 덕목으로 다섯 가지를 꼽고 있다. 이제부터 이 다섯 가지 덕목을 하나하나 살펴보고 그 의미는 무엇인지 짚어보려고 한다. 나아가 군 장교가 아닌 모든 남자에게 다섯 가지 덕목을 어떻게 적용할 수 있는지도 생각해보고자 한다.

1. 조용한 결단력

유능한 리더는 맡은 일을 끝까지 해내는 결단력이 있다. 폭풍이 몰아치기 전의 고요함 속에서는 누구나 어렵지 않게 결단력을 발휘할 수 있다. 진정한 결단력이란 두려움과 혼란, 극도의 위기가 닥쳤을 때 비로소 드러난다. 조용한 결단력을 가진 남자는 위기의 순간에 미적거리지도 우물쭈물하지도 않는다. 망설임의 손아귀에 붙들려 옴짝달싹 못하기보다는 조금의 동요도 없이 차분하고 침착하게 도전에 맞선다. 두려움을 감추기 위해 행동을 과장하거나 큰소리를 치며 호들갑을 떨지도 않는다. 사람들은 조용한 결단력을 가진 남자를 따르고 싶어 한다. 그를 둘러싼 세상이 망해갈 때도 그는 자신의 사명을 묵묵히 행동에 옮기기 때문이다.

조용한 결단력을 가진 리더가 되려면: 위기가 닥친 다음 결정을 내리려 하지 마라. 위기가 닥쳐 중요한 결정을 내려야 할 때를 대비하여 자신이 소중하게 여기는 가치와 목표가 무엇인지 미리 목록을 만들고 계획을 세워두는 것이 좋다. 결정을 한없이 미루다 결국 자신이 정해놓은 가치를 포기하게 되는 일은 없어야 한다. 이렇게 자신의 행동방침을 정해두면 시련에 맞서 혹독한 시험대 위에 올랐을 때 당황하거나 망설이지 않아도 되고, 처음의 계획대로 조용히 밀고 나가면 된다.

2. 위험을 두려워하지 않는 용기

위대한 성취는 기꺼이 위험을 무릎 쓰는 사람들의 몫이다. 안전한 길만 고집하는 리더와 그런 리더를 따르는 사람들은 성공을 맛볼 수 있는 자리에 오르지 못한다. 물론 위험이 없는 삶은 매혹적이다. 많은 남자들은 안전과 편안함이라는 달콤한 자장가에 홀려 적당주의와 무관심이라는 덫에 빠진다. 그러나 위험을 두려워하는 남자는 스스로 가장 커다란 위험을 초래하고 있는 셈이다. 위험을 두려워하는 남자는 더 이상의 발전도 없고, 정신을 단련할 기회도 없다. 따라서 가치있는 어떤 업적도 이룰 기회를 갖지 못한다. 이보다 더 큰 위험이 또 어디 있겠는가.

위험을 무릎 쓰는 리더가 되려면: 위험을 감수할 때 느끼는 두려움은 매우 현실적으로 다가온다. 따라서 작은 위험을 감수해 본 경험이 없는 사람에게 처음부터 큰 위험을 감수할 용기를 바라는 것은 무리다. 우선 일상생활에서 작은 위험을 감수할 수 있는 기회를 찾아보라. 위험에 대처하는 경험이 많아질수록 두려움을 극복할 수 있는 능력이 커지고 위험을 감수할 만한 가치가 있는 것과 그렇지 않은 것을 구분하는 지혜도 쌓여간다. 이런 경험과 지혜가 쌓이다 보면 진정한 리더십을 발휘해야하는 순간에도 큰 위험을 감수할 수 있는 용기가 생긴다.

3. 부하와 함께 성공의 기쁨을 누리는 자세

훌륭한 리더는 아무리 유능하고, 일을 완수하는 데 자신이 주도적인 역할을 했다 하더라도 결코 혼자 힘으로는 어떤 성공도 이룰 수 없다는 것을 인정할 줄 아는 사람이다. 훌륭한 리더는 성공을 위해 각자 자기가 맡은 역할을 열심히 해준 모든 사람들에게 진심으로 감사할 줄 알며, 그 과정에서 아주 작은 역할을 맡은 사람에게도 고마움을 잊지 않는다. 무슨 일이든 자신이 기여한 부분에 대해 인정받고 싶은 게 사람의 마음이다. 그렇기 때문에 사람들은 성공의 기쁨을 함께 나눌 줄 아는 겸손한 리더를 믿고 따르는 것이다.

부하와 함께 성공의 기쁨을 누리는 리더가 되려면: 부하와 함께 성공의 기쁨을 누리는 일은 어렵지 않다. 공개적으로 칭찬을 해줄 수도 있고 더 많은 보상으로 함께 기쁨을 나눌 수도 있다. 프로젝트를 완성하는 데 기여해준 직원들의 노고에 감사하는 마음이 담긴 카드를 보내는 것도 좋은 방법이다. 감사의 마음을 전하거나 칭찬을 할 때는 가능하면 어떤 점에 감사하는지를 구체적으로 밝혀라. 이는 부하직원이 하는 일을 리더가 정확히 파악하고 있다는 것을 보여준다. 부하직원은 형식적인 칭찬보다 구체적인 칭찬을 진심이 담긴 것으로 받아들인다.

4. 상황이 어려울 때 함께 책임을 지는 자세

일이 어렵게 돌아갈 때야말로 진정한 리더와 가짜 리더를 구분할 수 있다. 약삭빠른 리더는 자신의 팀이 성공적으로 임무를 완수했을 때는 앞장서서 칭찬을 받아들이지만, 상황이 어렵게 돌아가기 시작하면 책임을 떠넘길 부하직원을 찾기 시작한다. 이런 리더에 대한 신뢰와 충성심은 한순간에 무너진다. 진정한 리더는 부하가 실수를 했더라도 일단 자신이 책임을 지는 모습을 보여준 다음 잘못을 바로잡기 위한 조치를 취한다.

상황이 어려울 때 함께 책임을 지는 리더가 되려면: 대신 책임을 질 때는 단순히 제스처가 아니라 진심이 깃들어야 한다. 마지못해 책임을 짊어지는 사람은 남자가 아니라 소년이다. 순교자인척 굴지 마라. 책임을 떠맡는 대가로 명예를 바라지 마라. 사람들 앞에서는 리더로서 책임을 지는 것이 당연하다고 큰소리 쳐놓고 나중에 해당 부하직원을 조용히 불러 자신이 책임을 지는 유일한 이유는 부하의 체면을 살려주기 위해서라고 말하지 마라. 그 순간 위선적이고 믿지 못할 리더로 낙인찍힌다.

5. 폭풍과 좌절 속에서도 살아남을 수 있는 배짱, 그리고…

날마다 어제의 점수를 깨끗하게 지운 새로운 점수판을 들고 하루를 시작하라. 성공에 안주해서도 안 되고, 실패에 의기소침할 필요도 없다. 역사 속의 위대한 리더들은 눈부신 성공뿐 아니라 처절한 패배의 순간도 여러 차례 겪었다. 위대한 리더들의 다른 점이라면 자신이 변화시킬 수 있고 영향을 미칠 수 있는 일에만 집중한다는 사실이다. 리더는 자신의 힘으로 바꿀 수도 없고 영향을 미칠 수도 없는 지나간 과거에 집착하지 않는다. 실패했을 때는 실패에서 교훈을 얻되 더 이상 깊이 생각하지 마라. 성공했을 때는 부하들과 함께 기쁨을 나눈 다음 앞으로 계속 나아가라. 과거의 성공에 집착하는 리더는 더 큰 목표가 없다는 것을 인정하는 셈이다. 고대 그리스인들이 우리에게 던지는 교훈을 잊지 마라. 자만하는 순간 몰락한다. 늘 배고픈 채로 겸손하게 살아라.

과거에 안주하지 않는 리더가 되려면: 역사 속 위대한 리더들의 전기를 읽어라. 위대한 리더의 삶을 읽다 보면 그들도 얼마나 많은 실패를 겪었는지 알 수 있다. 한 번 실패했다고 해서 리더가 될 능력을 영원히 잃는 것은 아니라는 사실을 깨닫게 될 것이다. 역사상 가장 위대했던 남자들이 남긴 놀라운 성취를 통해 진정한 리더만이 역사를 바꿀 수 있다는 사실을 깨닫게 될 것이다.

카리스마를 발산하라

리더는 그들만의 독특한 카리스마를 발산한다. 카리스마는 비록 눈에 보이지는 않지만 다른 사람을 자석처럼 끌어당기는 힘을 지니고 있다. 아무리 볼품없는 물건도 카리스마를 지닌 사람의 설명을 듣고 나면 당장 구입하고 싶은 마음이 생긴다. 카리스마를 지닌 사람이 가는 곳이라면 지옥이라도 따라가고 싶어진다. 물론 처음부터 카리스마를 타고 나는 행운아도 있다. 그러나 유전적으로는 그런 축복을 타고 나지 못한 사람이라도 얼마든지 이 매력적인 자질을 계발할 수 있다.

경계심을 무너뜨려라. 이 한마디에 카리스마의 핵심이 담겨 있다. 다정하고 정중한 태도로 끝없는 호기심을 보이면 상대방은 처음에는 어리둥절하다가 이내 경계 태세를 푼다. 그 다음부터는 당신이 어떤 말을 하든지 마음을 열고 받아들인다.

뜨거운 관심을 보여라. 카리스마 넘치는 남자들의 가장 두드러진 특징은 상대방을 세상에서 가장 중요한 사람으로 대한다는 것이다. 그들은 누군가와 대화를 나눌 때 누에고치처럼 보호막을 둘러치고 그 안에 두 사람만 들어와 있다는 인상을 줄만큼 상대방과의 대화에만 몰두한다. 어떤 상황에서도 주의를 딴 데로 돌리지 않고 상대의 말을 진심으로 경청한다. 구체적으로 어떻게 하면 될까?

- 상대방과 계속 눈을 맞춘다. 물론 너무 뚫어지게 들여다보면 상대는 당신이 망막에서 레이저빔이라도 발사하려는 줄 알고 기겁할 수 있다. 이런 오해를 피하려면 상대방의 눈동자만 쳐다보지 말고 이따금 머리 주변으로 시선을 던졌다가 돌아오라.

- 열심히 듣고 있다는 신호를 보낸다. 때때로 머리(IDEA POT)를 끄덕이거나 "아하", "으음", "그래?", "그렇군"같은 말로 장단을 맞춘다.

- 상대방이 말을 많이 하게 한다. 상대가 쉽게 흥미를 보일만한 질문을 던져라. 상대방의 이야기에서 질문거리를 찾아내어 추가 질문을 던지고 더 자세하게 설명해달라고 청하라.

- 이름을 불러준다. 누구나 자기 이름을 불러주면 좋아한다. 대화 도중에 상대방의 이름을 불러주면 따뜻하고 매력적인 사람이라는 인상을 준다. 또 이름을 불러준다는 것은 처음에 통성명을 할 때 상대방의 이야기에 귀를 기울이고 있었다는 것과 이름을 기억할 만큼 상대방을 중요한 인물로 생각한다는 사실을 말해준다. 하지만 필요 이상으로 이름을 많이 부르지는 말자. 훈련 잘 받은 영업사원 같은 인상을 줄 수 있다.

신비주의를 살짝 섞어라. 카리스마를 불이라고 생각해보자. 불이 활활 타오르려면 어느 정도 폐쇄된 공간과 산소가 필요하다. 모든 내용이 공개된 책은 더 이상 궁금하지 않다. 카리스마를 지닌 리더를 따르는 이유는 그들에게 보통 사람들과는 다른 점이 있다고 생각하기 때문이다. 일반인은 접근하기 어려운 세상을 그들은 꿰뚫어보고 있을 것만 같기 때문이다. 하지만 당신이 혼다 시빅을 몰고, 온라인 축구 게임을 즐기며, 일주일에 세 번 타코벨을 먹고, 해외여행은 한 번도 해본 적이 없다는 사실을 모든 사람이 알게 된다면 사람들은 더 이상 당신이 특별한 힘을 갖고 있다고 생각하지 않을 것이다. 어느 정도 신비한 거리감을 두라. 그래야 세상은 지속적으로 당신의 일거수일투족에 관심을 보이고 당신의 비밀을 궁금해 한다.

모방하라. 모방은 아부의 가장 진실한 형태이며, 카리스마를 쌓을 수 있는 최고의 방법 중 하나이다. 상대가 눈치 채지 못할 만큼 신중하게 말투와 행동을 모방하면 신뢰와 호감을 쉽게 얻을 수 있다는 연구 결과도 있다. 다른 사람과 대화를 할 때 행동과 말투를 눈여겨 봐뒀다가 그의 거울이 되어라. 상대방이 다리를 꼬면 당신도 다리를 꼬고, 상대방이 의자에 등을 기대면 당신도 의자에 등을 기대라. 상대방이 말을 천천히 하면 당신도 천천히 말하라. 상대방의 거울이 될 때 주의할 점이 있다. 상대방의 행동이 끝난 후 2~3초 가량 사이를 두었다가 따라하라. 또 상대가 자신을 흉내 내고 있다는 눈치를 채지 못하도록 살짝 틀리게 따라하라. 너무 완벽하게 따라할 경우 바보가 아닌 이상 당신이 자기 흉내를 내고 있다는 것을 눈치 챈다. 그때부터 모방은 의도하지 않았던 역효과만 낳는다. 자신이 흉내의 대상이 된다는 사실을 유쾌하게 받아들일 사람은 아무도 없다.

웃어라. 따스하고 진심어린 미소만큼 사람의 마음을 누그러뜨리는 힘을 지닌 것은 없다. 미소는 지구인의 영혼을 빼앗는 UFO의 하얀 광선처럼 사람을 끌어당기는 힘을 지녔다.

칭찬에 인색하지 마라. 매순간 자신의 인생에 만족하며 사는 사람은 없다. 발야구 시합에서 너무 뚱뚱한 탓에 누구도 같은 편이 되기 싫어하는 아이가 받는 마음의 상처를 아는가? 모든 남자는 그 아이와 비슷한 상처를 적어도 하나씩은 가슴 한구석에 안고 살아간다. 상대방의 기를 살려주고 자부심을 높여주려고 애쓰는 사람에게 카리스마를 느끼는 것은 당연하다. 크고 작은 일을 가리지 말고 다른 사람을 칭찬하라.

자학적인 유머를 활용하라. 카리스마를 지닌 남자도 때로는 곤경에 처한다. 그러나 카리스마를 지닌 남자는 힘든 곤경을 헤쳐 나오는 비법을 알고 있다. 리더는 절대로 자신의 실수를 인정해서는 안 된다고 생각하는 사람들도 있지만, 사실은 정반대다. 카리스마를 지닌 리더일수록 잘못을 있는 그대로 인정한다. 차이가 있다면 그들은 실수를 인정할 때 미소와 유머를 잃지 않는다는 점이다. 조금만 덜 심각한 얼굴로 곤경을 헤쳐 나가라. 다른 사람에게 더 쉽고 친근하게 다가갈 수 있다.

남자답게 악수하는 법

성공과 명예를 향해 가는 길 위에서 우리는 수없이 많은 사람을 만난다. 때로는 앞길을 가로막는 사람도 있지만 출세의 든든한 지원군을 만날 때도 있다. 따라서 강렬한 첫 인상은 남자에게 필수적이다. 남자다운 악수는 단정한 옷차림과 매력적인 카리스마와 더불어 강렬한 첫 인상을 주기 위해 필요한 무기다. 악수는 나에 대해 많은 것을 말해주므로 한 치의 실수도 용납되어서는 안 된다. 악수만 해봐도 최근에 올림푸스 산을 정복하고 온 사람인지, 아니면 윔피 맥큄프살롯(뽀빠이의 약골 친구—옮긴이)인지 대번에 알 수 있다.

악수, 어떻게 할까?

따뜻한 온기가 흐르는 손대신 죽은 물고기 같은 손을 내밀어 첫 만남부터 흥을 깨뜨리는 남자들이 있다. 축 처진 날개다랑어는 저녁 식사를 위해 아껴두고 악수를 하는 손아귀에는 자신 있게 힘을 줘라. 물론 상대방의 손뼈를 으스러뜨릴 필요까지는 없다.

- 손가락만 살짝 걸치는 악수가 아니라 손을 전부 움켜쥐는 악수를 하라. 당신의 엄지와 검지 사이의 물갈퀴가 상대방의 엄지와 검지 사이의 물갈퀴와 맞닿을 수 있게 한다.
- 손에 음식이나 기름이 묻어있지 않은지 확인하라. 자칫하면 상대

방은 당신을 기억하는 것이 아니라 치토스(치즈 맛이 나는 바삭바삭한 과자—옮긴이)를 좋아하는 당신의 취향만 기억할 수 있다.
- 손에 땀이 나면 태연한 척 재빨리 바지(DRUMSTICK CASES)에 문질러 닦는다. 악수를 하기 전에 주먹을 펴고 있으면 손에 땀이 덜 밴다.
- 손을 내밀 때는 미소를 띠면서 상대방과 눈을 맞춰라.
- 여자와 악수를 할 때는 여자가 먼저 손을 내밀 때까지 기다려라. 그녀가 손을 내밀면 꽉 쥐어라. 여자들은 살짝 데친 시금치 같은 악수를 좋아하지 않는다.
- 서커스 학교 교장 선생님을 만나는 게 아니라면 악수를 할 때 정전기를 일으키는 물건을 손바닥에 쥐고 상대를 놀라게 하는 장난은 금물이다.

악수, 언제 할까?

악수는 타이밍이 생명이다. 악수를 하자고 내민 손을 혹시 상대방이 못 보면 어쩌나 하는 걱정 때문에 먼저 손을 내밀기 꺼려하는 사람들이 많다. 설령 당신이 내민 손을 상대방이 못 본다 하더라도 일단 악수를 청하자. 대부분은 당신이 쭉 뻗는 손을 알아보고 얼른 맞잡아 줄 것이다.

문화에 따라 적절한 인사법이 아닌 경우도 있다. 가령, 태국이나 인도 같은 나라에서는 악수 대신 두 손을 합장하고 고개를 숙이는 인사법이 더 보편적이다. 이와 같은 문화 차이를 염두에 두고 있는 게 좋다.

> 남자를 위한 조언
>
> ## 이 손을 어찌할까?
>
> 악수를 청하며 내민 손이 혼자 바람이나 가르고 있을 때는 머쓱하기 짝이 없다. 특히 주변의 모든 사람은 그 광경을 지켜보고 있는데 막상 쳐다보아주었으면 싶은 사람은 여전히 눈치 채지 못하고 있을 때는 영락없이 바보가 된 기분이다. 하지만 쑥스러워할 필요 없다. 상대방이 당신을 하찮은 인물로 여겨서가 아니라 타이밍이 안 좋았던 것뿐이다. 이런 머쓱한 상황을 피하고 싶다면 다음 규칙을 지킬 것.
>
> - 상대방이 다른 사람과 대화에 몰두해 있을 때는 악수를 청하지 마라.
> - 상대방의 옆에 서서 손을 내밀지 마라. 눈에 잘 띄지 않는다.
> - 먼저 말로 인사를 하면서 상대방의 시선을 끈 다음 악수를 청하라.
> - 당신이 내민 손을 상대방이 알아채지 못했을 때는 도로 거둬들이기보다 머리카락을 쓸어 넘기며 이렇게 말하라. "케이크나 구우러 가보자고." 조금은 머쓱함을 덜 수 있다.

청중을 휘어잡는 강력한 연설의 비밀

당신에게는 적이 많습니까? 많다면 다행입니다. 적이 많다는 건 살면서 한번쯤 뭔가를 옹호하기 위해 당신의 주장을 폈다는 뜻이니까요.

— 윈스턴 처칠(영국 총리. 1874~1965)

말이 지닌 힘은 상상을 초월한다. 위대한 연설은 사람의 마음을 움직여 부당함에 맞서 싸우게 한다. 위대한 연설은 비극적이거나 기념비적인 사건에 엄숙한 존경을 표함으로써 그 의미를 되새기고 우리의 기억 속에 영원히 남게 한다. 말은 역사의 거대한 흐름을 바꿔놓을 수도 있고, 개인의 삶을 변화시키기도 한다.

　출정을 앞둔 장병들에게 격려를 보내는 장군이나 법안을 놓고 토론을 벌이는 국회의원들에게만 뛰어난 연설가의 자질이 요구되는 것은 아니다. 남자라면 누구나 뛰어난 연설가가 되기 위해 노력해야 한다. 결혼식 때의 들러리 연설이나 시의 정책을 비판하는 의견 개진, 회사에서의 프레젠테이션 등 누구나 사는 동안 사람들 앞에서 연설을 해야 할 때가 있기 마련이다. 사람들 앞에 나선다는 생각만으로도 초조와 불안에 휩싸이는 남자가 되어서는 안 된다. 연설은 사람들에게 말이 지닌 강력한 힘을 보여줄 수 있는 기회다. 그 기회를 즐길 줄 아는 남자가 되어라. 연설이 필요할 때 사람들이 가장 먼저 떠올리는 남자가 되어라.

연설 준비하기

1. 연설의 목적을 정하라. 원고를 쓰기 전에 연설의 목적을 결정하는 게 먼저다. 뉴스를 전하기 위한 연설인가? 즐거움을 주기 위한 연설인가? 설득이나 동기부여를 위한 연설인가? 아니면 친구들에게 남성용 스타킹 밴드의 우수성을 납득시켜야 하는 자리인가? 연설의 목적을 정했으면 종이 위에 적어두자. 다른 데로 헤매지 않고 애초의 목적에 충실한 원고를 쓰는 데 도움이 된다.

2. 자료를 모아라. 자료를 모으기 전에 우선 청중을 연구하라. 그들은 어떤 동기에 의해 움직이는가? 그들의 관심사는 무엇인가? 이런 것들

을 알고 있으면 당신의 청중을 겨냥해 구체적으로 원고를 작성할 수 있다. 당신에게 연설을 의뢰한 사람에게 부탁하면 어렵지 않게 청중의 성향이나 정보를 얻을 수 있을 것이다.

그런 다음 연설의 주제와 관련된 자료를 조사하라. 설사 당신이 그 분야의 전문가라 할지라도 자료 조사는 바람직하다. 청중이 관심을 보일만 한 최근 정보나 새로운 시각을 얻을 수 있기 때문이다.

3. 윤곽을 잡아라. 연설 원고의 윤곽을 잡는 최고의 방법은 연설에서 제안하려는 쟁점들을 리스트로 만드는 것이다. 무조건 다 적어라. 앞뒤 가리지 말고 떠오르는 대로 전부 다 적은 다음 더 이상 떠오르는 게 없으면, 리스트를 쭉 훑어보면서 가장 중요한 쟁점 세 가지만 골라낸다. 이 세 가지는 1번에서 미리 정해둔 연설 목적에 부합해야 한다.

세 가지 주요 쟁점을 정한 다음 논리적 순서에 따라 배열한다. 시간 순서로 배열할 수도 있고 문제를 제기하고 해결 방안을 제시하는 순서로 배열할 수도 있다.

4. 연설 원고를 작성하라. 실제로는 원고 없이 연설을 할 계획이라 하더라도 연설 내용을 작성하는 것이 바람직하다. 원고 작성은 생각을 정리하거나 더 채워 넣어야 할 것이 무엇인지 파악하는 데 도움을 주고, 연단에 섰을 때 정신 나간 사람처럼 횡설수설하는 일을 막아준다. 훌륭한 연설 원고를 손에 쥐고 있고, 정확히 무엇을 말해야할지 알고 있는 사실만으로도 자신감을 가질 수 있다.

5. 오프닝에서 청중의 숨을 멎게 만들라. 열에 여덟은 어색하고 긴장

된 분위기를 깨기 위해 가벼운 농담으로 연설을 시작한다. 이는 꽤 위험한 시도다. 농담이 먹히면 괜찮지만, 그렇지 않았을 때는 청중과 가까워질 수 있는 가능성이 처음부터 전부 사라지고 만다.

연설의 포문을 여는 좋은 방법 중의 하나는 거두절미하고 연설의 주제로 바로 들어가는 것이다. 이렇게 하면 청중은 처음부터 연설에 빠져들게 된다. 연설이 자신과 직접 관련이 있다는 것을 알기 때문이다. 에피소드로 연설을 시작하는 방법도 있다. 실패할 염려가 없는 가장 확실한 방법이다. 흥미로운 에피소드로 연설을 시작하면 청중의 호기심을 자극하여 그들의 마음을 사로잡을 수 있다.

어떤 방법으로 시작하든 선택은 자유지만, 한 가지 분명한 건 연설 도입부에서 연설의 주제를 드러내야 한다는 것이다. 도입부가 끝날 때까지도 연설의 주제를 몰라 멍한 표정을 짓고 있는 청중이 있어서는 안 된다.

6. **경험담을 활용하라.** 연설을 하는 동안 청중과 하나가 된 느낌을 갖고 싶다면 직접 경험한 이야기를 들려줘라. 청중 가운데 연사(演士)와 비슷한 경험이나 사연을 가진 사람들이 분명히 있기 마련이다.

7. **보통 사람처럼 이야기하라.** 연설 원고를 작성할 때 "지식인처럼" 보이고 싶은 마음에 턱이 꼬일 만큼 어려운 단어(JAW TWISTERS)를 사용해서는 안 된다. 실제 생활에서 당신이 사용하지 않는 말은 연설에서도 쓰지 마라.

8. **마지막 한 방을 날려라.** 연설을 마무리하는 가장 쉬운 방법은 주요

쟁점을 요약하는 것이다. 이렇게 하면 청중에게 전하려 했던 메시지를 한 번 더 제시할 수 있어 애초의 목적을 달성할 수 있다. 연설의 목적이 사람들에게 행동을 촉구하는 것이라면 행동을 촉구하는 외침으로 연설을 마무리하라. 청중의 열정을 자극하는 단어를 사용하라. 감정을 점차 고조시킬 수 있도록 이야기의 순서를 짜라. 어떤 식으로 연설을 끝내든 간에 결론은 짧아야 한다. 그래야 뇌리에 강렬한 인상을 남긴다.

뛰어난 연설가가 되려면

1. 연습하고, 연습하고, 또 연습하라. 연단에 오르기 전에 적어도 열두 번 정도는 예행연습을 해야 한다. 어디서 말을 끊고 이을지, 손짓은 어떻게 할지, 억양은 어디서 바꿔야 할지 등을 미리 연습하라. 거울을 보면서도 연습하고, 친구 앞에서도 연습하라. 그런 다음 친구에게 솔직한 평가를 들려달라고 하라.

2. 말끔하게 차려 입으라. 방금 공원의 새들을 상대로 연설을 하고 온 듯한 옷차림으로 연단에 오르지 마라. 연설의 내용과 분위기에 걸맞은 옷차림을 해야 한다. 격식을 갖추거나 청중을 설득해야 하는 연설이라면 정장을 입어라. 정장이 여의치 않으면 적어도 재킷과 바지정도는 입어라. 아프리카 탐험여행을 다녀와 발표를 하는 자리라면 사파리 자켓 정도는 기본이다. 어떤 연설에서든 항상 말끔하게 보여야 한다. 그래야 청중은 연사를 존경하고 연사는 자신감을 갖게 된다.

3. **허리를 쭉 펴라.** 거듭 말하지만 연설은 자신감이 생명이다. 마치 「노틀담의 꼽추」에 나오는 콰지모도라도 된 양 자신의 신발 끝만 바라보며 연설을 하는 연사의 말에 귀를 기울이는 청중은 아무도 없다.

4. **억양에 변화를 줘라.** 연설을 시작하자마자 청중을 졸게 만들 의도가 아니라면 미래의 안드로이드 행성에서 온 외계인 흉내는 내지 마라. 로봇이 내는 것 같은 단조로운 음성에서 탈피하라. 지속적으로 청중의 흥미를 끌려면 억양의 변화는 필수다. 억양의 변화를 통해 때로는 질문을 던지는 느낌도 주었다가 빈정거리는 분위기도 풍겼다가 흥겨운 감정도 드러내라. 사람은 누구나 일상생활에서 자연스럽게 억양을 변화시키며 대화를 나누고 있다. 무대가 연단으로 바뀌었다고 말투까지 바꿀 이유는 없다.

5. **이야기를 잠시 멈췄다가 다시 이어가라.** 사람들은 대부분 연단에 올라가면 너무 긴장한 나머지 쉬지도 않고 일사천리로 연설을 끝내고 내려온다. 다시 말해 가장 강력한 연설 테크닉 중의 하나인 '일시 정지'를 써보지도 못하고 있는 셈이다. 일시 정지를 잘 활용하면 평범한 연설가도 극적인 연설가로 다시 태어날 수 있다. 청중이 연설 내용을 더 분명하게 이해하는 데도 도움이 된다. 일시 정지의 핵심은 타이밍이다. 효과를 기대할 수 있는 곳에만 사용해야 한다. 가령, "안녕하세요(일시 정지). 제(일시 정지). 이름은(일시 정지)." 같은 경우는 일시 정지의 의미가 없다. 언제 멈췄다가 다시 이야기를 이어가야 효과적일지 반복해서 연습하라.

6. **청중과 눈을 맞춰라.** 청중과 눈을 맞추면 그들과 하나가 된다. 하지만 그 많은 사람들과 어떻게 전부 눈을 맞출 수 있을까? 연설을 하는 동안 강연장 안을 돌아다니며 한 사람 한 사람과 눈을 맞추면 된다. 한 사람당 수초 정도 눈을 맞춘다. 눈을 맞추는 시간이 너무 짧으면 초조하거나 뭔가 찔리는 게 있는 사람처럼 보이고, 반대로 너무 오래도록 눈을 맞추면 사람들이 슬금슬금 강연장을 빠져나가기 시작할 것이다.

7. **제스처는 물 흐르듯 자연스럽게.** 손동작을 효과적으로 사용하면 말을 강조하는 효과를 거둘 수 있다. 그러나 잘못 사용하면 병에 걸린 문어처럼 보일 수 있다. 손을 너무 의식하지 마라. 그냥 자연스럽게 움직이도록 내버려두면 된다. 연설 하루 전날 아무나 붙잡고 연설하는 모습을 보여주고 손동작 때문에 연설을 듣는 데 방해가 되는지 물어보라. 만약 방해가 된다고 하면 동작을 조금 줄여주면 된다. 요컨대 손동작 때문에 노이로제에 걸릴 필요까지는 없다. 이탈리아 인처럼 손을 잠시도 가만 둘 수 없는 사람은 어떡하느냐고? 팔자려니 해라.

무대 공포증 극복하기

공공장소에서 사람들을 상대로 연설을 하는 것은 가장 흔한 공포증 가운데 하나다. 바보처럼 보이거나 창피를 당할까봐 두렵기 때문이다. 무대 공포증을 극복하는 데 도움이 될 만한 방법 두 가지를 소개한다.

첫째, 사람들 앞에서 이야기할 수 있는 기회를 최대한 활용하라. 두려움을 극복하는 가장 좋은 방법은 정면 돌파다. 사람들 앞에서 이야

> 남자를 위한 조언
>
> ## 공부해야 할 위대한 연설들
>
> 위대한 연설가가 되고 싶다면 앞선 시대의 위대한 연설가들을 공부해야 한다. 그들이 했던 연설을 많이 듣고 읽어봐야 한다. 이야기는 어떻게 끌어가는지, 전체적인 이야기의 균형은 어떻게 유지하는지, 어느 타이밍에서 말을 끊는지, 어떤 방법으로 이야기를 고조시켜 나가는지, 상징과 운율은 어떻게 사용하는지 등을 주의 깊게 살펴보라. 어째서 오랜 세월이 흘러도 여전히 위대한 연설로 평가받는지 알 수 있을 것이다. 다음은 모든 남자들이 알고 있어야 할 위대한 연설 열 가지다.
>
> 1. 윈스턴 처칠, "우리는 해변에서 싸울 것입니다", 1940년 6월 4일.
> 2. 데모스테네스, "세 번째 필립", 기원전 342년.
> 3. 존 F. 케네디, "대통령 취임 선서", 1961년 1월 20일.
> 4. 페리클레스, "추모 연설", 기원전 431년.
> 5. 프레데릭 더글러스, "노예에게 7월 4일은 어떤 의미인가?", 1852년 7월 5일.
> 6. 더글러스 맥아더 장군, "의무, 명예, 국가", 1962년 5월 12일.
> 7. 시어도어 루스벨트, "공화국 시민의 자격", 1910년 4월 23일.
> 8. 프랭클린 루스벨트, "진주만 연설", 1941년 12월 8일.
> 9. 마틴 루터 킹, "나에겐 꿈이 있습니다", 1963년 8월 28일.
> 10. 에이브러햄 링컨, "게티스버그 연설", 1863년 11월 19일.

기할 수 있는 기회를 찾아다녀라. 직장에서 회의 시간에 하는 발표도 좋고, 학교 수업 시간에 큰 소리로 책을 읽는 것도 좋다. 이런 작은 단계를 거치다보면 언젠가는 연단 위에 자신 있게 서 있는 자신의 모습을 발견할 수 있을 것이다.

둘째, 나의 실수를 눈치 채는 청중이 의외로 많지 않다는 사실을 깨달아라. 설사 눈치 챘다 해도 실수에 신경 쓰는 사람은 그리 많지 않다. 청중이란 연사에게 동정적인 집단이다. 사람들 앞에서 이야기를 하는 게 얼마나 가슴 떨리는 일인지 그들도 잘 알기 때문이다. 토마토가 날아오거나 뒷목이 뻣뻣해지기 전에는 연설을 중단할 이유가 없다. 계속 앞으로 나아가라.

남자답게 비판하고 비판을 받아들여라

웬만한 남자라면 역경을 극복할 줄 안다. 하지만 진정 그의 인격을 시험해보고 싶다면 권력을 줘보라.

— 에이브러햄 링컨(미국 16대 대통령. 1809~1865)

결코 즐거운 일이라고 할 수는 없지만, 다른 사람을 비판하고 다른 사람으로부터 비판 받는 일은 모든 리더의 피할 수 없는 운명이다. 타인의 비판을 받아들이는 것은 자신의 발전을 위해서 이롭다. 그들은 우리가 보지 못하는 결점이나 단점을 볼 수 있기 때문이다. 건설적인 비판은 부서나 조직의 성공 가능성을 높여준다. 그러나 안타깝게도 오늘날의 많은 젊은이들은 남자답게 비판하고 비판을 받아들이는 법을 모르고 있다. 젊은이들이 비판을 하거나 받을 때의 모습을 보면 어린 꼬마들 수준에서 크게 벗어나지 못한다. 예를 들어 다른 사람을 비판할 때 슬슬 약 올리듯 헐뜯기만 하면 비판하는 사람이나 받는 사람 누구에게도 보탬이 되지 않는다. 반대로 누군가에게 비판을 받으면 못마땅한 표정을 짓거나 변명을 늘어놓거나 하고, 때로는 상대방과 언쟁을 벌이기까지 한다.

　우리는 날마다 비판을 받거나 비판을 해야 하는 상황에 부딪힌다. 따라서 좀 더 성숙하고 건설적인 비판 문화를 위해 몇 가지 요령을 알아둘 필요가 있다.

남자답게 비판하는 법

냉정과 침착함을 되찾아라. 누군가를 비판하기 전에 반드시 자신의 감정을 먼저 체크하라. 특히 상대가 당신을 몹시 화나게 만들었을 때 냉정을 되찾는 것이 중요하다. 호통을 치고 주먹으로 책상을 내리치면 순간은 화가 풀리고 문제가 바로 잡히는 것 같겠지만, 근본적으로 문제를 해결할 수 있는 기회는 영영 사라져 버린다.

칭찬을 먼저 하라. 비판하기 전에 먼저 상대가 잘 한 일을 지적하라. 그런 다음 비판으로 넘어가는 게 좋다. 예를 들면 이런 식으로 말문을 열 수 있다. "그런데 한두 가지 개선해야할 부분이 있는 것 같아." 이 방법에는 두 가지 이점이 있다. 첫째, 일을 완전히 망쳐버린 것은 아니라고 상기시켜줌으로써 비판을 조금 더 쉽게 수용하게 만든다. 둘째, 이번에는 이렇게 했는데 다음에는 여기에다 이러저러한 것을 추가하면 좋겠다고 기준을 제시해줄 수 있다.

잘못한 점을 구체적으로 지적하라. 만약 비판을 할 때의 요령 중 딱 한 가지만 기억하고 싶다면 이것을 기억하라. 비판을 할 때는 최대한 구체적으로 하라. 절대로 "맘에 안 들어"나 "이거밖에 못해?"라고 하지 마라. 상대의 작업이나 행동에서 기준 미달이라고 생각하는 점을 구체적으로 집어서 지적하라. 불투명한 비판은 상대방을 방어적으로 만들고 정확한 문제가 무엇인지 모르기 때문에 개선의 기회도 주지 못한다.

사람이 아니라 행동을 비판하라. 인격이 아니라 그들의 행동을 비판하라. 그래야 상대방에게 주는 상처는 최소화하면서 효과는 극대화할 수 있다. "세상에 당신 바보 아냐? 눈 있으면 이 보고서를 좀 보라고!" 같은 식으로 말하지 마라. 단지 실수를 좀 했다는 이유만으로 바보가 되는 건 억울하지 않은가. 실수는 누구나 하기 마련이다.

능숙한 외교관이 되어라. 때로는 비판을 할 때 외교적 표현을 사용하면 도움이 된다. 우리의 오랜 친구 벤저민 프랭클린은 외교적 언술의 대가였다(달리 훌륭한 외교관이었겠는가!). 그는 자서전에서 외교적 표현의 사용에 대해 이렇게 썼다.

"논쟁의 여지가 있는 문제를 제기할 때 내가 절대로 쓰지 않는 말이 있다. '분명히'와 '한 치의 의심도 없이'다. 그 밖에도 나는 어떤 의견을 명백하게 지지한다는 인상을 주는 표현은 삼간다. 대신 '그런 걸로 알고 있습니다.' '아무래도 그렇지 않을까요?' '이러저러한 상황을 감안하면 그렇게 보는 게 맞을 것 같습니다.' '제 생각엔 그렇습니다.' '제가 틀리지 않았다면 그럴 겁니다.' 같은 표현을 사용한다."

이런 외교적 표현은 비판의 칼날을 부드럽게 만든다. 그러나 비판을 통해 당장 행동에 옮기도록 자극해야할 필요가 있을 때는 예리한 칼날이 더 적절하다. 사안에 따라 얼마나 예리한 칼날을 들이밀지는 당신의 판단에 달려 있다.

어떻게 고쳐야 할지 구체적으로 제안하라. 비판을 하는 목적은 비판을 받는 사람이 잘못을 고치고 나아지게 하기 위해서다. 하지만 무엇이 잘못되었는지 구체적으로 지적해주었음에도 당사자가 어떻게 문제를 고쳐야할지 모른다면 잘못을 지적해주는 것만으로는 도움이 안 된다. 이럴 경우 구체적으로 어떻게 개선하면 좋을지 그 방법에 대해서도 제안해주면 좋다. 거듭 강조하지만, 중요한 것은 '구체적으로'이다.

결과를 확인하라. 건설적인 비판을 하고 난 다음에는 반드시 그 결과를 확인하라. 상대방이 당신의 제안을 실행에 옮기지 않는다면 건설적인 비판이 무슨 소용이 있겠는가. 일정한 시간이 지나면 상대와 약속을 잡아라. 이런 식으로 말할 수 있다. "다음 주쯤 한번 만날까? 새로운 시도가 잘 되고 있는지도 궁금하고, 혹시 궁금한 게 있다면 내가 도움이 될 수도 있지." 애초에 비판을 하면서 개선안을 실행에 옮기고 있는지 결과를 확인하겠다고 상대에게 말해두어라. 상대는 좀 더 적극적으로 비판을 수용하고 행동에 변화를 주려고 할 것이다.

남자답게 비판을 받아들이는 법

선택해서 받아들여라. 살아가는 동안 우리는 수많은 비판을 듣게 된다. 하지만 모든 비판을 동등하게 취급할 필요는 없다. 나의 발전을 위한 진심어린 비판이 아니라고 판단되면 에누리해서 받아들여라. 물론 비판하는 사람이 지적하는 사항에 대해서는 솔직해져야한다. "괜히 부러우니까 질투하는 거야."라며 너무 쉽게 비판을 무시하는 사람들이 있다. 실제로 질투일 수도 있지만 다른 사람의 평가를 쉽게 무시해버리기 전에 한 번 더 생각해보는 것도 나쁘지 않다.

조용히 들어라. 상대방의 비판에 반박하고 싶거나 왜 그런 실수를 저지를 수밖에 없었는지 자초지종을 설명하고 싶더라도, 그냥 조용히 들어라. 마음을 열고 듣다보면 미처 생각지 못했던 가르침을 얻을 수 있다.

인신공격으로 받아들이지 마라. 비판받는 행동이나 일에서 최대한 거리를 두려고 노력하라. 그래야 자신의 문제를 객관적으로 바라볼 수 있다. 말이 쉽지 어려운 일이란 거 안다. 특히 많은 시간과 노력을 들인 일이 비판받을 때는 정말 객관적이 되기 힘들다. 하지만 이는 꼭 필요한 자세다. 객관성을 유지할 수 있는 버릇을 들이면 상처받은 자존심에서 자신을 구해낼 수 있다. 장담한다.

침착하라(상대방이 형편없는 망나니라 할지라도). 악의는 없지만 어리석은 무정부주의적 괴짜(WELL-MEANING, PINHEAD, ANARCHISTIC CRANK)가 당신을 비판한다면 가만히 듣고 앉아있기 힘들 것이다. 그렇더라도 덩달아 바보처럼 굴지 말고 의젓함을 보여라. 상대방이 고함을 치면서 날뛰더라도 침착하게 앉아 들어라. 상대방의 말이 끝나면 이렇게 대답하라. "어떤 점을 염려하고 계신지 잘 이해하고 있습니다. 이렇게 시간 내서 말씀해 주시다니 정말 감사드립니다." 이때 얼굴 가득 온화하고 상냥한 미소를 띠는 것이 중요하다.

구체적인 질문을 하라. 상대방의 비판이 모호하거나 분명하지 않을 때는 구체적으로 질문을 하는 것이 중요하다. 예를 들어, 누군가 당신의 보고서가 명쾌하지 않다고 하면 어느 부분이 명쾌하지 않은지 물어보고 어떤 식으로 개선을 하면 좋을지도 물어보라. 질문을 던짐으로써 상대방과 대화를 나누며 문제를 함께 풀어가 보겠다는 분위기를 조성할 수 있다.

잘못에 책임지는 자세를 가져라. 상대방의 지적이 타당하다면 핑계를 늘어놓지 마라. 자신의 행동에 책임을 져라. 자신의 실수를 부인하면 당장은 비난의 화살을 피해갈 수 있겠지만, 길게 볼 때는 잘못을 고쳐 발전할 수 있는 기회를 뒤로 미루는 결과가 된다.

비판에 대한 시각을 바꿔라. 비판을 모욕적이고 부끄럽게만 보던 시각을 버리고 자신을 개선할 수 있는 기회로 삼으라. 윈스턴 처칠은 비판에 대해 이렇게 얘기했다.

"비판이란 반갑지는 않지만 필요하다. 비판은 사람의 몸이 느끼는 통증과 똑같은 역할을 한다. 몸이 건강하다면 통증이 있을 리 없다."

비판을 피하는 대신 비판받을 기회를 찾아라. 다른 사람에게 평가를 받음으로써 오히려 재능과 능력을 최대한 발휘할 수 있음을 알게 될 것이다.

비판해주는 사람에게 감사하라. 말이 쉽지, 솔직히 "내가 틀렸다는 것을 알려줘서 정말 고마워요."라고 말하고 싶은 사람이 어디 있겠는가. 하지만 자존심을 죽이고 비판해준 사람에게 감사하라. 그들은 자신의 시간을 쪼개 내 옆에 앉아 개선해야 할 점을 지적해주는 것이다. 적어도 고맙다는 한 마디 정도는 하는 게 옳다.

행동으로 옮기고 결과를 알려라. 잘못을 지적받았으면 곧장 행동으로 옮겨라. 행동을 취한 후에는 잘못을 지적해준 사람과 만나 문제를 어떻게 고쳤는지 알려줘라. 이는 당신이 비판을 귀 기울여 들었고, 상대방이 어렵게 꺼낸 충고를 존중한다는 사실을 말해준다.

남자를 위한 조언

루디야드 키플링의 "만약"

많은 지도자들은 위대한 책에 실린 시와 구절에서 지혜를 발견했다. 영감을 불러일으키는 글로 가슴을 채우고 번민에 휩싸일 때마다 위로와 용기를 얻었다. 만약 암송해야 할 한 편의 시가 있다면 그것은 루디야드 키플링의 "만약(If)"일 것이다(이 고전시를 외우는 데 도움이 될지 모르겠지만 오려서 지갑에 넣어 다닐 수 있게 책 뒤에 시를 따로 첨부했다). 리더십과 남자다움에 대한 시 가운데 이보다 더 아름다운 운율을 가진 작품은 없을 것이다.

만약 당신이 모든 것을 잃고
모든 사람이 당신을 비난할 때도
고개를 당당히 들 수 있다면,
모든 사람이 당신을 의심할 때
그 의심을 겸허히 받아들이면서도
스스로 믿음을 잃지 않을 수 있다면,
지치지 않고 기다릴 수 있다면
남에게 속더라도 당신은 거짓말하지 않고
미움을 받더라도 증오로 되갚지 않으며

거만 떨지 않고 똑똑한 척 하지 않을 수 있다면,

꿈을 꾸되 꿈의 노예가 되지 않고
생각을 하되 실천하는 법을 잊지 않을 수 있다면,
성공과 실패가 둘이 아니라 하나라는 것을 알 수 있다면,
사기꾼들이 순진한 자들을 덫으로 끌어들이기 위해
당신이 말한 진실을 왜곡하는 것을 참아낼 수 있다면,
평생을 바쳐 이룩한 것들이 무너지더라도
낡은 연장을 들고 몸을 구부려 다시 일으켜 세울 수 있다면,
지금까지 쌓아올린 모든 것을 걸고
과감히 새로운 것에 도전해볼 수 있다면,
모든 것을 한 순간에 전부 잃는다 하더라도
처음부터 다시 시작할 수 있다면,
잃어버린 것에 대해선 한 마디도 내뱉지 않을 수 있다면,
모든 것을 잃고 난 후에도 마음과 정신과 힘줄이
너를 위해 일하게 할 수 있다면,
당신에게 "버티라"고 격려하는 것은
의지뿐이라 하더라도 버틸 수 있다면,

사람들과 이야기를 나누면서도
당신의 미덕을 지켜낼 수 있다면,
왕의 총애를 받는 신하가 되더라도
서민 가까이 몸을 낮출 수 있다면,
적이든 사랑하는 친구든
당신을 해치지 않게 할 수 있다면
모든 사람이 당신을 의지하게 하되
지나친 의존은 피할 수 있다면,
만약 당신이
용서할 수 없는 1분을
60초로 나누어 길게 바라볼 수 있다면,
세상의 모든 것은 당신의 것이며,
마침내 남자가 된 것이다. 나의 아들이여.

CHAPTER EIGHT

08

도덕적인 남자

THE VIRTUOUS MAN

인생이라는 거대한 전투에서 우수한 두뇌와 완벽한 신체보다
더 중요한 것은 적극적이고 수동적인 윤리적 자질의 조화다.
우리는 이를 인격이라고 부른다.

— 시어도어 루스벨트(미국 26대 대통령. 1858~1919)

도덕적 행동은 현대에 들어와 부당한 평가를 받아왔다. 도덕적 행동을 일종의 종교적 집착으로 바라보거나 심지어는 도덕적인 남자들을 계집애 같고 대범하지 못한 남자로 바라보는 시각도 팽배했다. 착각도 이만한 착각이 없다. 도덕적인 행동은 '계집애' 같은 행동과는 아무런 관계가 없다. 오히려 '도덕(virtue)'이라는 말에는 '남자다운 남자'라는 뜻이 담겨 있다. 이 단어는 라틴어 'virtus'에서 나왔고, 'virtus'는 다시 'vir'라는 단어에서 나왔다. 이 'vir'의 뜻이 바로 '남자다움'이다. 따라서 아리스토텔레스 같은 고대의 철학자들이 남자들에게 '도덕적인 삶'을 살라고 했을 때의 '도덕적인 삶'은 바로 '남자다운 삶'을 뜻했다.

남자답게 살라는 아리스토텔레스의 주문을 남다른 열정을 갖고 실천에 옮긴 한 남자가 있다. 벤저민 프랭클린이다. 프랭클린이 추구한 도덕적 삶은 신앙과는 전혀 관련이 없는 것이었다. 따라서 종교에 상관없이 모든 남자가 그의 삶에서 가르침을 얻을 수 있다. 프랭클린은 가능한 한 최고의 남자가 되어 국가와 사회와 가정에 기여하는 인물이 되고자 했다. 프랭클린의 이러한 삶의 자세는 모든 남자들의 목표가 되어야 마땅하다.

도덕적으로 완벽한 삶을 추구한 벤저민 프랭클린

벤저민 프랭클린(1706~1790)은 자수성가한 사람의 전형으로, 미국에서는 전설과도 같은 인물이다. 그는 가난한 가정에서 태어나 정규교육이라곤 고작 2년을 받은 게 전부지만, 인쇄업자, 과학자, 음악가, 저술가로 커다란 성공을 이루었다. 그뿐 아니라 시간이 날 때마다 미국의 건국을 돕고 외교관으로서 국가를 위해 봉사하기도 했다.

그가 이렇게 여러 분야에서 성공할 수 있었던 비결은 무엇이었을까? 바로 끊임없이 자신을 향상시키려는 노력이었다. 1726년 20세의 프랭클린은 도덕적으로 완벽한 삶을 살겠다는 고귀한 목표를 정했다.

"나는 대담하면서도 끈기를 요하는 목표를 가슴에 품었다. 바로 도덕적 완벽함에 이르는 것이다. 나는 어떤 실수도 저지르지 않으며 살고 싶다. 자칫 실수로 이어질지 모르는 타고난 천성과 사회의 관습, 친구들의 유혹을 모두 이겨낼 것이다."

프랭클린은 이러한 목표를 달성하기 위해 13가지 덕목으로 이루어진 자기 계발 프로그램을 만들어 철저하게 실천했다. 13가지 덕목은 다음과 같다.

"절제". 몸이 둔해질 지경까지 먹지 않고 취하도록 마시지 않는다.
"침묵". 타인이나 자신에게 도움이 되지 않는 말은 하지 않는다. 하찮은 잡담은 피한다.
"질서". 모든 물건은 제 자리에 두고 일은 순서를 정해서 한다.

"결심". 해야 할 일은 과감히 결심한다. 결심한 것은 반드시 실천한다.

"검소". 타인이나 자신에게 도움이 되지 않는 일에는 돈을 쓰지 않는다. 낭비를 삼간다.

"근면". 시간을 함부로 쓰지 않는다. 항상 유익한 일에 종사한다. 불필요한 일은 모두 잘라 버린다.

"정직". 남을 속여 상처를 주지 않는다. 생각과 말을 정직하고 공정하게 한다.

"정의". 부당한 행동으로 남을 모략하지 않고, 자신의 의무를 게을리하여 남에게 해를 끼치지 않는다.

"중용". 극단적인 행동을 피한다. 상대방의 행동이 도가 지나쳤다 하더라도 분한 마음을 억누른다.

"청결". 더러운 몸과 옷, 집을 참지 않는다.

"평온". 사소한 일이나 일상적인 일, 피할 수 없는 일 앞에서 동요하지 않는다.

"순결". 건강과 자손번식을 위한 경우를 제외하고는 성관계를 삼간다. 감각이 둔해지고 몸이 약해질 만큼 무리해서는 안 된다. 또 부적절한 관계로 가정의 평화를 깨고 명예를 더럽혀서는 안 된다.

"겸손". 예수와 소크라테스를 본받는다.

프랭클린은 13개의 도표가 그려진 작은 수첩을 들고 다니며 자신이 각각의 덕목을 잘 지키고 있는지 수시로 점검했다. 도표의 가로줄에는 요일을, 세로줄에는 13가지 덕목의 이니셜을 적어놓고 하루가 끝날 때마다 위반한 덕목이 있으면 해당 덕목 옆에다 점을 찍었다. 그의

근면

시간을 낭비하지 마라
항상 쓸모 있는 일에 종사하라
불필요한 일들은 모두 잘라 내라

	일	월	화	수	목	금	토
절제							
침묵							
질서							
결심							
검소							
근면							
정직							
정의							
중용							
청결							
평온							
순결							
겸손							

목표는 그 점들의 개수를 최소한으로 줄이는 것이었다. 점이 하나도 없는 날은 '깨끗한' 삶을 살았다는 증거였다. 다시 말해 부도덕한 일을 하나도 저지르지 않았다는 증거였다.

프랭클린은 매주 한 가지 덕목에 중점을 뒀다. 이를 위해 매주 도표의 맨 위 칸에 그 주의 덕목을 적고 그 덕목에 대한 짧은 설명을 덧붙였다. 이런 식으로 13주 동안 13가지 덕목을 마치고 나면 처음의 덕목으로 돌아가 다시 시작했다.

처음에는 프랭클린 자신이 예상했던 것보다 많은 점들이 도표에 찍혔다. 하지만 시간이 흐를수록 점이 줄어드는 게 눈에 띄게 보이기 시작했다.

결과적으로 그는 자신의 목표를 달성하지 못했다.(그가 고기와 음식, 여자를 좋아했다는 사실은 여러 기록을 통해 잘 알려져 있다.) 하지만 프랭클린은 그러한 시도만으로도 충분한 가치가 있다는 것을 깨달았다.

"비록 야심차게 세웠던 목표에 도달하지 못했고 기대에도 못 미쳤지만, 노력하는 과정을 통해 나는 더 훌륭하고 행복한 남자가 되었다. 시도조차 해보지 않았더라면 이런 변화는 불가능했을 것이다."

프랭클린의 "도덕적인 삶"을 당신의 삶에 적용하기

개인의 이익에 반하고 장애와 위험, 부담이 도사리고 있는 일이라 하더라도 한 인간으로서 반드시 해야만 하는 일을 하는 것, 이것이 인간적 도덕의 근본이다.
— 윈스턴 처칠(영국 총리. 1874~1965)

이제는 남자다운 행동과 도덕적인 행동이 서로 다르지 않다는 것을 다시 보여주어야 할 때다. 오랫동안 잠들어 있던 남자다움을 깨워라. 프랭클린의 13가지 덕목을 따르며 자신을 향상시키기 위해 노력하라. 물론 프랭클린이 살았던 시대와 우리가 살고 있는 시대는 다르기 때문에 프랭클린의 13가지 덕목을 자기 계발의 지침으로 삼으려면 현대 남성의 삶에 어떻게 적용해야할 지 고민했다.

우선 프랭클린의 덕목 차트를 갖고 다녀라. 프랭클린이 그랬던 것처럼 덕목 차트를 갖고 다니면 도덕적 삶을 살고자 하는 자신과의 약속을 잘 지키고 있는지 매순간 점검할 수 있다. 하루 종일 부도덕한 행동을 전혀 하지 않아 차트에 점이 하나도 찍히지 않는 날이 올 때까지 노력해보자.

절제

몸이 둔해질 지경까지 먹지 않고 취하도록 마시지 않는다.

오늘날 '절제'만큼 심심한 생각이 또 있을까? 그러나 벤자민 프랭클린이 도덕적 삶을 살겠다고 결심했을 때 가장 먼저 떠올린 덕목은 바로 절제였다. 그는 의도적으로 절제를 13가지 덕목의 첫 머리에 올려두었다. 음식과 술에서 먼저 자기 수양이 되어 있으면 다른 덕목들을 실천하기 더 쉬울 거라고 생각했기 때문이다.

왜 그렇게 생각했을까? 배고픔과 갈증은 가장 기본적인 원초적 욕구 가운데 하나이다. 이 말은 곧 가장 통제하기 힘든 욕구라는 뜻이다. 그러므로 자기 수양을 하고자 하는 사람은 가장 원초적인 식욕에서 시작해야 한다. 외적인 덕목과 씨름하기 전에 우선 내적인 욕망을 다스릴 줄 알아야 한다. 맑은 심신은 도덕적 삶의 전제조건이다.

몸이 둔해질 지경까지 먹지 않는다.

맛있는 음식을 먹을 때 최초의 몇 입이 가장 맛있다는 것을 눈치 챈 적이 있는가? 그러나 그것도 조금 먹다보면 처음의 강렬한 맛은 점점 희

미해져 이내 둔한 맛이 되고 만다.

　오늘날 많은 남자들은 어찌나 빠른 손놀림으로 음식을 입 안 가득 떠 넣는지 정작 그 맛을 제대로 음미할 새가 없다. 위는 뇌에게 이제 충분히 배가 찼으니 그만 먹으라고 신호를 보내지만 이를 무시한 채 식사를 멈출 줄 모른다. 결국 이는 불쾌한 포만감과 위의 팽창으로 이어진다.

　수많은 다이어트 책과 건강 잡지가 널려 있지만, 적당한 허리라인을 유지하고 싶은 남자들이 기억해야 할 것은 딱 한 가지뿐이다. 배고플 때 먹고, 배가 차면 수저를 놓아라. 텔레비전 앞에서 음식을 먹지 마라. 일을 하는 중에는 군것질을 하지 마라. 하루 세 차례 끼니때만 밥상 앞에 앉아라. 음식은 조금씩 입에 넣고, 맛을 음미하며 천천히 씹어라. 입에 있는 음식을 다 씹을 때까지는 수저를 내려놓아라. 맛이 밋밋해지고 배가 불러오기 시작할 때 수저를 놓아라.

취할 때까지 마시지 않는다.

과거에 남자다운 남자들은 한두 잔의 술을 즐겼다. 그러나 세월이 흐르면서 술을 물마시듯 들이켜고 게워내는 남자들이 늘고 있다. 그러나 폭음(GUZZLE GUTS)과 남자다움과는 아무런 관련이 없다.

　남자다움의 핵심은 자신의 책임을 다하는 것이다. 하지만 과도한 음주는 책임감에 반하는 행위다. 술에 취한 남자들의 선택에는 자기 의지가 100퍼센트 담겨있다고 볼 수 없다. 일이 잘못되면 술 때문이었다는 핑계를 대는 것만 봐도 알 수 있다. 진정한 남자라면 어떤 상황에서도 냉철함을 유지하여 자신을 완벽하게 통제한다.

남자는 어떤 것에건 의존하는 버릇을 버려야 한다. 술을 마시면 여러 가지에 의존하는 버릇이 생긴다. 그중 가장 두드러진 버릇은 알코올 중독이다. 술을 자주 마시게 되면 자신감이 생기고, 즐겁기 때문에 자꾸 술에 의존하게 된다. 그러나 진정한 남자는 자신의 힘만으로도 자신감에 넘치고 역동적이어야 한다. 이런 남자들은 즐거운 시간을 보내거나 더 매력적으로 보이고 싶은 용기가 필요할 때 결코 술을 필요로 하지 않는다.

침묵

타인이나 자신에게 도움이 되지 않는 말은 하지 않는다. 하찮은 잡담은 피한다.

프랭클린이 말한 침묵은 수도사들의 종교적 침묵을 뜻하는 게 아니다. 그가 말한 침묵의 진정한 뜻은 시기적절하게 말을 골라 하는 능력이다. 입담 좋은 사람들로 넘쳐나는 세상에서 관심을 끌고 존경을 받으려면 끊임없이 이야기를 하지 않으면 안 된다고 말할지도 모르겠다. 하지만 그런 달변가들에게 귀와 시선을 빼앗길 수 있을지는 모르지만 반드시 존경하는 마음까지 생기는 것은 아니다.

"말없는 칼(silent Carl)"이라는 별명을 갖고 있었던 미국 30대 대통령 캘빈 쿨리지(Calvin Coolidge)는 침묵을 가장 효과적으로 사용한 인물이다. 만찬 석상에서 작가이자 시인인 도로시 파커(Dorothy Parker)가 쿨리지에게 질문을 던졌다. "각하, 제 친구 한 명이 각하 입에서 두 마디 이상이 나오는 것은 불가능하다고 하더군요. 그래서 내기를 했습니다." 쿨리지가 대답했다. "당신이 졌군요."

> 남자를 위한 조언
>
> ## 침묵을 통해 얻는 것들
>
> **침묵함으로써 많은 것을 관찰할 수 있다.** 다른 사람들이 쉬지 않고 이야기를 할 때 가만히 듣고 있는 사람들은 흔히 토론 참석자들 가운데 가장 예리한 통찰력을 갖고 있다. 더불어 친구들에 대해 누구보다도 많은 것을 알고 있을 가능성이 높다.
>
> **침묵은 신비한 힘을 발휘한다.** 말없이 있다가 뭔가 중요한 이야기가 있을 때만 입을 여는 사람은 존경심을 불러일으킨다. 이 사람이 입을 열면 다른 사람들은 입을 닫는다. 이 남자의 말 속에는 항상 중요한 교훈이 들어 있다는 것을 알고 있기 때문이다.
>
> **침묵은 행동으로 이어진다.** 소매를 걷어붙이고 한 마디 말도 없이 묵묵히 일만 하는 모습만큼 남자다운 모습도 없다. 많은 남자들이 거창한 꿈을 떠벌이며 시간을 보내는 동안 성공한 인생을 사는 남자는 실제로 일을 하며 시간을 보낸다.

침묵 실천하기

조금 말하고 많이 들어라. 입을 열 때보다 귀를 열 때가 많을수록 얻는 것도 더 많다. 대화를 나눌 때 다른 사람보다 적게 말하는 것을 목표로 삼으라.

말을 하기 전에 한 번 더 생각하라. 하지 말았어야 할 말을 해서 후회하는 경우가 종종 있다. 말을 입 밖에 내기 전에 한 번 더 생각하면 부끄러운 혀의 놀림을 막을 수 있다.

침묵을 두려워하지 마라. 다른 사람과 함께 있을 때는 대화가 끊기는 순간이 생기기 마련이다. 특히 처음 대면하는 사람과 대화를 나눌 때는 어떻게든 이러한 공백을 메워야 예의바르고 사회성 있는 사람이라 생각한다. 하지만 일단 친해지고 나면, 끊임없이 대화의 공백을 채워야 한다는 강박은 거추장스러워질 것이다. 안정적인 침묵은 끊임없는 수다 못지않게 친분을 발전시키는 데 도움이 된다.

도덕적이고 정돈된 생각을 하라. 사람들은 생각이 짧아 말을 함부로 했다며 사과를 한다. 하지만 진짜 문제는 함부로 나오는 말을 걸러내지 못한 여과기가 아니라 무질서한 머릿속이다. 당신이 하는 말은 당신의 생각을 비춰주는 거울이다. 긍정적이고 밝고 지적인 생각으로 머릿속을 채우면 무슨 말을 하든 나와 상대방에게 모두 도움이 될 것이다.

질서

모든 물건은 제 자리에 두고 일은 순서를 정해서 한다.

프랭클린은 세 번째 덕목으로 질서를 꼽았다. 질서 있게 살면 '일이나 공부를 할 수 있는 시간이 더 많아진다.'는 것이 이유였다. 인생에서 중요한 일을 해내고 싶다면 사소한 일들이 앞을 가로막아서는 안 된다는 것을 그는 잘 알고 있었다.

물론 오늘날 남자들의 삶은 프랭클린이 살았던 시대와는 비교 할 수 없을 만큼 바쁘게 돌아갈 뿐 아니라 집중을 방해하는 환경에 둘러싸여 있다. 안타깝게도 현대 사회는 지저분하거나 단정치 못한 남자를 대범하고 사내다운 남자라고 생각한다. 이것은 대단한 착각이다. 군대의 훈련 조교에게 물어보라.

군대에서는 상당한 시간과 에너지를 질서라는 덕목을 배우는 데 할애한다. 신병은 훈련소에 도착하자마자 제일 먼저 침상 정리와 사물함 정돈, 군화 닦는 법을 배운다. 그런 다음 엄청나게 빨리 밥 먹는 법과 샤워하는 법, 군복 입는 법을 배운다. 이 과정에서 일정 기준에 미달하는 병사를 위해선 얼차려가 기다리고 있다. 그렇다면 질서를 배웠을 때와 배우지 않았을 때는 어떤 차이가 있을까? 군인들은 알고 민간인은 모르는 질서의 비밀은 무엇일까?

질서는 세부사항에 대한 주의력을 키워준다. 군대에서는 작은 것 하나로 생과 사가 갈릴 수 있다. 침상을 질서 있게 정돈하는 것 같은 일상적인 일조차도 세부적인 것에 대한 병사의 주의력을 키워준다. 세부적인 것에 대한 주의력은 일반인들의 삶에서도 중요하다. 작은 것에 대한 주의력을 갖춘 남자는 그렇지 못한 사람보다 자신의 분야에서 성공할 가능성이 더 높다.

질서는 기준을 제시한다. 군대에서는 병사들에게 어떤 식으로 침상 정돈을 해야 하는지 기본적인 지침을 제시한다. 주변을 잘 정돈하면 정말로 중요한 것에만 초점을 맞출 수 있다는 장점이 있다. 한밤중 적의 기습으로 잠에서 깨어난 병사가 총을 어디다 두었는지 몰라 허둥지둥 찾아 헤맨다면 어떻게 될까? 실제 삶에서도 마찬가지로 기준을 정해두면 우선순위가 높은 일부터 집중하는 데 도움이 될 것이다.

생활 속에서 질서 만들기

시스템을 만들어라. 질서 있는 시스템을 만들면 우리의 뇌는 중요한 일에 헌신할 시간이 많아진다. 예를 들어 집에서 열쇠나 지갑, 핸드폰을 두는 장소를 정해 두면 아침마다 정신없이 찾아 헤매지 않아도 될 것이다.

'그룹화'도 시도해볼 만한 시스템이다. 그룹화란 쉽게 말해 비슷한 행위들을 한 팀으로 묶어 동시에 처리하는 것이다. 예를 들어 하루 종일 이메일을 확인하고 답장에 매달려 시간을 낭비하지 말고 확인과 답장을 동시에 처리하는 것이다.

자동화하라. 생활 속에서 자동화할 수 있는 영역을 찾아라. 제일 먼저 떠오르는 영역은 개인 재정이다. 은행에서 시행하는 공과금 자동이체 서비스에 가입하라. 공과금 납부 따위는 자동이체 서비스에 맡겨 두고 세상을 정복하기 위한 자신의 일에만 매진하라.

일주일 계획을 세워라. 매주 일요일에는 다가오는 한 주의 계획을 세워라. 이렇게 계획을 세워 두면 우선순위가 높은 일에 초점을 맞출 수 있다.

지금 하라. 생활 속에서 질서를 세우려면 '바로 지금!' 정신을 실천하라. 잠자리에서 일어나면 그 즉시 이불과 요를 개라. 지시를 받으면 그 즉시 실행에 옮겨라. 바닥에 떨어진 양말을 보면 지체 없이 주워라. 말처럼 쉬운 일은 아니다. 본디 우주란 질서에서 혼돈으로 이동하려는 성향이 있기 때문이다. 저항하기 힘든 이 우주의 법칙을 이겨내려면 '지금 바로!'라는 주문을 반복적으로 외우며 뚫고 지나가라. '지금 바로'의 원칙을 실천한다면 해야 할 일들을 처리하는 게 감당이 안 되는 지경에 이르는 일은 결코 없을 것이다.

결심

해야만 하는 일은 과감히 결심한다. 결심한 것은 반드시 실천한다.

1912년, 위스콘신 주 밀워키에서 3선을 위해 선거유세 중이던 시어도어 루스벨트 대통령은 암살범이 쏜 총탄에 가슴을 맞았다. 마침 윗도리에 들어 있던 철제 안경지갑과 두꺼운 연설원고 덕분에 총알은 심장에 이르지 못하고 갈비뼈에 박혔다.

당시 루스벨트의 결단력은 남자답고 확고했다. 그는 응급치료를 마다하고 자신의 연설을 기다리는 1만여 명의 청중이 모인 강당으로 들어섰다. 연단에 오른 그는 청중에게 피 묻은 셔츠를 보였다.

"나는 방금 총을 맞았습니다. 총알 한 발로는 이 거대한 사슴을 잡을 수 있을 거라고 생각했다니 참 어리석지요."

그는 한 시간 반 동안 예정된 연설을 마치고 나서야 병원으로 가는 데 동의했다.

결심은 루스벨트에게 닥쳤던 것 같은 위기 상황뿐 아니라 매일 일상적으로 처리해야 하는 일에서도 필요한 덕목이다. 루스벨트는 결심을 네 번째 덕목으로 꼽았다. 이 덕목을 익혀야 뒤에 오는 나머지 아홉 가지 덕목을 끝까지 해낼 수 있기 때문이었다. 인생의 성공은 단호한 결심이 없다면 이룰 수 없다는 것을 그는 잘 알고 있었다.

결심은 소년과 남자를 구분 짓는 덕목이다. 소년은 이거 조금, 저거 조금 하는 식으로 수많은 일에 뛰어들지만 싫증이 나거나 난이도가 높아지면 언제 그랬냐는 듯 외면한다. 하지만 남자는 그렇지 않다. 일을 시작했으면 끝낼 줄 안다. 이런 까닭에 결심이란 덕목은 성실이란 덕목과 이웃지간이다. 결단력을 갖춘 남자는 한번 하겠다고 말한 일은 어떤 대가를 치러도 끝까지 성실하게 해낸다.

결단력 키우기

시련이 닥쳤을 때 어떻게 대응할지 미리 결심하라. 루스벨트가 살았던 시대를 통틀어 세 명의 대통령이 암살당했다. 오래전부터 루스벨트는 자신도 암살당할 수 있는 가능성에 대비했다. 이렇게 대비하는 자세 덕분에 실제로 암살 기도가 있었을 때 평상심을 유지하며 단호한 결단력을 발휘할 수 있었다. 루스벨트뿐 아니라 누구나 살아가는 동안 신체적, 정신적 시련에 직면하기 마련이다. 이러한 시련을 어떻게 대처할지 지금 결정해 두어라. 그래야 시련이 닥쳤을 때 링 위로 수건을 던지고 싶은(THROW UP THE SPONGE) 유혹을 이겨낼 수 있다.

충분히 연구한 후 결정하라. 인생의 진로를 결정할 때는 충분한 시간을 갖고 여러 가능성을 살펴봐야 하고, 최대한 많은 정보를 모아야 한다. 그런 과정을 거쳐 결정을 내린 다음에는 그 이유를 종이에 적어라. 프로젝트를 진행하거나 여행을 하는 동안 일이 잘 풀리지 않을 때는 이 종이를 다시 보라. 처음에 왜 그런 결정을 내렸는지 기억이 떠오르면서 계속 앞으로 나아갈 자신감을 얻게 될 것이다.

뒤돌아보지 마라. 결심이란 한 가지 결정을 고집스럽게 밀어붙이는 것이다. 자꾸만 뒤돌아보며 "혹시?"라는 질문에 발목이 잡히면 앞으로 나갈 수 없다. 양다리를 걸쳐놓고 두 가지 가능성을 모두 시도해보라는 유혹은 솔깃하지만 두 마리 토끼를 좇다가는 두 마리 전부 놓치기 십상이다. 후회는 결심을 비웃는 적이다.

그날그날의 목표를 정하라. 자질구레한 일상의 일들은 집중력을 쉽게 분산시키고 마치 안개처럼 시야를 뿌옇게 흐려 더 큰 그림을 그릴 수 없게 한다. 안개를 걷어내고 싶다면 그날그날의 목표를 종이에 적어라. 종이에 목표를 적어놓으면 성취하고 싶은 과제에 집중할 수 있고 최초의 결심을 지켜야겠다는 자극을 받는다.

검소

타인이나 자신에게 도움이 되지 않는 일에는 돈을 쓰지 않는다. 낭비를 삼간다.

언젠가 각계의 전문가들이 TV에 나와 방청객들에게 재산관리와 관련해 조언해주는 프로를 본 적이 있다. 그중 한 전문가는 매일 스타벅스에 들르는 건 사치이므로 라떼를 마실 돈으로 저금을 하거나 투자를 하라고 조언했다. 그러자 한 여성 방청객이 자리에서 일어나 울상이 되어 말했다. "하지만 하루라도 스타벅스에 들르지 않으면 못 살 것 같은데 어떡하죠?" 나머지 방청객들은 녹화장이 떠나갈 듯 환호성을 질러댔고, 여성 방청객의 말에 동의를 표하며 우레와 같은 박수를 보냈다. '위대한 세대'에 속하는 그 전문가는 순식간에 무덤으로 굴러 떨어졌다.

검소하게 사는 법

개인의 재산 관리를 잘하는 법을 알려준다는 정보와 조언이 각종 책과 인터넷 사이트에 넘쳐난다. 하지만 그들은 너무나도 명백한 사실 하나를 돌려서 어렵게 이야기한다. 바로 검소하게 살기가 엄청나게 쉽다는 사실이다. 정말이다. 버는 것 이상으로 쓰지 마라. 감당할 여력이 안 되면 사지 마라. 이것이 전부다. 정말 쉽고 간단하지 않은가?

검소하게 살기가 이렇게 쉬운데, 왜 많은 사람들이 검소한 삶을 실천하지 않을까? 간단하다. 검소한 생활이 얼마나 많은 혜택을 가져다주는지 알지 못하기 때문이다. 오늘날의 젊은이들은 TV프로그램에 나오는 고급 우유젖꼭지를 빨며 풍족한 환경 속에서 자랐다. 이런 젊은이들 눈에는 검소한 삶이 많은 것을 희생해야만 하는 삶으로 잘못 비친다. 따라서 가장 시급한 것은 검소한 삶에 대한 인식부터 바로 잡는 일이다.(애초에 스크루지 영감을 검소한 생활의 대변인으로 내세운 것부터가 뼈아픈 실수였다.) 검소한 사람들은 이부자리 대신 두루마리 휴지를 깔고 잠을 잔다고 생각한다면 크나큰 착각이다. 검소한 삶은 남자다운 삶이다. 검소한 삶은 자립적이고 독립적인 삶이다. 검소한 삶이야말로 진짜 인생이다.

어째서 검소한 삶이 남자다운 삶일까?

검소하게 살면 속박에서 자유로워진다. 철수에게 돈을 빌려 석현이에게 돈을 갚는 식으로 산다면(MANEUVERING THE APOSTLE) 원하는 것은 무엇이든 쉽게 얻을 수 있을 것처럼 보일 것이다. 하지만 이는 결국 당신의 발목을 잡고야 만다. 빚을 진 자는 노예나 마찬가지다. 이자는 결코 줄어들거나 사라지지 않고 가정은 빚에 허덕여 빚에 짓눌린 삶을 살 수 밖에 없다. 검소한 삶은 이러한 족쇄에서 나를 해방시키고 경제적 독립의 자유를 제공한다.

검소하게 살면 자립적으로 살 수 있다. 할아버지 세대는 '끝까지 다 쓰고, 헤질 때까지 입고, 손수 고쳐 쓰고, 가진 것 없이도 견딘다.'는 신조로 살았다. 물론 고치는 방법을 모르면 '손수 고쳐 쓰기'는 힘들다. 그러므로 집 안팎에서 남자의 손길이 필요한 일들을 배워두라. 구태여 수리공을 부르지 않고도 집 안팎의 일들을 직접 고쳤을 때의 만족감은 남자로서 느낄 수 있는 가장 큰 만족감이다.

검소하게 살면 참된 자아를 발견할 수 있다. 오늘날의 소비사회는 구매하는 물건에 의해 인간이 규정된다는 그릇된 믿음을 강요한다. 그러나 광고회사가 어떤 말로 현혹하건 사람이란 가치나 윤리, 정신이나 인간관계, 취미처럼 돈으로는 살 수 없는 것들로 이루어진 존재다. 검소한 삶을 살면 쇼핑센터 진열대에서 살 수 없는 자신의 정체성을 발견할 수 있다. 놀러 가는 기분을 내기 위해 고급 스포츠 차량이나 유명 브랜드의 등산 재킷을 구입하지 말고 실제로 캠핑을 떠나라. 값비싼 공정 무역 커피를 구입하는 대신에 무료급식소에서 자원 봉사를 하라. 기분을 좋게 만드는 물건을 구입하는 데 지출하던 돈을 줄이면, 더 훌륭한 남자가 되기 위한 습관과 특성을 개발하는 데 시간이 그만큼 더 많아질 것이다.

근면

시간을 함부로 쓰지 않는다. 항상 유익한 일에 종사한다. 불필요한 일은 모두 잘라 버린다.

벤저민 프랭클린은 '근면'이라고 불렀고 시어도어 루스벨트는 '맹렬하게 노력하는 삶'이라 불렀다. 생의 마지막 한 방울까지 남김없이 누리고자 한 루스벨트의 집념은 타의 추종을 불허했다. 그토록 맹렬하게 일하고 열광적으로 살았기에 루스벨트는 60 평생 이토록 많은 일들을 해낼 수 있었다.

- 뉴욕 주 의원, 뉴욕 시 경찰국장, 뉴욕 주지사 지냄
- 다코타 주에서 개인 목장 운영
- 해군차관보 지냄
- 1898년 미국-스페인 전쟁 당시 미국 최초의 의용 기병연대를 조직하여 기병대를 이끌고 산후안 언덕 위로 돌격
- 대통령 임기를 두 차례 지내고 미 역사상 전례 없는 3선 대통령에 출마
- 임기 중 미국을 떠난 대통령이 됨(그가 협상에 참여했던 파나마 운하 건설 현황을 점검하기 위하여)
- 역사가로서 35권의 책을 씀
- 수만 권의 책을 읽음 — 하루에 몇 개 국어로 된 책을 여러 권씩 읽음
- 과학 조사단을 이끌고 1,400킬로미터에 이르는 아마존 열대우림 탐사
- 사람의 발길이 전혀 닿지 않은 브라질의 강을 발견하여 자신의

이름을 붙임
- 59세 때 자원하여 보병대를 이끌고 제2차 세계대전에 참전
- 미국인 최초로 노벨 평화상 수상

그는 이 모든 일을 해내면서 소위 자기 계발을 위한 책은 읽은 적도 없다. 인생의 코치로부터 따로 조언을 듣지도 않았고, 자신의 목표가 담긴 글을 칠판에 써 붙여 놓지도 않았다. 그가 성공을 거둔 '비결'은 역사 속의 모든 위대한 인물들과 마찬가지로 다른 사람보다 더 열심히, 더 오래, 더 능률적으로 일한 것이었다.

더욱 근면한 삶을 위하여

일의 의미를 발견하라. 여행자와 석수(石手)에 관한 옛 우화(寓話)가 있다. 하루는 이 여행자가 채석장 옆을 지나고 있는데, 세 명의 석수가 대학 건물을 짓는 데 사용될 돌을 만드느라 여념이 없었다. 여행자는 석수들에게 지금 무슨 일을 하고 있느냐고 물었다. 세 명은 똑같은 일을 하고 있었지만 대답은 각기 달랐다. 첫 번째 석수는 "돌을 깎고 있습니다."라고 대답했고, 두 번째 석수는 "매일 금화 세 닢을 벌고 있습니다."라고 대답했다. 마지막으로 세 번째 석수가 웃으며 대답했다. "배움의 전당을 짓는 데 힘을 보태고 있습니다." 같은 일을 하지만 일의 본질에 대해서는 세 명이 전혀 다른 생각을 갖고 있음을 알 수 있다.

48/12 규칙을 실천하라. 열심히 일하는 것은 좋다. 하지만 사람인

> 남자를 위한 조언
>
> ## 근면한 삶을 통해 얻을 수 있는 것들
>
> 근면한 삶을 통해 얻을 수 있는 것들은 루스벨트의 경우처럼 반드시 거창한 업적에만 국한되지 않는다. 그보다는 남자의 삶 전반과 인격형성에 많은 장점을 제공한다.
>
> **근면한 삶은 자존감을 높여준다.** 하루 종일 비디오 게임을 하며 시간을 낭비했던 때를 돌이켜보자. 물론 헤일로(MS사에서 출시한 인기 비디오 게임—옮긴이)에 정신없이 빠져 있는 동안은 즐겁다. 그러나 마침내 새벽 4시가 되어 게임기를 끄고 자리에 누웠을 때 어떤 기분이 들었는가? 혹시 '난 아무 짝에도 쓸모없는 인간이야.'라는 생각이 들지 않았는가? 정직한 노동으로 하루를 보내라. 거울 앞에 선 자신을 수치감 없이 바라볼 수 있다.
>
> **근면한 삶은 우울증을 물리쳐준다.** 게으름이 악마의 놀이터까지는 아니더라도 우울증이 활개 칠 공간을 제공하는 것만은 틀림없다. 남자들은 항상 쓸모 있는 인간이란 평가를 받아야 한다는 강박을 가지고 있다. 그래서 항상 다른 사람을 위해 뭔가를 만들어내고 제공하려 한다 야망도 없이 모든 것을 귀찮게만 여기는 남자는 인생의 목적과 정체성을 잃은 채 스스로 불행하다고 느낄 수밖에 없다. 일은 남자에게 삶의 의미와 방향을 제시하고, 인생의 만족을 느끼게 한다.
>
> **근면한 삶은 휴식의 의미를 일깨워준다.** 방학이나 휴가만큼 학교나 직장을 다니는 남자들이 고대하는 것들도 드물다. 방학 첫 주는 어떻게 지나갔는지 모르게 환상적인 즐거움 속에서 지나간다. 둘째 주까지도 유쾌한 재충전의 시간을 보낸다. 그러나 셋째 주에 접어들며 슬슬 불안해지기 시작한다. 더 이상 기쁨은 없고, 항구에 묶어두었던 밧줄이 풀려 바다를 떠도는 한 척의 배가 된 것만 같다. 일과 병행이 되지 않는 휴식은 의미가 없다. 열심히 일할수록 휴식은 더 달콤해진다.

이상 신경쇠약에 걸리지 않으려면 적당한 휴식이 필요하다. 심신이 필요로 하는 휴식을 확보하는 좋은 방법 중의 하나는 48/12 규칙의 실천이다. 쉬지 않고 48분 동안 일한 다음 12분간 휴식을 취하라. 12분이 지나면 다시 일을 하라. 이 규칙을 실천해보면 하루에 자신이 처리한 일의 양에 깜짝 놀라게 될 것이다.

쉬는 시간에도 근면해질 수 있는 방법을 찾아라. 생업을 떠나 휴식을 취할 때 어떻게 시간을 보내느냐가 중요하다. 더 멋진 남자가 되는 데 도움이 될 활동을 찾아라. 지친 몸과 마음을 재충전시켜 활기차게 업무에 복귀하는 데 도움이 될 일을 찾아라. 텔레비전 앞에서 잠들고 눈 뜨는 휴식이 아니라 진정으로 활기를 되찾아 줄 일감을 찾아라.

정직

남을 속여 상처를 주지 않는다. 생각과 말을 정직하고 공정하게 한다.

> "무엇보다도 네 자신에게 거짓이 없어야 하리라.
> 밤이 낮을 따르듯 이 가르침을 따르면
> 누구에게도 해를 끼칠 일은 없으리라."

「햄릿」에 나오는 유명한 문장이다. 특히 첫 줄은 정직이란 무엇인지 한 마디로 요약해서 잘 설명해주고 있다. 하지만 안타깝게도 여기까지다. 대부분의 독자들은 첫 줄까지만 읽고 인간은 자신에게 정직하기 위해 노력해야 한다는 뜻으로만 그의 말을 해석한다. 그러나 셰익스피어는 단순히 개인적인 만족을 위한 가치나 덕목으로서만 정직을 이야기하지 않았다. 셰익스피어는 정직이 다른 사람과 관계를 맺는 수단이자 바탕이 되어야 한다고 말했다.

정직해지는 법

사생활이든 공적인 생활이든 우리는 오직 한 가지 법칙의 지배를 받는다. 세상을 더 잘 헤쳐나가도록 해주는 것은 오직 진실과 남자다움이라는 법칙이다. 제아무리 훌륭한 정책을 갖고 있고 눈치가 빠르고 손쉬운 방법을 알고 있고 말주변이 좋다 하더라도 그것들은 전부 정도에서 벗어난 일탈을 감추려는 눈속임일 뿐이다.

— 로버트 E. 리(미국 군인. 1807~1870)

비밀을 지킬 줄 아는 남자가 되어라. 은행을 털거나 친구의 돈을 훔친다는 것은 대부분의 남자로서는 꿈도 꿀 수 없는 일이다. 그러나 많은 남자들이 돈 못지않게 소중한 재산에 대해서는 너무나 가볍게 생각한다. 바로 개인의 정보다. 누군가 당신을 믿고 알려준 비밀 정보는 돈이나 마찬가지다. 당신의 임무는 그 돈을 지키는 것이지 써버리는 것이 아니다.

누군가 당신이 알고 있는 비밀을 알려달라고 압박을 가할 때는 다음과 같이 멋있게 응수하길 권한다. 상대방을 바싹 끌어당긴 다음 귀에 대고 조용히 속삭인다. "비밀 지킬 수 있지?" 친구는 얼굴이 환해질 것이다. "그럼 당연하지! 난 비밀을 지킬 줄 아는 사람이야." 그때, 친구의 어깨에 손을 얹고 이렇게 말하라. "그렇군. 나도 비밀을 지킬 줄 아는 사람이라네."

솔직한 모습을 보여라. 다른 사람인 척 하지 마라. 종교와 모임, 옷차림과 페이스북의 '가장 좋아하는 것' 등 모든 표현 수단을 통해 자신의 실제 생각과 모습을 드러내야 한다.

약속을 지켜라. 하겠다고 말한 것은 반드시 실행에 옮겨라. 남자가 한 번 내뱉은 말은 공식적인 계약이나 마찬가지다. 친구와 함께 시간을 보내기로 했는데, 마음에 두고 있던 여성이 집으로 초대한다면 어떡해야 할까? 안됐지만 당신에겐 지켜야 할 선약이 있다.

카멜레온 습성을 버려라. 모든 남자는 직장에서와 집, 그리고 친구를 만나서 하는 행동에 조금씩 차이가 있다. 하지만 어느 곳에서 누구를 만나든 자신의 기본적인 원칙은 지켜야 한다.

빈정거림을 자제하라. 두말할 필요 없이 빈정거림은 한번쯤 휘둘러보고 싶은 매혹적인 무기다. 타이밍만 잘 맞춘다면 재치 있는 말 한마디로 순도 높은 웃음을 낳거나 밥맛 떨어지는 인간의 코를 그 자리에서 납작하게 만들어 줄 수 있기 때문이다. 문제는 빈정거리지 않고는 도무지 말을 할 줄 모르는 남자들이다. 이런 남자들은 대화를 나눌 때 남들한테 자신의 진짜 생각과 감정을 들키지 않으려고 빈정거림에 지나치게 의존한다. 하지만 빈정거림은 최대한 절제해서 사용할 때 최대의 효과를 거둘 수 있다. 그 이유는 다음과 같다.

- 빈정거림은 켕기는 게 있는 남자들의 도피처다. 내놓을 만한 타당한 주장이 없거나 실제로 알고 있는 것보다 멋있게 포장하고 싶은 남자들이 비꼬길 좋아한다. 애매한 빈정거림은 이런 남자들에겐 안성맞춤인 선물이다. 운이 좋으면 남다른 시각을 가진 사람이라는 평가를 들을 수 있고, 사람들의 반응이 좋지 않을 때는 "그냥 농담이었어요."라고 둘러대면 그만이기 때문이다. 정말로

할 말이 있는 남자는 비꼬지 않고 그냥 말한다.
- 빈정거림은 다른 사람의 감정을 상하게 할 수 있다. 악의 없는 놀림과 진심으로 상대방에게 상처를 주는 비아냥거림 사이에는 경계가 불투명하다. 이쪽에서는 농담이라고 생각할지 모르지만, 상대방은 진심으로 받아들일 수 있다. 사람을 바보로 만드는 짓궂은 농담 때문에 친구나 동료에게 두려움과 기피 대상이 될 수 있다.
- 빈정거리는 사람은 신뢰를 잃기 쉽다. 말끝마다 빈정거림이 배어 있는 사람은 무슨 말을 해도 주변 사람들이 곧이곧대로 믿어주지 않는다. 으레 농담이려니 여기고 진지하게 받아들일 필요가 없다고 생각하는 것이다. 이상형의 여성에게 프러포즈를 했는데 그녀가 농담으로 받아들인다고 상상해 보라. 그런 상황을 원하는 남자는 없을 것이다.

정의

부당한 행동으로 남을 모략하지 않고, 자신의 의무를 게을리 하여 남에게 해를 끼치지 않는다.

정의로운 세상에서는 법과 규칙을 지킬 때 보상을 받고 그렇지 않을 때 벌을 받는 게 정상이다. 하지만 안타깝게도 정의의 저울은 균형을 잃을 때가 종종 있다. 묵묵히 자기 일을 하는 사람은 오히려 욕을 얻어먹고, 교활하고 약삭빠른 인간은 감쪽같이 빠져나간다. 그래서 레너드 애비스(Leonard Abess)의 이야기가 더욱 신선하게 다가온다. 애비스는 자신이 소유한 은행의 지분 중 상당 부분을 팔아 6천만 달러의

자금을 마련했다. 그는 이 돈을 399명의 은행 직원들에게 전부 나눠주었다. 여기서 그치지 않고 자신의 은행에서 근무했던 전 직원 72명까지 수소문해 돈을 나눠주었다. 이유가 뭘까? 애비스는 자신의 은행이 이처럼 훌륭히 성장할 수 있었던 데는 말단 직원 한명 한명의 힘이 모였기에 가능했다는 것을 오래전부터 알고 있었다고 했다. "행장이 결근을 해도 은행은 돌아갑니다. 하지만 출납 창구 직원들이 출근하지 않으면 문제가 심각해집니다." 애비스는 자신의 직원들에게 정당한 보상을 해주고 싶었던 것이다.

정의는 어떻게 실현할 것인가

지식을 넓혀라. 정의로운 남자가 되려면 가족과 지역사회, 국가가 요구하는 권리와 의무가 무엇인지 알아야 한다. 이를 위해서는 역사와 문화, 사상이나 최근 사건 등을 분명히 이해하고 있어야 한다. 정의를 실현하는 데 필요한 지식을 쌓기 위해서는 어떻게 해야 할까?

좋은 책을 많이 읽어라. 평생 훌륭한 고전 문학작품을 최대한 많이 읽겠다는 목표를 세워라. 모든 위대한 문학작품에는 예외 없이 정의의 문제로 갈등하고 투쟁하는 인물들이 등장한다. 이런 훌륭한 문학작품을 통해 인생의 힘든 문제인 정의를 탐구하고 풀어가는 데 필요한 지식을 쌓아갈 수 있다.

뉴스를 접하라. 남자라면 인터넷이 됐든 종이 신문이 됐든 매일 적어도 한 가지 이상의 신문을 읽어야 한다. 균형 잡힌 시각을 갖추려면 진보와 보수 성향의 신문을 둘 다 읽어라. 최근에 일어난 사건들을 지속적인 관심을 갖고 관찰하다 보면 세상이 얼마나 많은 부정부패로 물들어 있는지 알게 될 것이다. 신문을 읽다보면 세상의 부당함을 바로잡을 수 있는 판단력을 기를 수 있고, 자신의 생각을 어떻게 실행에 옮겨야 할지 아이디어를 얻을 수 있다.

우물을 벗어나 더 넓은 세상으로 나가라. 기회가 생긴다면 외국 여행을 하라. 여행책자에 나와 있지 않은 장소와 사람들을 만나보라. 다양한 문화를 경험하다보면 시야와 사고를 넓힐 수 있다.

정의를 실현할 수 있는 무대

천년만년 살 것처럼 굴지 마라. 죽음은 멀리 있지 않다. 살아있는 동안, 힘을 가지고 있는 한, 선하게 살아라.
— 마르쿠스 아우렐리우스(로마제국 16대 황제. 121~180)

지역사회를 위한 정의 실현. 정의를 위한 행동은 일대일 관계에서 이루어질 때 가장 큰 영향력을 발휘한다. 지역사회를 돌아보면 인생의 출발선에서부터 공정한 기회를 빼앗긴 사람들이 수두룩하다. 그들이 공평한 경쟁의 장으로 올라설 수 있도록 힘을 보탠다면 정의라는 대의명분을 실천할 수 있다. 자원봉사를 할 수 있는 기관을 찾아 다른 사람을 위해 봉사하라. 때로는 형처럼, 때로는 보이스카우트의 대장처럼 십대 청소년들의 스승이 되어 그들이 훌륭한 남자가 될 수 있도록 이끌어라.

국가를 위한 정의 실현. 현대 남성들은 정치에 냉소적이다. 하지만 무관심은 시민의 삶을 더욱 악화시킬 뿐이다. 선한 남자들이 정치에 관심을 갖지 않으면 세상은 영원히 바뀌지 않는다. 그러므로 중요한 이슈에 대해 많은 공부를 하라. 각종 시민운동에 적극적으로 참여하라. 부패한 악당들을 몰아내고 선한 남자가 권력을 쥘 수 있도록 힘을 보태라.

세계를 위한 정의 실현. 세계의 부당함과 싸우고 싶다면, "이제 행동할 때입니다"라는 문구가 적힌 티셔츠를 입고 '각성을 촉구하는' 콘서트에 참가하는 것만으로는 부족하다. 평화사절단에 가입하거나 유니세프를 위해 일하라. 당신이 유일하게 할 수 있는 일이 돈을 기부하는 것이라면 믿을만한 비정부 기구에 기부하거나 개발도상국가 국민들의 소자본 창업을 도울 수 있는 소액융자에 기부하라.

중용

극단적인 행동을 피한다. 상대방의 행동이 도가 지나쳤다 하더라도 분한 마음을 억누른다.

혹시 주체할 수 없는 열정에 휩싸여 사랑에 빠져 본 적이 있는가? 처음엔 만날 때마다 가슴이 두근거리고 터질 것 같지 않던가? 하지만 처음의 불꽃이 사그라지면 함께 있어도 따분하고 좀이 쑤시지 않던가?
　주변 경관이 눈부시게 아름다운 동네로 이사를 간 후 처음 몇 달 동안은 아름다운 경치에 둘러싸여 감탄으로 하루를 보내지만 이도 역시 시간이 흐르면 그토록 눈부신 경관도 일상의 평범한 배경이 되어버리지 않던가?

위 두 가지 경우에서 알 수 있듯 우리의 뇌는 놀랄 만큼 **빠르게** 자극에 적응하는 습성이 있다. 우리의 감각은 처음에는 우리가 받아들인 것을 강력하게 낚아채지만 금세 새로운 자극에 익숙해지고 결국은 무감각해진다. 사람들은 새로운 자극을 얻고자 더 많은 자극과 섹스, 영화, 음악, 술, 돈, 여행, 음식을 찾게 된다. 하지만 이런 즐거운 경험을 통해 얻는 기쁨도 결국 시간이 흐르면 바람이 그친 물결처럼 잔잔해지기 마련이다. 그러면 사람들은 더 자극적인 기쁨과 더 많은 기쁨을 찾아 나선다. 이런 악순환의 고리를 끊을 수 있는 방법은 무엇일까? 바로 중용의 미덕을 기르는 것이다. 중용을 실천하는 방법은 간단하다. 이미 당신이 하고 있는 일 속에서 더 큰 만족과 기쁨을 찾아보는 것이다.

중용 실천하기

감각을 다시 일깨워라. 새로운 자극만을 찾으려 하지 말고 평범한 경험 속에 숨어 있는 즐거움을 다시 발견하라. 음식을 먹을 때 걸신들린 사람처럼 허겁지겁 먹기 바빴다면 이제부터 입안에 든 음식의 독특한 맛과 감촉을 음미하며 씹어보라. 술을 마실 때도 물마시듯 벌컥벌컥 마시거나 싸구려 맥주만 찾지 말고 맥주 장인의 솜씨를 음미하는 법을 배워보라. 사랑하는 그녀의 손가락에 당신의 손가락을 깍지 끼면 어떤 기분이 들지 상상해보는 것은 어떤가. 우리는 대부분의 시간을 살아있는 시체처럼 살아간다. 잠에서 깨어 세상의 경이로움을 찾아보라.

동시에 여러 가지 일을 하지 말고 한 가지 일에 집중하라. 남자들은 종종 두 가지 일을 동시에 한다. 전화통화를 하면서 인터넷을 검색하고, 인터넷을 검색하면서 TV를 보고, TV를 보면서 잡지를 뒤적거린다. 우리는 매순간 자극을 갈망한다. 그러나 이런 갈망은 또 다른 자극에 대한 갈망을 낳을 뿐이다. 한 번에 한 가지 일만 하자. 대신 그 일에 모든 감각을 집중시키자. 무슨 일이건 지금 하고 있는 일에 집중하라.

자극과 단절하라. 사람의 감각회로는 예민하지만 연약하다. 자극이 지나치면 이 회로에 과부하가 걸리게 되어 있다. 그럴 때는 무조건 플러그를 뽑고 쉬어야 한다. 가장 좋은 방법은 정기적으로 자연의 공기를 쐬러 나가는 것이다. 물론 휴대폰과 컴퓨터는 집에 놔두고 떠나라. 도저히 야외로 나갈 시간을 내기 어려울 때는 '휴대폰과 컴퓨터 단식일'을 정하라. 일주일에 이 날만큼은 휴대폰과 컴퓨터에 눈길도 주지 마라.

만족을 뒤로 미뤄라. 휴가가 다가올수록 마음은 설렌다. 경험해본 사람은 알겠지만 때로는 휴가를 기다릴 때의 설렘이 휴가 자체보다 더 짜릿하다. 무엇이든 기다림이 길수록 실제로 그것을 손에 쥐었을 때의 기쁨은 더 커진다. 매일 햄버거를 한 개씩 먹던 사람이 한 달에 한 개만 먹는다면 그 맛은 전에 먹었을 때와는 비교도 할 수 없이 맛있을 것이다. 당장 새 차를 사고 싶은 마음을 미뤄둘수록 마침내 새 차를 구입했을 때의 기쁨은 두 배로 커진다. 기다림을 늘리고 기다리는 동안의 설렘을 만끽하라.

청결

더러운 몸과 옷, 집을 참지 않는다.

남자들에 대한 잘못된 고정관념 중 가장 대표적인 것은 남자는 지저분하고 단정치 못하다는 것이다. 텔레비전을 틀어보라. 등받이를 뒤로 젖힌 안락의자에 파묻힌 남자가 등장하고, 주변에는 온통 포테이토칩 부스러기가 널려 있으며, 방 한 쪽에는 빈 맥주 캔들과 오래된 피자상자가 산더미처럼 쌓여 있다. 이런 남자들은 주로 먹다가 흘린 케첩이 여기저기 묻은 너덜너덜한 티셔츠 차림이다. 놀랍게도 이 안타까운 몰골을 남자다움의 상징이라고 말하는 사람들이 있다.

지저분함은 남자다운 남자와 거리가 멀다.

사람들은 여성스럽고 꼼꼼한 남자들만 청결에 신경을 쓸 거라 생각하지만 사실은 그렇지 않다. 남자다운 남자들은 깨끗함에 자부심을 갖는 남자일수록 세밀한 부분에 대한 관심과 직업윤리가 강하고 자신감에 넘친다는 사실을 잘 이해하고 있다.

적당히 깔끔 떨기

다른 덕목과 마찬가지로 청결에서도 절제가 중요하다. 깨끗하고 단정한 것은 좋지만, 결벽증이나 '세균 공포증' 환자까지 되어서는 곤란하지 않은가. 앞선 세대의 남자들은 우리보다 훨씬 많은 땀을 쏟으며 일을 했지만 손 세정제를 갖고 다니지도 않았고 하루에 두 번씩 샤워를 하지도 않았으며 소독약을 들고 다니며 손이 닿는 곳마다 닦지도 않았다. 방향제 같은 것은 아예 생각조차 하지 않았다.

> **남자를 위한 조언**
>
> ## 지저분한 게으름뱅이가 되지 말아야 하는 이유
>
> **깨끗하면 기분이 좋아진다.** 뜨거운 물로 샤워를 하고, 가장 좋아하는 티셔츠를 깨끗하게 빨아 입고, 집안을 말끔하게 정돈하라. 세상에서 가장 행복한 남자가 된 기분이 들지 않는가?
>
> **주변이 정돈되면 정신을 맑게 유지할 수 있고 인생에 질서가 잡힌다.** 집안이 돼지우리처럼 뒤죽박죽이면 기분도 엉망이 되기 쉽다. 주변이 어수선하면 기분도 가라앉고 스트레스가 많아진다. 반대로 깔끔하게 정돈된 주변은 기분을 북돋아준다.
>
> **깔끔한 사람은 상대방에게 좋은 이미지를 심어준다.** 자신을 어떤 모습으로 세상에 보여주느냐는 매우 중요하다. 몸이나 입고 있는 옷, 살고 있는 집이 지저분하면 다른 사람은 어쩔 수 없이 그런 것을 근거로 상대를 판단할 수밖에 없다. 겉모습만 보고 판단하는 것은 옳지 않다고 생각하겠지만, 그게 세상이다. 깨끗하고 단정한 모습으로 세상에 나설 때 그에 걸맞은 대우를 받을 수 있다.
>
> **영계들은 깔끔한 남자를 좋아한다.**

사람 몸에서는 사람 냄새가 나고, 남자에게서는 남자 냄새가 나야 정상이다. 고대 로마의 웅변가이자 작가인 세네카(Seneca)는 '군인의 냄새, 농부의 냄새, 남자의 냄새'가 나지 않는 목욕 애호가들을 향해 혀를 찼다. 남성용 바디 스프레이와 향수를 듬뿍 뿌리고 돌아다니면 숙녀들의 관심을 끌 거라 생각하겠지만, 경험상 나는 그러한 생각이 잘못되었다는 것을 안다. 여자는 남자들의 몸에서 남자다운 냄새를 맡고 싶어 한다.

평온

사소한 일이나 일상적인 일, 피할 수 없는 일 앞에서 동요하지 않는다.

아버지는 아들에게 화를 참는 법을 가르쳐주고 싶었다. 그는 아들에게 화가 날 때마다 집 앞에 있는 나무 울타리에 못을 하나씩 박으라고 시켰다. 첫날 아들은 울타리에 서른 개의 못을 박았다. 그 이후 몇 주 동안 아들은 화를 참는 법을 배워갔고 울타리에 못을 박는 횟수도 서서히 줄어들었다.

마침내 아들은 하루에 한 번도 화를 내지 않게 되었다. 아버지는 아들에게 한 번 화를 참을 때마다 울타리에 박힌 못을 한 개씩 뽑으라고 했다. 며칠 후 어린 아들은 아버지에게 울타리의 못을 모두 뽑았다고 말하였다.

아버지는 아들을 울타리로 데려갔다. "네가 자랑스럽구나. 하지만 보렴. 못은 다 사라지고 없지만, 울타리에는 못이 박혔던 구멍들로 가득하지? 네가 화를 내면 아무리 나중에 반성을 하더라도 못이 박혔던 울타리의 구멍처럼 다른 사람 마음에 돌이킬 수 없는 상처를 남길 수 있다는 걸 기억하렴."

분노는 서구 사회에서 강인함이나 남성다움으로 여겨질 때가 많다. 우리는 얼간이들을 향해 화를 폭발시키는 다혈질들을 보고서 속으로 은근히 박수를 보내기도 한다. 분명 '정당한 분노'는 건설적인 방법으로 사용할 수 있다. 하지만 정당한 선을 넘어 이성을 잃고 분노를 터트리는 경우가 너무나 많은 게 문제다. 통제되지 않은 분노는 자기 자신과 사랑하는 사람 모두에게 상처를 줄 뿐이다.

분노를 다스리고 평온을 유지하기

대부분의 분노 조절 전문가들은 화가 솟구쳐 오를 때 일부터 백까지 수를 세거나 깊게 숨을 들이쉬라고 권한다. 이제 제발 그런 농담은 좀 집어치우자. 일단 분노에 사로잡히면 가만히 앉아 일부터 백까지 손가락을 꼽고 있을 사람은 아무도 없다. 차라리 화가 솟구치기 전에 마음을 다스릴 수 있는 훈련을 하라는 말이 더 현실적이다. 다음에 제시하는 단계를 따라 사고방식을 바꾸는 훈련을 해보자. 분노가 치솟을 때 차분히 맞설 준비를 할 수 있다.

인생을 바라보는 관점을 바꿔라. 비록 의식하지 못하고 있지만, 인생의 사소한 골칫거리에도 화를 내는 이유를 가만히 들여다보면, 그 속에는 인생은 평탄하게만 흘러가야 한다는 생각이 뿌리 깊게 자리 잡고 있다. 우리는 일이 뜻대로 풀리지 않으면 이를 기준에서 벗어난 일탈로 받아들인다. 하지만 인생은 본래 평탄한 것이 아니라 실망스럽고 혼란스러운 것이다. 이 진리를 마음에 새겨두면 문제에 좀 더 유연하게 대처할 수 있다.

타인을 바라보는 관점을 바꿔라. 일을 망쳐버리거나 누군가를 심하게 대했을 때 사람들은 보통 자신의 망신스러운 행동을 합리화하기 위한 이유를 찾는다. "거참, 그녀에게 그렇게 소리를 지르는 게 아닌데…… 잠을 제대로 못 잤더니 별 것도 아닌 일에 괜히 짜증을 낸 거 같군." 혹은 이런 이유는 어떤가. "그 사람과 그렇게 전화를 끊어버린 게 마음에 걸리네. 하지만 별 수 없잖아. 안 그랬으면 약속시간에 늦었을 거야. 그럼 난 해고 당했겠지. 그 사람한테 미안하지만 나도 어쩔 수가 없었어." 하지만 왜 다른 사람이 비슷한 행동을 했을 때는 같은 이유로 그런 행동을 저질렀을 거란 생각은 전혀 하지 못하고 끓어오르는 분노를 가누지 못하는가? 화를 냈을 때 자신에게 베푸는 너그러움만큼만 다른 사람에게도 똑같이 베풀어보라.

자신을 바라보는 관점을 바꿔라. 분노의 뿌리는 두려움이라고 말하는 사람도 있지만, 분노의 본질은 이기심이다. 화를 참지 못하는 남자들은 인생이 아무 걸림돌도 없이 평탄하게 흘러가야 한다고 생각할 뿐만 아니라 자신이 원하는 대로 인생이 굴러가지 않는 것을 용납하지 못한다. 이런 남자들은 자신이 우월하다는 생각이 도가 지나쳐 다른 사람들이 자신이 바라는 대로 따라주지 않으면 상처를 받고 실망감을 분노로 표출한다. 따라서 분노를 줄이려면 겸손한 마음을 지니고 자신이 인생의 어떤 위치에 있는지를 정확히 파악해야만 한다.

논리적 사고로 분노 다스리기

분노는 비이성적으로 흐를 때가 많다. 심지어 정당하게 화를 낼만한 상황에서도 분노는 종종 이성을 잃고 극단으로 치닫는다. 분노라는 독을 다스리기 위해서는 논리라는 해독제가 필요하다. 이를 위해서는 사고의 훈련을 통해 상황을 이성적으로 판단할 수 있어야 적절한 행동을 취할 수 있다.

무엇이 분노를 일으켰는지 냉철하게 따져보자. 분노에 눈이 멀게 되면 분노를 일으킨 진짜 원인을 놓치고 만다. 우리는 바로 눈앞에 있는 대상이나 가장 최근에 일어났던 일에서 분노의 원인을 찾으려는 경향이 있다. 하지만 우리를 화나게 하는 진짜 이유는 그렇게 가까운 곳이 아니라 더 깊은 곳에 있거나 어딘가 다른 곳에 있을 때가 많다. 분노의 원인을 이성적으로 따질 수 있다면 우리를 화나게 하는 진짜 이유를 알아내 적절하게 대처할 수 있다.

때로는 분노의 원인이 자신에게 있다는 점을 인정하자. 출근길에 차가 밀려서 화가 나는 이유는 당신이 집에서 10분 늦게 출발했기 때문이다. 잔디를 깎아달라는 아내의 잔소리에 짜증이 나는 이유는 당신이 며칠째 잔디 깎는 일을 미뤄왔기 때문이다. 행동과 생활습관을 바꾸면 화를 낼 일이 크게 줄어든다.

화가 날 때 자신에게 질문을 던져라. 내 힘으로 바꿀 수 있는 상황인가 내 힘으로는 도저히 바꿀 수 없는 상황인가? 둘 중 어느 쪽이 됐든 전혀 화를 낼 필요가 없다. 내 힘으로 바꿀 수 없는 상황이라면 화를 내봐야 소용없는 일 아닌가. 이럴 때는 타협하는 것이 현명하다. 반대로 내 힘으로 바꿀 수 있는 상황이라면 화를 낼 시간에 문제 해결을 위한 방법을 찾아야 한다.

순결

건강과 자손번식을 위한 경우를 제외하고는 성관계를 삼간다. 감각이 둔해지고 몸이 약해질 만큼 무리해서는 안 된다. 또 부적절한 관계로 가정의 평화를 깨고 명예를 더럽혀서는 안 된다.

순결에 대한 이야기는 어떻게 해도 엄격한 수녀님의 훈계처럼 들릴 수밖에 없다. 하지만 반드시 영원한 지옥살이를 피하기 위한 이유 때문이 아니더라도 순결을 열세 가지 덕목의 하나로 꼽는 데는 그만한 이유가 있다. 순결을 종교적 금욕의 측면에서만 바라보지 말고 인내와 중용이라는 측면에서 바라보자는 얘기다. 많은 사람과 성관계를 갖는다고 반드시 더 큰 만족을 얻는 것은 아니다. 여러 사람과 무분별하게 관계를 갖는 것은 내킬 때마다 차 안에서 혼자 패스트푸드를 먹어치우는 것과 다르지 않다. 그보다는 한 사람에게 에너지를 집중시켜 더 만족스럽고 멋진 관계를 지속해나가는 것이 바람직하지 않겠는가? 누구나 사먹는 싸구려 패스트푸드와 값은 비싸지만 훨씬 맛있고 고급스러운 안심 스테이크, 당신은 어느 쪽을 원하는가?

포르노를 끊어라

포르노물에서 섹스와 여성을 묘사하는 방식은 현실 세계의 섹스나 여성과는 거리가 멀다. 포르노물에 등장하는 여자들은 수박만한 모자를 가슴에 달고 있고, 아는 단어라고는 끙끙거리는 신음소리가 전부이고 햇볕에 그을린 탱탱한 몸매로 하나같이 서커스 쇼에서도 보기 힘든 자세를 연기한다. 포르노라는 허상은 남자에게 사랑과 섹스에 대한 비

현실적인 기대를 품게 하고 여러 면에서 남자의 에너지를 소모케 할 뿐이다.

포르노는 여자를 물건처럼 취급한다. 여자는 고깃덩어리가 아니다. 여자는 숙녀다. 그러나 포르노물은 여자를 음탕한 간호사 연기를 하는 것 외에는 별다른 욕구가 없는 존재인 것처럼 진실을 왜곡한다. 진짜 남자는 여자를 볼 때 그녀라는 존재 전체를 본다. 진짜 남자는 여자를 자신과 동등한 존재로 여기며, 존중받아야 하는 존재라고 생각한다. 여자와 사귀기 위해서는 할 일도 많고 노력도 많이 해야 한다. 진짜 남자라면 그런 노력과 수고를 할 용기를 가지고 있다.

포르노는 실제 연애에 흥미를 잃게 한다. 포르노에 중독된 남자들은 여자와 의미 있는 교제를 시작하는 데 종종 애를 먹곤 한다. 현실에서 만나는 여자들의 몸매가 포르노 잡지에서 보던 여자들의 몸매에 턱없이 못 미치기 때문이다. 그들이 넋을 잃고 빠져드는 선정적인 포르노물과 비교하면 실제 애정생활은 하품이 날만큼 따분하게 여겨진다.

포르노는 남자의 자신감을 무너뜨린다. 포르노는 자신감을 무너뜨린다. 남자들은 주로 우울하거나 외로울 때 포르노를 찾는다. 우울함을 떨치고 자신을 괴롭히는 문제를 해결하기 위한 실제적인 노력을 기울일 생각은 하지 않고 방구석에 처박혀 뭐랄까, 그 (점잖지 못한 표현을 용서하길) '손잡이'만 문질러댄다. 하지만 애꿎은 화장지를 한 통 전부 쓴다고 해도 우울했던 기분이 좋아지지는 않는다.

잘못된 가치관을 거부하라

적어도 '원나잇 스탠드' 풍조만이라도 거부하길 촉구한다. 오늘날 젊은 남녀들은 연애를 시작해서 잠자리를 함께 할 때까지 필요한 최소한의 절차도 생략한 채 술집이나 파티에서 처음 만난 상대와 곧바로 침대로 향한다. 원나잇 스탠드를 옹호하는 사람들은 이런 형태의 성관계는 합의에 의한 것이고 부담도 없으며 누구에게도 해가 되지 않으니 문제될 게 없다고 주장한다. 그러나 다음과 같은 이유에서 원나잇 스탠드는 포르노와 마찬가지로 남자의 에너지를 크게 소모시킨다.

'원나잇 스탠드'는 기대만큼 만족스럽지 않다. 성관계는 본질적으로 사람이 쉽게 상처를 받을 수 있는 행위다. 아무 것도 걸치지 않은 알몸으로 자신의 행동 하나하나에 신경을 써야하고, 자신의 일부를, 말하자면, 상대방의 일부에 찔러 넣기까지 해야 한다. 따라서 만족스러운 관계는 당연히 사랑과 친밀감에서 나온 신뢰가 바탕이 되어야 한다. 술에 취해 더듬는 식으로는 진정한 만족에 이를 수 없다.

'원나잇 스탠드'는 그릇된 선입견을 심어준다. 비디오 게임 「마이크 타이슨의 펀치 아웃」에 중독된 소년이 실제 세계 헤비급 챔피언과 맞붙어도 싸워 이길 수 있다는 착각에 빠져 있는 소년처럼 '원나잇 스탠드'에 길들여진 남자는 여성에 대한 허황된 꿈을 품고 있기 때문에 진정한 교제가 힘들다. 신사다운 연인으로서 아내가 되어줄 여자에게 청혼하고 싶다면 진정으로 낭만적이고 이타적인 사람이 되는 법을 배워두어야 한다.

겸손

예수와 소크라테스를 본받는다.

1967년 12월 31일, 램보 필드. 미 프로축구 NFC 챔피언십을 놓고 그린베이 패커스와 달라스 카우보이스가 만났다. 이 날 시합은 훗날 '아이스 볼(Ice Bowl)'이라 불렸을 정도로 혹한의 날씨 속에서 펼쳐졌다. 영하 13도에 가까운 기온에 잔디는 꽁꽁 얼어붙어 돌덩이 같았고, 호루라기는 심판의 입술에 달라붙을 정도였으며, 하프타임 내내 공연을 한 고적대의 멤버 몇몇은 저체온증으로 병원 응급실로 후송되기까지 했다. 이런 상황에서 전통의 라이벌인 두 팀은 60분 동안 사생결단을 낼 듯 싸웠다. 마지막 4쿼터 16초를 남긴 상황에서 달라스가 17대 14로 앞서고 있었다. 공격 기회를 잡은 그린베이의 쿼터백 바트 스타는 그대로 공을 들고 상대편 골문을 향해 질주를 시작했다. 동료인 제리 크레이머는 스타를 쓰러뜨리기 위해 달려드는 달라스의 수비수들을 막아줬고, 덕분에 스타는 그린베이의 엔드 존까지 내달아 역전승을 일궈냈다. 하지만 크레이머는 춤을 추지도 않았고 즉석에서 싸인을 해주기 위해 양말 속에서 펜을 꺼내들지도 않았다. 그는 다만 조용히 운동장을 빠져나갔다.

겸손이라고 하면 종종 연약하고 순종적이며 겁 많은 사람의 이미지를 떠올린다. 하지만 제리 크레이머처럼 앞선 세대의 남자들은 힘과 품위, 자신감의 다른 이름은 진정한 겸손이라는 사실을 알고 있었다.

겸손이란 무엇인가

겸손은 소심함이나 소극적인 행동과는 다른 개념이다. 겸손한 사람은 자신의 능력이나 행동을 실제보다 과장하지도 않고 깎아내리지도 않는다. 겸손한 남자는 자신의 재능과 노력, 단점을 있는 그대로 평가한다.

겸손함 속에는 자부심이 배제되어 있다. 우리는 자부심은 좋은 것이라고 배웠다. 그러나 자부심을 느끼려면 반드시 다른 사람과 비교를 해야 한다. 자신의 장점을 다른 사람의 약점과 비교했을 때만이 자부심을 느낄 수 있는 것이다. 하지만 이런 비교는 자신을 발전시키는 방법을 찾는 데 전혀 도움이 되지 못한다.

겸손에 대한 오해

겸손해지기 위해 노력하는 과정에서 우리는 종종 겸손과 겸손한 척을 혼동한다. 가령 직장에서 오랜 시간을 들여 준비한 덕분에 성공적으로 프레젠테이션을 마치고 사람들의 칭찬을 들었을 때 우리는 "바빠서 충분히 준비를 못했어요."라고 말한다. 겸손을 가장한 겸손 속에는 사람들에게 더 많은 칭찬을 듣고 싶은 계산이 깔려 있는 경우가 많다. "충분히 준비를 못한 게 저 정도인데, 시간만 넉넉했으면 엄청난 결과를 냈을 거야."라고 생각해주길 원하는 것이다. 어떤 일을 잘 해냈을 때 지나치게 허풍을 떨지 않고 솔직하게 인정하는 것이 겸손이다.

겸손을 실천하는 법

칭찬받을 사람에게 공로를 돌려라. 교만한 남자는 어떤 성공에 대해 가능한 한 많은 칭찬을 독차지하려 든다. 반면 겸손한 남자는 함께 노력한 모든 사람들에게 골고루 칭찬이 돌아갈 수 있도록 배려한다. 어떤 남자도 순전히 혼자만의 힘으로 성공을 이룰 수는 없다. 성공을 위해서는 타고난 재능과 행운이 따라줘야 함은 물론, 어느 단계에서는 반드시 가족과 친구, 선생님 등 주변 사람들의 도움을 받지 않으면 안 된다. 그들에게 공로를 돌려라.

짧은 지식과 경험을 자랑하지 마라. "나도 지난번에 두 번째로 유럽에 다녀왔어. 처음 갔을 때는 몰랐는데……" "난 학점은 4점 만점을 받았어." "아, 그 소설가 나랑 좀 아는 사이야." 어떤 남자들은 대화 도중에 걸핏하면 이런 식으로 말을 자르고 들어온다. 게다가 이런 단편적인 정보는 대화 주제와 밀접한 관련이 없을 때가 많다. 이 가여운 속물들은 절대적으로 자신감이 부족한 사람들이다. 처음부터 다른 사람의 주목을 끌 만한 이야기를 던져놓지 않으면 영영 사람들의 관심을 받지 못할까봐 두려워한다. 겸손한 남자는 물웅덩이 속의 두꺼비처럼 사람들의 이목을 집중시키려고 애쓰지 않는다. 상대방에게도 함께 나누고 싶은 중요하고 재미있는 이야기가 있다는 것을 알고 있기 때문에 자신이 말할 차례가 올 때까지 상대의 말을 자르지 않고 기다린다.

한 수 위인 사람인 척 굴지 마라. 대화를 나눌 때 항상 상대방보다 한 수 위라는 것을 강조해야 직성이 풀리는 사람이 있다. 가장 밥맛 떨어지는 대화 상대다. 가령 내가 "어제 저녁에 훌리오 레스토랑에서 멕시코 음식을 먹었는데, 정말 맛있더라." 라고 말하면 이런 남자는 이렇게 대답한다. "그래? 진짜 맛있는 멕시코 음식을 못 먹어봤군. 나는 멕시코의 게레로 네그로에서 수녀님이 직접 해주신 음식을 먹어봤지. 뭐? 게레로 네그로가 어디 있는 도시인지 모른다고? 하긴, 단체관광들에게 바가지나 씌우는 유명 관광지만큼 잘 알려진 곳은 아니니까 모를 수도 있겠군." 이런 남자들은 누가 어떤 말을 하건 상대보다 하나라도 나아야만 이겼다는 기분이 드는 모양이다. 마치 누가 더 멀리까지 오줌을 싸는지 시합을 하는 아이들을 떠올리게 한다. 이런 시합에 뛰어들고 싶은 마음이 생기는가? 아서라. 그래봐야 오줌은 당신 구두 위에 떨어질 것이다.

맺는 글

이제 이 책의 마지막 장에 이르렀다. 지금쯤이면 남자다움이란 단순히 대형 트럭을 몰거나 복부에 식스팩을 만드는 것 이상의 그 무엇이라는 것을 알게 되었으리라. 이 책에서 제시한 기술이나 조언을 통해 남자답게 사는 것을 평생의 목표로 삼겠다는 자신감을 얻었는가? 그랬다면 필자로서는 더 바랄게 없다.

남자다움이란 무엇인지 제대로 파악하려면 수년의 시간, 혹은 그 이상이 걸릴지도 모른다. 하지만 수십 년을 연구하더라도 남자다움이란 근본적으로 '자신이 될 수 있는 최고의 남자가 되는 것'이란 사실만은 바뀌지 않는다. 인생의 어느 단계에 있건 마찬가지다. 아버지로서, 친구로서, 연인으로서, 혹은 이 셋 모두에 해당하는 사람으로서, 자신의 위치와 역할에서 최고의 능력을 발휘하기 위해 노력하는 남자가 진정으로 남자다운 남자다.

남자다움은 위대한 힘이지만 좋은 일뿐 아니라 나쁜 일에 악용될 수도 있다. 전쟁을 일으키고, 가난한 자를 억압하거나 노예처럼 부리고, 무고한 사람들을 학살하는 행위는 남자다움이 악용된 경우다. 하지만 남자들은 자동차와 비행기, 전화와 컴퓨터, 원자력을 발명했다. 남자들은 세상을 항해하며 새로운 땅을 발견했고, 사악한 파시스트 제국을 무너뜨렸으며, 다리와 빌딩과 길을 건설했다. 세상이 선을 필요로 했을 때 남자다움은 세상이 가진 가장 강력한 힘 중의 하나로 영예를 누렸고, 앞으로도 그럴 것이다. 올바로 사용한다면 남자다움은 국가의 변화를 이끌고, 지역사회를 일으키며, 가족의 유대를 강화할 것이다. 오늘날에 와서 남자다움은 그 힘이 약해졌지만 샌디에이고에서 시드니까지 세계 곳곳에서 남자다움을 되찾으려는 목소리들이 높아지고 있다. 바야흐로 남성성 부활 운동이 진행 중이다.

알렉산더 대왕, 데모스테네스(Demosthenes), 에이브러햄 링컨, 조지 워싱턴, 루스벨트, 처칠, 간디, 마틴 루터 킹 같은 남자들이 남긴 남자다운 삶은 우리의 귀감이 되고도 남을 만큼 뚜렷하다. 진심을 다해 당당한 자세로 이들의 발자취를 따른다면 남자다움의 다음 장(章)은 당신이 쓰게 되리라.

—브렛 맥케이, 케이트 맥케이

부록 1
남자가 읽어야 할 100권의 책

모든 남자는 살아가면서 복잡하게 얽히는 세상사와 그로 인해 생겨나는 갈등, 그리고 그 속에서 무엇을 할 수 있고 할 수 없는지에 대해 충분히 이해하고자 노력해야 한다. 우리는 이러한 지식들을 대부분 일상의 대화나 인간관계 속에서 얻고 있지만, 개인의 경험에 불과한 그런 것들은 인간의 본성에 대해 매우 제한된 시각을 제공할 뿐이다. 우리에겐 더 폭넓고 광범위한 세계관이 필요하다. 위대한 문학작품은 다양하고 폭넓은 세계관을 기르는 데 더할 나위 없이 좋은 스승이다. 우리는 세계 최고의 작가들 덕분에 인간이 지닌 수많은 열정과 갈등을 간접 체험할 수 있고, 가만히 앉아서도 동서고금을 넘나들며 인간의 역사 속으로 여행을 떠날 수 있다. 훌륭한 책은 지성과 인격을 고루 향상시키고, 사람들 앞에서 하는 연설에 깊이를 더해주며, 정보에 근거하여 신중한 결정을 내리도록 우리를 이끌어준다.

다음은 모든 남자가 읽어야 하는 100권의 책이다. 한 권 한 권을 완전히 자기 것으로 만들 것을 목표로 삼아라. 내면의 키가 한 뼘씩 자랐다고 느낄 때마다 책 제목 옆에다 표시하자.

「위대한 개츠비」 스콧 피츠제럴드
「군주론」 니콜로 마키아벨리
「제5도살장」 커트 보네거트
「1984」 조지 오웰

「국가」 플라톤

「까라마조프 가의 형제들」 표도르 도스토예프스키

「국부론」 애덤 스미스

「누구를 위하여 종은 울리나」 어니스트 헤밍웨이

「멋진 신세계」 올더스 헉슬리

「카네기 인간관계론」 데일 카네기

「야성이 부르는 소리」 잭 런던

「시어도어 루스벨트의 비상」 에드문드 모리스

「로빈슨 가족의 모험」 요한 다비드 비스

「다르마 범스」 잭 케루악

「일리아드와 오디세이」 호머

「캐치-22」 조지프 헬러

「월든」 헨리 데이비드 소로

「파리 대왕」 윌리엄 홀딩

「아틀라스」 아인 랜드

「아메리칸 보이스 핸디 북」 대니얼 카터 비어드

「희박한 공기 속으로」 존 크라카우어

「솔로몬 왕의 동굴」 헨리 라이더 해거드

「백치」 표도르 도스토예프스키

「흐르는 강물처럼」 노먼 맥클레인

「자서전」 말콤 엑스

「시어도어 렉스」 에드문드 모리스

「몽테크리스토 백작」 알렉상드르 뒤마

「서부전선 이상 없다」 에리히 마리아 레마르크

「오만과 편견」 제인 오스틴

「플루타르크 영웅전」 플루타르크

「성경」

「외로운 비둘기」 래리 맥머트리

「몰타의 매」 대실 해밋

「기나긴 작별」 레이먼드 챈들러

「앵무새 죽이기」 하퍼 리

「킬러 엔젤스」 마이클 샤라

「자서전」 벤저민 프랭클린

「역사」 헤로도투스

「지상에서 영원으로」 제임스 존스

「미국사에서의 개척정신」 프레더릭 잭슨 터너

「선(禪)과 오토바이 정비술」 로버트 퍼식

「자신감」 랄프 왈도 에머슨

「화이트 노이즈」 돈 드릴로

「율리시즈」 제임스 조이스

「영맨 가이드」 윌리엄 앨콧

「거장과 마르가리타」 미하일 불가코프

「로드」 코맥 매카시

「죄와 벌」 표도르 도스토예프스키

「황야의 이리」 헤르만 헤세

「무공과 기사도에 관한 책」 크리스틴 드 피잔

「손자병법」 손무

「보이지 않는 인간」 랠프 엘리슨

「돈키호테」 미겔 데 세르반테스

「인투 더 와일드」 존 크라카우어

「신곡」 단테 알리기에리

「리바이어던」 토마스 홉스

「씬 레드 라인」 제임스 존스

「강 같은 평화」 레이프 엥거

「허클베리핀의 모험」 마크 트웨인

「정치학」 아리스토텔레스

「보이스카우트 핸드북」 1판, 1911

「시라노 드 베르주락」 에드몽 로스탕

「북회귀선」 헨리 밀러

「위기」 윈스턴 처칠

「벗은 자와 죽은 자」 노먼 메일러

「회고록 — 소년의 삶」 토비아스 울프

「손도끼」 게리 폴슨

「타잔」 에드거 라이스 버로우스

「선악을 넘어서」 프리드리히 니체

「연방주의자 논집」 알렉산더 해밀턴, 존 제이, 제임스 매디슨

「모비딕」 허먼 멜빌

「프랑켄슈타인」 메리 셜리

「햄릿」 셰익스피어

「레볼루셔너리 로드」 리처드 예이츠

「여름의 아이들」 로저 칸

「분리된 평화」 존 노울스

「무기여 잘 있거라」 어니스트 헤밍웨이

「이방인」 알베르 카뮈

「로빈슨 크루소」 대니얼 디포

「진주」 존 스타인벡

「길 위에서」 잭 케루악

「보물섬」 로버트 루이스 스티븐슨

「바보들의 음모」 존 케네디 툴

「미국의 아들」 리처드 라이트

「푸코의 진자」 움베르토 에코

「위대한 열차여행」 폴 써로

「방황하는 남자를 위한 가르침」 루이 라무르

「라스트 모히칸」 제임스 페니모어 쿠퍼

「레미제라블」 빅토르 위고

「통조림공장 골목」 존 스타인벡

「푸른 수염의 사나이」 커트 보네거트

「두 도시 이야기」 찰스 디킨스

「죽음의 수용소에서」 빅토르 프랑클

「아웃사이더」 S. E. 힌튼

「백 년 동안의 고독」 가브리엘 가르시아 마르케스

「실낙원」 존 밀턴

「화씨 451」 레이 브래드버리

「오일」 업튼 싱클레어

「두려움과 떨림」 쇠렌 키에르케고르

「암흑의 핵심」 조지프 콘래드

부록 2
오려서 지갑 속에!

다음 페이지에 나오는 카드들을 가위로 오려라. 필요할 때마다 쉽게 꺼내볼 수 있도록 접어서 지갑에 넣고 다녀라. 한가한 시간에 루디야드 키플링의 '만약'을 꺼내 외워도 좋고, 벤저민 프랭클린의 13가지 덕목을 잘 지키고 있는지 체크해 봐도 좋다. 그리고 다음번에 여자친구에게 꽃을 사줄 때 꽃말 카드를 오려 함께 건네면 꽃에 담긴 당신의 마음을 제대로 전하게 될 것이다. 끝으로 직장동료가 사무실 냉장고에 넣어둔 당신의 점심을 훔쳐 먹는 현장을 포착할 때를 대비하여 시어도어 루스벨트의 욕설 카드도 항상 손이 닿는 곳에 챙겨두길 권한다.

"만약"
루디야드 키플링

만약 당신이 모든 것을 잃고
모든 사람이 당신을 비난할 때도
고개를 당당히 들 수 있다면,
모든 사람이 당신을 의심할 때
그 의심을 겸허히 받아들이면서도
스스로 믿음을 잃지 않을 수 있다면,
지치지 않고 기다릴 수 있다면
남에게 속더라도 거짓말하지 않고
미움을 받더라도 증오로 되갚지 않으며
거만 떨지 않고 똑똑한 척 하지 않을 수 있다면,

꿈을 꾸되 꿈의 노예가 되지 않고
생각을 하되 실천하는 법을 잊지
  않을 수 있다면,
성공과 실패가 둘이 아니라 하나라는
  것을 알 수 있다면,
사기꾼들이 순진한 자들을 덫으로
  끌어들이기 위해
당신이 말한 진실을 왜곡하는 것을
  참아낼 수 있다면,
평생을 바쳐 이룩한 것들이
  무너지더라도
낡은 연장을 들고 몸을 구부려 다시
  일으켜 세울 수 있다면,
지금까지 쌓아올린 모든 것을 걸고
과감히 새로운 것에 도전해볼 수
  있다면,
모든 것을 한 순간에 전부 잃는다
  하더라도

꽃말 카드

앰브로시아 :
당신의 사랑에 화답합니다.
아지랑이 꽃 -
우리의 사랑은 순결합니다.
분홍색 동백꽃 :
당신이 그립습니다.
붉은색 동백꽃 :
당신은 내 가슴 속에서 타오르는 불꽃입니다.
하얀색 동백꽃 :
당신은 사랑스럽습니다.
분홍색 카네이션 :
죽어도 당신을 잊지 않겠습니다.
붉은색 카네이션 :
내 마음은 당신 때문에 찢어집니다.
하얀색 카네이션 :
내 사랑은 순결합니다.
붉은색 국화 :
당신을 사랑합니다.
수선화 :
당신은 짝사랑에 빠져 있습니다.
데이지 :
사랑은 모든 것을 이겨낼 수 있습니다.
물망초 :
나를 영원히 기억해주세요.
개나리 :
당신을 보고 싶어 기다릴 수가 없어요.
제라늄 :
제 탓입니다. 제가 다 망쳤습니다.

처음부터 다시 시작할 수 있다면,
잃어버린 것에 대해선 한 마디도 내뱉지
  않을 수 있다면,
모든 것을 잃고 난 후에도 마음과
  정신과 힘줄이
너를 위해 일하게 할 수 있다면,
당신에게 "버티라"고 격려하는 것은
의지뿐이라 하더라도 버틸 수 있다면,

사람들과 이야기를 나누면서도
당신의 미덕을 지켜낼 수 있다면,
왕의 총애를 받는 신하가 되더라도
서민 가까이 몸을 낮출 수 있다면,
적이든 사랑하는 친구든
당신을 해치지 않게 할 수 있다면
모든 사람이 당신을 의지하게 하되
지나친 의존은 피할 수 있다면,

만약 당신이
용서할 수 없는 1분을
60초로 나누어 길게 바라볼 수 있다면,
세상의 모든 것은 당신의 것이며,
마침내 남자가 된 것이다.
나의 아들이여.

글록시니아 :
첫 눈에 반했습니다.
보라색 히아신스 :
미안해요. 저를 용서해 주세요.
연보라색 라일락 :
아직도 저를 사랑하나요?
하얀색 라일락 :
당신은 내 첫사랑입니다.
백합 :
당신은 아름다워요.
프림로즈 :
당신 없이는 살 수 없어요.
오렌지색 장미 :
항상 당신 생각뿐입니다.
핑크색 장미 :
날 믿어주세요.

붉은색 장미 :
당신을 열렬하게 사랑합니다.
붉은색 장미와 하얀색 장미 :
우리는 사랑 속에서 하나가 됩니다.
하얀색 장미 :
당신은 천사 같아요.
노란색 장미 :
저랑 친구 할래요?
스위트피 :
가야겠어요. 안녕.
붉은색 튤립 :
당신을 사랑하게 되었습니다.
노란색 튤립 :
당신 얼굴에 햇살이 가득합니다.
파란색 제비꽃 :
언제까지나 당신만을 사랑하겠습니다.

시어도어 루스벨트가 만든 욕설

- Being who belongs to the cult of non-virility : 남자답지 못한 놈
- Classical ignoramus : 교과서에나 나올법한 멍청이
- fragrant man swine : 더럽고 호색한 같은 놈이
- Little emasculated mass of insanity : 거세된 미치광이 같은 놈
- Handshake like a wilted petunia : 축 처진 날개다랑어 같은 악수
- Infernal skunk : 지긋지긋한 스컹크 같은 놈
- A mind that functions at six guinea-pig power : 6마리의 실험용 돼지 아이큐를 합친 두뇌
- Miserable little snob : 가여운 속물
- Thorough-paced scoundrel : 비열하기 짝이 없는 악당
- White-livered weakling : 허옇게 질린 겁을 가진 약골

벤저민 프랭클린의 13대 덕목

절제 몸이 둔해질 지경까지 먹지 않고, 취하도록 마시지 않는다.

침묵 타인이나 자신에게 도움이 되지 않는 말은 하지 않는다. 하찮은 잡담은 피한다.

질서 모든 물건은 제 자리에 두고, 일은 순서를 정해서 한다.

결심 해야만 하는 일은 과감히 결심하고, 결심한 것은 반드시 실천한다.

검소 타인이나 자신에게 도움이 되지 않는 일에는 돈을 쓰지 않는다. 낭비를 삼간다.

근면 시간을 허투루 쓰지 않는다. 항상 유익한 일에 종사한다. 불필요한 일은 모두 잘라 버린다.

정직 남을 속여 상처를 주지 않는다. 생각도 말도 정직하고 공정하게 한다.

정의 부당한 행동으로 남을 모욕하지 않고, 자신의 의무를 게을리 하여 남에게 해를 끼치지 않는다.

중용 극단적인 행동을 피한다. 상대방의 행동이 도가 지나쳤다 하더라도 분한 마음을 억누른다.

청결 더러운 몸과 옷, 집을 참지 않는다.

평온 사소한 일이나 일상적인 일, 피할 수 없는 일 앞에서 동요하지 않는다.

순결 건강과 자손번식을 위한 경우를 제외하고는 성관계를 삼간다. 감각이 둔해지고 몸이 약해질 만큼 무리해서는 안 된다. 또 무부적한 관계로 가정의 평화를 깨고 영예를 더럽혀서는 안 된다.

겸손 예수와 소크라테스를 본받는다.

겸손 프랭클린은 13개의 도표가 그려진 작은 수첩을 들고 다니며 자신이 각 덕목을 잘 지키고 있는지 수시로 점검했다. 도표의 가로줄에는 요일을, 세로줄에는 13가지 덕목의 이름을 적어놓고 하루가 끝날 때마다 위반한 덕목이 있으면 해당 덕목의 칸에다 개수를 표시했다. 그의 목표는 그 점들의 개수를 최소한으로 줄이는 것이었다. 점이 하나도 없는 날은 '깨끗한' 삶을 살았다는 증거였다. 다시 말해 부도덕한 일을 하나도 저지르지 않았다는 증거였다.

벤저민 프랭클린의 덕목 차트

	월요일	화요일	수요일	목요일	금요일	토요일	일요일
절제							
침묵							
질서							
결심							
검소							
근면							
정직							
정의							
중용							
청결							
평온							
순결							
겸손							

DHC for MEN 시리즈

각질이 쉽게 일어나고 건조한 피부를 지녔다면 촉촉한 피부를 위한 해결책이 필요하다.
촉촉남으로 거듭나기 위한 보습케어 플랜. 사랑받는 남자가 되는 건 시간 문제다.

건성 피부는 분비되는 피지의 양이 적고 수분이 없는 상태이기 때문에 기초 케어을 꼼꼼하게 해주지 않으면 세월의 흔적이 생기기 쉬우므로 주의해야 한다. 세안을 할 때 물의 온도가 너무 뜨거우면 탈지력이 강해져 피부가 당기거나 거칠어지므로 미지근한 물로 씻어내고, 세안제 역시 일반 비누보다 세정력과 피부 보호 기능을 동시에 갖춘 비누를 사용할 것. 스케줄이 없는 날은 피부가 편안하게 쉴 수 있도록 면도를 삼가고 올리브 오일로 얼굴을 마사지 해주는 것도 좋은 방법이다.

에프터 쉐이브 로션 _120mL 8,000원
피부에 상쾌한 긴장감은 물론 피부가 거칠어지는 것을 방지하는 저자극 화장수

AP 스크럽(MEN) _50g 9,000원
살구씨 알갱이가 모공의 더러움과 오래된 각질을 제거해주는 스크럽제

스킨 케어 로션 _60mL 13,000원
건조한 피부에 수분을 공급하는 보습 화장수

올리브 버진 오일(MEN) _10mL 19,000원
각질의 턴오버와 피부 탄력을 관리해주는 페이셜 오일

페이스 크림 _35g 13,000원
거칠어진 피부를 촉촉하고 탄력있게 해주는 약산성 크림

퓨어 솝(S) _60g 10,000원
과잉 피지와 노폐물, 각질을 말끔하게 제거해주는 세안 솝

080-7575-333
www.dhckorea.com